beck Isc
re

b sr

Die Geschichte europäischer Nationen reicht bis ins späte Mittelalter zurück. Mit der Französischen Revolution setzt jedoch etwas Neues ein. Nun entsteht die moderne Nation, die im Grundsatz die Gleichheit aller Staatsbürger verlangt. Dieser Anspruch läßt den modernen Nationalismus zu einer Massenbewegung werden, mit der keine andere konkurrieren kann. Wer auch immer die volle staatsbürgerliche Gleichberechtigung fordert – er appelliert an die Nation als oberste Entscheidungsinstanz. Die Nation wird zum Richterstuhl, vor der sich auch die angestammten Monarchen rechtfertigen müssen. Wie setzt sich diese neue politische und auch kulturelle Kraft durch? Wer gehört zur Nation und wer nicht? Wer sind ihre Sprecher? Wer folgt ihnen, und wo gibt es konkurrierende Leitbilder? Diesen Fragen geht Dieter Langewiesche in seinen grundlegenden Beiträgen zur Geschichte des Nationalsozialismus nach, die hier erstmals gesammelt vorgelegt werden.

Dieter Langewiesche, geb. 1943, ist Professor für mittlere und neuere Geschichte an der Universität Tübingen. 1996 erhielt er den Gottfried Wilhelm Leibniz-Preis der Deutschen Forschungsgemeinschaft. Er hat zahlreiche Werke zur deutschen und europäischen Geschichte vorgelegt, u.a. „Europa zwischen Restauration und Revolution 1815–1848" (⁴1998) und „Liberalismus in Deutschland" (1988).

Dieter Langewiesche

Nation, Nationalismus, Nationalstaat

in Deutschland und Europa

Verlag C.H. Beck

Die Deutsche Bibliothek – CIP-Einheitsaufnahme

Langewiesche, Dieter:
Nation, Nationalismus, Nationalstaat in Deutschland
und Europa / Dieter Langewiesche. – Orig.-Ausg., –
München : Beck, 2000
    (Beck'sche Reihe ; 1399)
    ISBN 3 406 45939 0

Originalausgabe
ISBN 3 406 45939 0

Umschlagentwurf: +malsy, Bremen
© Verlag C. H. Beck oHG, München 2000
Gesamtherstellung: C. H. Beck'sche Buchdruckerei, Nördlingen
Printed in Germany

www.beck.de

Inhalt

I. Nation und Nationalismus – Grundzüge und Wandel

‚Nation‘ – die Perspektive der späten Neuzeit (15), des Ethnonationalismus (18), der Mittelalter- und Frühneuzeithistorie (19), Kontinuitäten und Zäsur (22), Das Territorium als Fundament der Nation (23), Der politisch-staatliche Verband, nicht das Volk ist der Kern von Nationsbildung (24), Nationale Mythologien (25), Krieg als ‚Vater‘ von Nationen und Nationalstaaten (26), Soziale Voraussetzungen für die ‚moderne Nation‘ (31)

Universalismus als Nationalismus (35), Keine Begriffspädagogik (39), Nationalisierung von Werten und Lebensformen (41), Konfliktherd Territorium (45), Ausgrenzung des Fremden (49)

Frühnationalismus – kein Nationalstaat (56), Deutsche Nation – „bloßes Schulwissen"? (61), Zentralismus und Föderalismus in nationalstaatlicher Ordnung (64), Wirtschaftsräume (66), Parteienlandschaft und Föderalismus der politischen Kultur (67), Reichsnation und föderative Kultur (71), Region und Nation (81)

II. Kulturelle Nationsbildung

Föderativer Nationalismus in der frühen Nationalbewegung (82), Föderative Nationalfeste im Reichsgründungsjahrzehnt (85), Berliner

Symbolkampf im neuen Nationalstaat (96), Grenzen der kulturellen
Nationsbildung (99)

Die Frühphase 1811–1819 im Banne von Friedrich Ludwig Jahn
(104), Der Nationalismus Jahns (105), „Volk“ und „Nation“ in der
frühen Turnbewegung (108), Reformideen (110), Feste (112), Jugendbewegung (114), Die vierziger Jahre: Demokratisierung und Grenzen
der egalitären Utopien (115), „Turnerische Tugend“ (115), Vereins-
statuten (117), Das Heilbronner Turnfest 1846 (118), Männerbünde?
(119), Egalität (120), Zivilisationskritik (122), Turner in der
Revolution (124), Das Reichsgründungsjahrzehnt: Zäsur in der Geschichte der politischen Turnbewegung (126), Nationalpolitischer
Aufbruch (126), Der Schock von 1864 (128), Rechtsruck im
Kaiserreich (129)

Die Frühphase der Sängervereine bis zur Gründung des Schwäbischen Sängerbundes: Württemberg als gesamtdeutsches Vorbild (133),
Gesang als Nationsbildung durch Volksbildung (134), Gesellschaftsbild (136), Feste (136), ‚Veredelung‘ des Bauern (137), Rückversicherung an der Vergangenheit (122), Männerbewegung (142), Protestantismus und Überkonfessionalität (145), Überregionalität (147),
Reichsnation, nicht Nationalstaat (149), Der Schwäbische Sängerbund
in der Reichsgründungsära und im Deutschen Reich – eine Skizze
(155), Sängerfest Dresden 1862 (157), „Alldeutschland“ (159), Reichsgründung – Sieg des ‚protestantischen Gottes‘ (161), Vom Reichsnationalismus zum föderativen Nationalismus (164), Geselligkeit, Frauenbild, Bildung (165), Erster Weltkrieg (169)

III. Entstehung von Nationen und
Nationalstaaten

Retrospektive Siege Kleindeutschlands (172), Abkehr von der zentralistischen Perspektive (174), Nationalgeschichte in mitteleuropäischer
Perspektive (176), Nationsbildung im Deutschen Bund (178), Österreich scheidet aus der deutschen Nationsbildung aus (179)

Vorwort

Dieses Buch untersucht ein aktuelles Thema in historischer Perspektive, will aber die Geschichte nicht auf die Gegenwart ausrichten. Diese Absicht einzulösen, ist schwer. Wer über *Nation* spricht, hat Mühe, sich aus dem Bann der „großen Solidargemeinschaft" geistig zu lösen. So hat Ernest Renan umschrieben, was eine *Nation* ausmacht. Seine Metapher – die Nation als ein tägliches Plebiszit – ist als wohlfeiles demokratisches Lippenbekenntnis zwar immer wieder nachgesprochen worden, doch dabei wird leicht übersehen, daß er die Nation als ein Geschichtsgehäuse konstruiert, aus dem der einzelne nicht austreten kann. „Der Mensch improvisiert sich nicht. Wie der einzelne, so ist die Nation der Endpunkt einer langen Vergangenheit von Anstrengungen, Opfern und Hingabe."[1] „Die Nationen sind nichts Ewiges", hielt er 1882 seinen nationsgläubigen Zeitgenossen entgegen, doch zugleich nannte er die Nation „eine spirituelle Familie", zusammengefügt durch „ein gemeinsames Erbe von Ruhm und Reue" und durch ein verbindendes Zukunftsprogramm: „gemeinsam gelitten, gejubelt, gehofft zu haben – das ist mehr wert als gemeinsame Zölle und Grenzen". Renan, der große Theoretiker der westeuropäischen Idee der *Staatsnation*, verankert die Nation als „geistiges Prinzip" in der Geschichte, vor allem in der gemeinsamen „Trauer" bei der Erinnerung an das Leid der Vergangenheit, doch ihre Zukunft sieht er nur gesichert, wenn diejenigen, die ihr angehören, sich immer wieder zu ihr bekennen (S. 56 f.).

Ernest Renan hat hellsichtig die großen Leistungen und die nicht minder großen Gefahren nationaler Staats- und Gesellschaftsordnungen beschrieben, ohne sich jedoch in seinen Untersuchungen aus den nationalen Denkmustern seiner Epoche lösen zu können. Er warnte vor der Ethnisierung nationaler Konflikte mit der Folge von „zoologischen" „Vernichtungskriegen", warb für die Nation als politische Willensgemeinschaft ohne Ewigkeitsanspruch, plädierte gegen die Archäologie nationaler Gebietsansprüche und für eine europäische „Konföderation von

Staaten, die durch die gemeinsame Idee der Zivilisation geeint sind". Doch sein Wille zu Europa folgte genau jenem nationalen Bauprinzip, das er so glänzend beschrieben hat: die Nation als Kampfgemeinschaft und „Pakt auf Leben und Tod". (S. 130 f.) Von den künftigen „Vereinigten Staaten Europas" (S. 78), die er erhoffte, erwartete er die Verteidigung der europäischen Dominanz in der Welt. Mit einer „Union Frankreichs, Englands und Deutschlands" als „unbezwingbare Trinität" (S. 70) würde „der alte Kontinent sein Gleichgewicht bewahren, den neuen mit mächtiger Hand beherrschen und die weite östliche Welt [...] in Schach halten". (S. 60) Ein vereintes Europa also als Schutzschild gegen eine Schwächung Europas in der Rivalität der Kontinente und der Kulturen.

„Die Zukunft [...] gehört Europa, und nur Europa", hatte Renan schon 1862 erklärt. Im Sieg Europas triumphiere der „indoeuropäische Geist" über den „Islamismus", dem er die „Verachtung der Wissenschaft", „Unterdrückung der bürgerlichen Gesellschaft" und die „vollkommene Negation Europas" zuschrieb (S. 152 f.). Das künftige übernationale Europa, um das Renan warb, dachte er als eine neue Großnation, die sich als Werte- und Machtgemeinschaft im Kampf gegen die außereuropäische Konkurrenz behaupten sollte.

Diese Ideen Renans muten heute wie eine historische Inszenierung der Gegenwart an. Leitlinien für einen distanzierten Blick auf die Geschichte der Nationen und Nationalstaaten in Europa bieten sie nicht. In diesem Buch wird versucht, Distanz durch Historisierung zu erzeugen. Es geht darum, aufzudecken und zu verstehen, was frühere Generationen über *Nation* gedacht und von ihr erwartet haben, wie in der Vergangenheit Nationen und Nationalstaaten entstanden, umgeformt und untergegangen sind.

Historisierung der Vergangenheitsbilder, die uns zugewachsen sind, bedeutet, diesen Bildern die Gewißheit und Verbindlichkeit zu nehmen, die sie beanspruchen. In der gegenwärtigen Wissenschaftssprache würde man von Dekonstruktion sprechen. Sie wird hier nicht unternommen, um *Nation* und *Nationalismus* als überholte Wertordnungen zu ‚entlarven'. Es geht vielmehr darum zu erhellen, wie sie geworden sind, um erkennen zu können, wie tief die nationalen Ordnungen unserer Gegenwart in der Geschichte verankert sind und was neu ist. Der Mythos des Uralten hat stets die Vorstellungen von Nation beglaubigt. Der „gemeinsame Besitz eines reichen Erbes an Erinnerungen" (S. 56), das Renan zum Fundament einer jeden Nation rechnet, erweist sich jedoch oft als ein kollektiver Glaube, der historisch kostümiert zur unangreifbaren Tatsache gerinnt. Die Vorstellung, die deutsche Nationalgeschichte habe im gemeinsamen Nationalstaat ihre Erfüllung gefunden, gehörte seit 1871 in Deutschland zum Kern des Geschichtsglaubens, der politisch handlungsmächtig wurde, indem er neuen Verhältnissen eine lange Vergangenheit stiftete und sie so historisch adelte.

Solche Geschichtskonstruktionen aufzubrechen, indem der Vergangenheit ihre Andersartigkeit und Fremdheit zurückgegeben wird, ermöglicht, aktuelle Probleme historisch zu betrachten, ohne die Geschichte in den Dienst der Gegenwart zu stellen. Jedenfalls ist dies das Ziel dieses Buches und die Hoffnung seines Autors.

Ohne Friedrich Lenger wäre dieses Buch nicht zustande gekommen. Er hat es bei Detlef Felken im Verlag C.H.Beck angeregt und die Aufsätze ausgewählt. Herzlichen Dank! Ein Aufsatz (Nr. 9) wird hier erstmals veröffentlicht, alle anderen wurden für den Druck überarbeitet, z.T. gestrafft, z.T. erweitert und aktualisiert. Den ursprünglichen Druckort nennt die jeweils erste Anmerkung.

I. Nation und Nationalismus – Grundzüge und Wandel

1. ‚Nation‘, ‚Nationalismus‘, ‚Nationalstaat‘ in der europäischen Geschichte seit dem Mittelalter – Versuch einer Bilanz

Was war ‚modern‘ am ‚modernen‘ Nationalismus? Man läßt ihn gewöhnlich im Umkreis der Französischen Revolution beginnen. Setzt mit ihm Neues ein? Wenn ja – worin besteht es? Oder überwiegen die Kontinuitätslinien, wie ein Teil der Forschung meint?

Auf diese Fragen gibt die Fachliteratur unterschiedliche Antworten. Dafür ist nicht nur der unbefriedigende Forschungsstand verantwortlich. Das *Heilige Römische Reich Deutscher Nation* mit seiner Vielfalt von Staaten und Territorien, der Fülle kleiner und kleinster Herrschaftsgebiete fügt sich nicht dem an Westeuropa geschulten Verständnis, das Staatsbildung und Nationsbildung als Einheit oder zumindest als eine Entwicklungsnorm zu betrachten gewohnt ist, der sich alle Staaten und Nationen anzunähern suchten. Ob man für das Alte Reich von Nationsbildung ohne den Willen zur Nationalstaatsbildung sprechen kann, ist eine offene Frage, der sich die jüngere Forschung meist entzog, indem sie einen scharfen Schnitt zur ‚Vormoderne‘ vor der Zeitenwende der Französischen Revolution zog. Zu untersuchen ist, wie das im Reich geformte föderative Grundmuster der deutschen Geschichte in den nationalen Vorstellungen des 19. Jahrhunderts fortlebte. Der Blick richtet sich also nicht vom späten Nationalstaat als dem vermeintlichen Ziel deutscher Geschichte in die ‚Vorgeschichte‘, die von der borussisch-nationalen Historiographie als langer, hindernisreicher Weg zur nationalstaatlichen Erfüllung mißdeutet worden ist. Gefragt wird vielmehr, ob im Alten Reich eine eigenständige Form von Nationsbildung zu erkennen ist und was diese für die deutsche Geschichte im 19. Jahrhundert bedeutet hat, als der Nationalstaat zur Richtmarke der europäischen Nationen zu werden begann und die territoriale Entstehung von Nationen und Nationalstaaten Gestalt des Kontinents blutig umgestaltete.

Es gilt zunächst, einen theoretischen Rahmen zu entwerfen und dann eine europäische Perspektive zu skizzieren, um die Befunde der historischen Forschung zur deutschen Nationalgeschichte mit den Ergebnissen heutiger Nationalismustheorien konfrontieren und in die Grundzüge europäischer Entwicklungslinien einordnen zu können.

‚Nation' – die Perspektive der späten Neuzeit

Um die Ergebnisse nicht im Vorgriff durch die Perspektive festzulegen, in der Kontinuitäten und Brüche in der Geschichte nationaler Vorstellungen betrachtet werden, wird ein experimentelles Verfahren gewählt. Im ersten Schritt fragt der Spätneuzeitler vom 19. Jahrhundert her nach dem Neuen im ‚modernen' Nationalismus. Im zweiten Schritt werden mit dem Blick des Mediävisten und Frühneuzeitlers die Kontinuitätslinien verfolgt, welche die nachrevolutionären Vorstellungen mit den älteren Formen von Nation verbinden.

Die Wahl der Nationsbegriffe ist diesem Experiment angepaßt. Gearbeitet wird mit zwei unterschiedlichen Definitionen, die einigermaßen die theoretische Spannweite in der heutigen Nationalismusdebatte erfassen.[1] Die erste ist im Kern politisch. Sie zielt auf Großgruppen, die in der Regel staatlich organisiert sind. Die zweite ist dem Ansatz des Ethnonationalismus verpflichtet. Diese beiden konkurrierenden Definitionen geben unterschiedliche Blickrichtungen vor. Während die erste die Aufmerksamkeit auf politische Institutionen ausrichtet und sensibel auf politische Umbrüche reagiert, verhält sich die zweite, von gesellschaftlichen Gruppierungen ausgehend und auf lange Dauer geeicht, träge gegen kurzfristigen Wandel. Diese beiden Zugangsweisen, die gegensätzlichen Nationalismustheorien verpflichtet sind, werden in der Forschung in aller Regel alternativ verwendet – je nachdem, was nachgewiesen und erklärt werden soll. Hier hingegen werden beide als gleichrangig behandelt, um über einen Zeitraum von fast einem Jahrtausend hinweg gleichermaßen nach Kontinuitäten und Brüchen fragen zu können.

Die erste der beiden Definitionen, Peter Alters eindringlicher Gesamtdarstellung des modernen Nationalismus entnommen, ist ganz auf das nachrevolutionäre Phänomen Nation und Nationalismus gemünzt. Sie verbindet in der für Spätneuzeitler üblichen Weise politisch-organisatorische mit sozialen und ideellen Kriterien. Indem sie auf den Nationalstaat als dem vorrangigen Ziel des modernen Nationalismus blickt, eignet sie sich, von diesem aus rückblickend nach Kontinuitäten und Zäsuren zu fragen:

„Nationalismus liegt dann vor, wenn die Nation die gesellschaftliche Großgruppe ist, der sich der einzelne in erster Linie zugehörig fühlt, und wenn die emotionale Bindung an die Nation und die Loyalität ihr gegenüber in der Skala der Bindungen und Loyalitäten oben steht. Nicht der Stand oder die Konfession, nicht eine Dynastie oder ein partikularer Staat, nicht die Landschaft, nicht der Stamm und auch nicht die soziale Klasse bestimmen primär den überpersonalen Bezugsrahmen. Der einzelne ist auch nicht länger, wie das z.B. noch die Philosophie der Aufklärung postulierte, in erster Linie Mitglied der Menschheit und damit Weltbürger, sondern fühlt sich vielmehr als Angehöriger einer bestimmten Nation. Er identifiziert sich mit ihrem historischen und kulturellen Erbe und mit der Form ihrer politischen Existenz. Die Nation (oder der Nationalstaat) bildet für ihn den Lebensraum und vermittelt ihm ein Stück Lebenssinn in Gegenwart und Zukunft."[2]

Die Nation, so läßt sich diese Deutung pointiert verdichten, entwickelte sich zum Letztwert und obersten Legitimitätsquell für Forderungen jedweder Art. Sozialisten nutzten ihn als innenpolitisches Emanzipationsvehikel und Kampfinstrument ebenso wie die Frauenbewegung. Vor allem aber stellte die Nation als staatliches Ordnungsprinzip die älteren multinationalen Staatengebilde – die Habsburgermonarchie, das Osmanische Reich, aber auch den Deutschen Bund in der Nachfolge des Alten Reiches – prinzipiell in Frage. Das Ordnungsmodell ‚eine Nation – ein Staat' wurde im 19. Jahrhundert zum politischen Credo der europäischen Nationalbewegungen, wenngleich kaum einer der modernen Nationalstaaten diesem nationalen Homogenitätsanspruch genügte.[3]

Gemessen an der zitierten Definition für den modernen Nationalismus wird man von einer scharfen Zäsur im Umkreis der Revolutionen des späten 18. Jahrhunderts sprechen müssen. Selbst dort, wo in europäischer Perspektive ein besonders früher Prozeß von Nationsbildung, über die mittelalterlichen Formen der Adels- und Klerikernation hinausgehend, festgestellt werden kann – vor allem in der Eidgenossenschaft, auch in den Niederlanden und in England[4] –, gab es nicht die Idee der Nation als oberste Legitimationsebene, auf die eine Gesellschaft mehrheitlich, seien es Einzelne oder Gruppen, ihre Forderungen an das politische Gemeinwesen bezog. Das bestreiten auch diejenigen Mediävisten und Frühneuzeitler nicht, die auf Kontinuitätslinien verweisen.[5] Die Nation als Letztwert, der alle Forderungen rechtfertigt, die man an die politische Obrigkeit stellt, für den man in die Krieg zieht und zu sterben bereit und verpflichtet ist[6] – diese Vorstellung, die in der Ära der Französischen Revolution erstmals ihre Massensuggestion erprobte, setzte sich erst im Laufe des 19. Jahrhunderts als gesellschaftliche Mehrheitsposition durch. Religion konnte im Mittelalter und in der Frühen Neuzeit ein solcher Letztwert sein, auch die Zugehörigkeit zu einem bestimmten Territorium, meist gekoppelt mit religiösen Vorstellungen, und diese Mischung aus religiösen und territorialen Bindungen konnte durchaus mit nationalen Konnotationen versehen sein. Doch die Nation oder gar der Nationalstaat als oberste Werte lagen im Mittelalter und in der Frühen Neuzeit außerhalb der Vorstellungswelt von Bevölkerungsmehrheiten. Allerdings setzten sich diese Werte auch im 19. Jahrhundert nur in einem langsamen Prozeß durch. Er erfaßte die europäischen Gesellschaft zu verschiedenen Zeitpunkten und verlief sehr unterschiedlich nach gesellschaftlichen Gruppen, forciert stets in Zeiten des politischen Aufbruchs, in Revolutionen und in Zeiten der Gefahr, vor allem im Krieg, dem „Heldenzeitalter der modernen Nation", wie es Eugen Lemberg formuliert hat.[7]

Mustert man die Prozesse der Nationsbildung in Europa mit der Begriffssonde ‚moderner Nationalismus', fällt der Befund eindeutig aus: Erst im 19. Jahrhundert wurden Nation und Nationalstaat zum obersten handlungsleitenden Wert in der Gesellschaft – nicht für alle gleichermaßen und nicht durchgehend, aber doch in politischen Entscheidungszeiten. Diese Deutung plädiert dafür, den nachrevolutionären Nationalismus nach seinem Geltungsanspruch, der Breite der gesellschaftlichen Akzeptanz dieses Anspruchs und damit auch nach seiner Handlungsrelevanz für gesellschaftliche Gruppen und staatliche Entscheidungsträger von seinen mittelalterlichen und frühneuzeitlichen Vorläufern scharf abzugrenzen.

,Nation' – die Perspektive des Ethnonationalismus

Wie sieht es aus, wenn wir nun mit dem Ethnonationalismus den zweiten der eingangs skizzierten Zugänge zum Phänomen Nation wählen? Als Wegweiser durch das breite Literaturfeld dienen die Studien Anthony D. Smiths, der am stärksten zur Öffnung der neueren Nationalismusforschung für ethnonationale Ansätze beigetragen haben dürfte.[8] Um das Ergebnis vorwegzunehmen: Auch seine Definition von Nation führt zu dem gleichen Ergebnis: Der moderne Nationalismus wird klar abgehoben von seinen Vorgängern. Deren Existenz wird jedoch deutlicher sichtbar als bei dem ersten Zugang.

Anthony D. Smith unterscheidet zunächst recht konventionell zwischen einem westlichen Typus von Nation – „,civic' model of the nation"[9] mit historischem Territorium und demokratischer Verfassungsordnung als Kernelementen – und dem nicht-westlichen, der Nation als ethnische Konzeption im Sinne von Abstammungsgemeinschaft begreife („,ethnic' conception of the nation"). Auch die westeuropäischen Nationen enthalten, so Smith, Elemente des ethnisch geprägten Typus, denn jede Nation sei vorrangig eine Abstammungsgemeinschaft.

Die Unterschiede zwischen diesen beiden Nationstypen müssen hier nicht erörtert werden. Wichtig ist, was Smith als Gemeinsamkeit beider Nationstypen diagnostiziert. Nation werde in beiden Fällen durch folgende fünf Elemente konstituiert: 1. ein historisches Territorium, 2. gemeinsame Mythen und historische Erinnerungen, 3. eine gemeinsame Massenkultur (mass public culture), 4. gemeinsame gesetzliche Rechte und Pflichten für alle Mitglieder der Nation, 5. eine gemeinsame Ökonomie mit territorialer Freizügigkeit für alle Angehörigen der Nation. Am sichtbarsten als Einheit symbolisiert werde die Nation durch den Namen, mit dem sie sich von anderen abgrenzt.

Smith definiert Nation zwar ethnisch und historisch, gleichwohl sieht er in ihr ein modernes Phänomen, das jedoch tiefe historische Wurzeln habe, die gepflegt werden müssen, da sonst das Bewußtsein schwinde, eine Nation zu bilden: „Ethnische Unterscheidbarkeit bleibt ein *sine qua non* der Nation. Das bedeutet, man teilt gemeinsame alte Mythen, gemeinsame historische Erin-

nerungen, einen gemeinsamen kulturellen Markt und ein Bewußtsein von Differenz, wenn nicht gar Erwähltheit. Diese Elemente
zeichneten ethnische Gemeinschaften in vormodernen Zeiten aus.
In der modernen Nation müssen sie bewahrt und gehegt werden,
wenn die Nation nicht untergehen soll."

Aus der vormodernen Idee der Ethnonation sei im späten
18. Jahrhundert etwas Neues entstanden. Erst jetzt kam ‚Nationalismus' als eine moderne Ideologie auf, die darauf zielte, Nationalstaaten zu schaffen oder bestehende Staaten in Nationalstaaten
umzuformen. Nationalismus sei Teil des „spirit of the age" und
somit erfunden („invented"), doch zugleich fuße er auf „älteren
Motiven, Visionen und Idealen".[10] Wer mit der Konzeption des
Ethnonationalismus arbeitet, muß also keineswegs von durchge-
henden Kontinuitäten ausgehen. Denn der Begriff ‚Ethnie' ist
ebenso wie der Nationsbegriff offen für historischen Wandel.

Die Vorstellung von Ethnonation, die in der gegenwärtigen
Forschung dominiert und hier anhand der Schriften Anthony D.
Smiths skizziert wurde, hat es im Mittelalter und in der Frühen
Neuzeit nicht gegeben. Dank der Kriterien eins und zwei – historisches Territorium und gemeinsame Mythen bzw. Geschichtsbilder – öffnet das theoretische Modell ‚Ethnonation' jedoch den
Blick für Kontinuitätsstränge, die man nicht mit der modisch ge-
wordenen Formel ‚invention of tradition' verdecken sollte. Als
Kriterienbündel zieht jedoch auch das Konzept ‚Ethnonation' eine scharfe Zäsur zwischen den Nationsvorstellungen seit dem
späten 18. Jahrhundert und denen, die zuvor gängig waren.

‚Nation' – die Perspektive der Mittelalter- und Frühneuzeithistorie

Im nächsten Schritt wird nun die Perspektive gewechselt und aus
der Sicht der Mediävistik und der Frühneuzeitforschung die Frage
nach Kontinuitäten und Diskontinuitäten gestellt. Es soll verhin-
dert werden, in der üblichen spätneuzeitlichen Verengung nur auf
die letzten beiden Jahrhunderte zu schauen und damit Entwicklungslinien auszublenden, ohne die nicht zu verstehen wäre, warum sich im 19. Jahrhundert bestimmte Staaten und bestimmte gesellschaftliche Großgruppen zu Nationalstaaten und Nationen

entwickeln konnten, andere Staaten und gesellschaftliche Großgruppen hingegen nicht. Die Mediävistik hat für eine solche epo-
chenübergreifende Betrachtung in den letzten Jahrzehnten eine
neue Grundlage bereitgestellt, die es erlaubt, nach Kontinuitätslinien zu fragen, ohne in die alten Klischees einer vermeintlichen
‚ewigen‘ Dauer des ‚Volkes‘ zurückzufallen.[11] Die Mediävisten
gehen mit guten Gründen von einem anderen Nationsbegriff aus
als diejenigen Neuzeithistoriker, die ihre Begriffe dem 19. und
20. Jahrhundert abgewinnen, so daß eine scharfe Scheidelinie de-
finitorisch vorprogrammiert ist. Ob es um 1800 zu einem Konti-
nuitätsbruch gekommen sei, beurteilen jedoch auch die Experten
mittelalterlicher und frühneuzeitlicher Geschichte recht unterschiedlich.[12]

Eine von František Graus vorgeschlagene Definition hat in der
mediävistischen Forschung starken Anklang gefunden. Unter
Nationen versteht er Gruppen, die folgende fünf Merkmale erfüllen müssen: Sie brauchen erstens eine „gewisse Größe“, müssen
zweitens geschlossen siedeln, ohne aber mit einem Staat (im mittelalterlichen, nicht im neuzeitlichen Verständnis) identisch zu
sein, müssen drittens sozial gegliedert sein, viertens über eine
„gewisse gemeinsame Organisation“ verfügen und fünftens sich
von ihrer Umwelt durch mindestens ein Merkmal unterscheiden.
Letzteres ist oft die Sprache, aber nicht immer. Diese Gemeinsamkeiten müssen zumindest teilweise der Gruppe insgesamt, vor
allem aber ihren Wortführern bewußt sein. Für Graus besteht also
die Nation aus einer Mischung aus objektiven und subjektiven
Merkmalen. Diese Definition ist durchaus der modernen Nationsforschung verpflichtet, schließt aber das Spezifikum des modernen Nationalismus aus: die Nation als Letztwert.

Graus verwendet für das Mittelalter auch den Begriff Nationalismus. Damit bezeichnet er ein Nationalbewußtsein, das „sich in
Aktionen offenbart“.[13] Nationalismus als Nationalbewußtsein der
Tat sei im Mittelalter außerordentlich selten anzutreffen, im Hussitismus jedoch nachweisbar, allerdings nicht als ein dauerhaftes
Phänomen. Graus lehnt es nämlich entschieden ab, vom hussitischen Nationalismus eine Kontinuitätslinie zum tschechischen
Nationalismus des 19. Jahrhunderts zu ziehen.[14] Letzterer sah
sich selber als nationaler Erbe des Hussitismus, doch dazwischen
lagen, so Graus, Jahrhunderte ohne ein tschechisches National-

bewußtsein als handlungsrelevanter Kraft, also ohne tschechischen oder böhmischen Nationalismus. Verbreitet sei in den mittelalterlichen Gesellschaften nur ein vornationales Bewußtsein gewesen, das in zwei Formen entstand: als dynastisch-gentilizisches und als territoriales Bewußtsein. Wenn diese beiden Bewußtseinsformen zusammenliefen, sei der Landespatriotismus entstanden. In ihm sieht Graus die höchstentwickelte Form eines vornationalen Bewußtseins im Mittelalter.

Auch diese spezifisch mittelalterliche Definition zieht also eine klare Zäsur zum modernen Nationalismus und zum modernen Verständnis von Nation. Graus betont dies auch selber: Nationalismus im Sinne einer Weltanschauung, die oberste Priorität beansprucht, habe es im Mittelalter nicht gegeben.[15] Genau dies aber ist das Hauptkriterium des modernen Nationalismus und der modernen Nation: Nation als Höchstwert, auf den sich alle berufen, wenn sie Forderungen erheben oder wenn sie Opfer verlangen, ganz gleich, welcher konkreten Weltanschauung sie verpflichtet sind. Dies ist gemeint, wenn vom 19. und vom 20. Jahrhundert als dem Zeitalter des Nationalismus, der Nationen und der Nationalstaaten gesprochen wird.

Das verkennt Joachim Ehlers völlig, obwohl gerade er wesentliches beigetragen hat, die mittelalterliche Nationsbildung auf moderner Forschungsgrundlage zu untersuchen. In seinem 1994 erschienenen Buch „Die Entstehung des Deutschen Reiches" bilanziert er präzise die zentralen Ergebnisse der mittelalterlichen Nationsforschung, doch die Folgerung, die er daraus mit Blick auf die modernen Nationen zieht, sind unbegründet. Er konstatiert zu recht, daß seit der Mitte des 18. Jahrhunderts die spezifisch mittelalterliche Adels- und Klerikernation der „Nation der Bürger" und dem „bürgerlichen Nationalstaat" wich. Indem nun zunehmend das Nationalbewußtsein die Gesellschaft durchdrang, entstanden erstmals „die Voraussetzungen für Nationalismus als Ideologie und Mobilisierungsinstrument". Doch dann fährt er fort: „Es handelt sich hierbei aber (was ein neuzeitlich verengter Blick gern übersieht) nicht so sehr um qualitative als vielmehr um quantitative Veränderungen, weil die Integrationsformen ihrer Struktur nach seit der Wanderzeit, also seit dem 4./6. Jahrhundert, überraschend wenig Modifikationen erfahren haben. Substantiell neu ist lediglich die weitere gesellschaftliche Verbreitung des

Großgruppenbewußtseins auf neue Trägerschichten und die Formulierung der Zielvorstellungen."[16]

Genau dies aber – des Mediävisten ,lediglich' – macht in der Geschichte der europäischen Nationsbildung die fundamentale Zäsur um 1800 aus: Das nationale Gruppenbewußtsein beginnt nun zum Massenphänomen zu werden, und es verbinden sich damit neue Zielvorstellungen, die ,Nation' und ,Nationalstaat' zu Hoffnungsworten werden lassen, mit deren Suggestionskraft keine der anderen Emanzipationsideologien bis heute konkurrieren konnte. Der moderne Nationalismus hat zwar keine ,heiligen Texte' hervorgebracht, doch keine politische Bewegung konnte auf Erfolg hoffen, wenn sie sich nicht mit ihm verbündete.[17] Mit der Forderung nach einem Nationalstaat verband sich der Wille zum Umbau der überlieferten Gesellschafts- und Staatsordnung. Beides sollte nicht mehr auf bestimmten Herrschaftsständen aufruhen, sondern egalitär konstruiert sein. Das im Begriff der modernen Nation eingeschlossene Egalitätsprinzip ließ auf Dauer keinen grundsätzlichen Partizipationsausschluß innerhalb der Nation mehr zu – wohl aber Ausschluß durch Ausstoßung bis hin zur physischen Vernichtung.[18]

Das umfassende Partizipationsgebot und dessen Massenbasis – dieses weltgeschichtlich Neue an der ,Moderne' trat unter den Losungsworten Nation und Nationalstaat an. Es begann ein Umbruch staatlicher und gesellschaftlicher Ordnungsvorstellungen, der alle Gruppen in seinen Bann zwang, auch diejenigen, die wie der Adel zunächst gegen diese Ordnungsvorstellungen opponierten, weil davon ihre eigene gesellschaftliche und staatliche Machtposition ausgehöhlt wurde. Wer in diesem fundamentalen Umbruch eine bloß quantitative Veränderung sieht, verfehlt das Signum der Moderne und damit auch das Neue an der modernen Nation und dem modernen Nationalstaat.

Kontinuitäten und Zäsur

Es gibt gleichwohl gewichtige Traditionslinien, die von denen, die sich ausschließlich mit dem modernen Nationalismus befassen, meistens beiseite gerückt werden, indem sie die Zäsur um 1800 verabsolutieren. Die Ergebnisse der mediävistischen und der frühneuzeitlichen Nationsforschung sowie der Studien zum Ethnonationalismus legen es nahe, vier Kontinuitätslinien zu betonen:

1. Das Territorium als Fundament der Nation

Im Zentrum mittelalterlicher Nationsbildung stand das Territorium. Dessen Unverletztlichkeit ist auch ein Glaubenskern des modernen Nationalismus – eine Quelle vieler Kriege und Grausamkeiten bis heute. Man muß nicht Wolfgang Sofskys pessimistischer Philosophie von der Gewalt als der Grundlage jeder Kultur zustimmen, um ihm dennoch historisch beizupflichten: Gewalt war und ist der Entstehung und der Entwicklung aller Nationen zu allen Zeiten eingeboren.[19] Mit der Heiligkeit des nationalen Bodens wurde jeder Krieg und jede Gewalt gegen alle gerechtfertigt, die dieses sakrosankte Gut der Nation ,entweihen' wollten.

Doch auch hier gilt es, einen zentralen Unterschied nicht zu übersehen. Zwar suchten die Herrscher zu allen Zeiten nach Rechtfertigungen für Machtexpansion durch territoriale Erweiterung. Doch letztlich unterlag die staatliche oder dynastische Machtpolitik in den vor-nationalen Epochen keinem Zwang zur ideologischen Rechtfertigung, in der die ,Nation' eine gewichtige Rolle gespielt hätte. Ausschlaggebend war der Erfolg. Friedrich II. von Preußen wurde zu Friedrich dem Großen, weil er erfolgreiche Kriege geführt hat. In den Dienst der preußisch-deutschen Nation haben ihn die Wortführer des modernen Nationalismus gestellt. Seine Eroberung Schlesiens, ausgeführt in mehreren Kriegen, hatte nichts mit nationalen Gründen zu tun. Er trieb wie seine Gegner dynastisch-staatliche Machtpolitik. Dazu schloß man Koalitionen mit europäischen Mächten. Nationale Rücksichten mußte man nicht nehmen, wenngleich die Öffentlichkeit diesen Krieg durchaus national deutete.[20]

An der Geschichte der polnischen Nation ist die fortdauernde Kraft des Territoriums als dem schon vormodernen Kern von Nationsbildung besonders klar zu erkennen. Das polnische Nationalbewußtsein wurzelte im Territorium und konnte deshalb auch außerstaatlich überleben. In der Machtkonkurrenz der Staaten untereinander zählte die Kategorie nationales Territorium jedoch nichts. Das wurde erst im 19. Jahrhundert radikal anders.

Kein Staat konnte nun sein Territorium auf Kosten eines anderen Staates erweitern, ohne eine nationalpolitische Begründung für die territoriale Expansion zu finden. Staatliche Machtpolitik durch Territorialexpansion stand seit dem 19. Jahrhundert unter nationalpolitischem Rechtfertigungszwang – jedenfalls in Europa, nicht außerhalb Europas. Kolonialerwerb durch die Europäer wurde zwar auch nationalpolitisch begründet, doch die zu erobernden Kontinente galten gewissermaßen als nationalfreie Räume, die der Eroberung durch die europäischen Nationen offenstanden.

Die Rolle des Territoriums als Kern von Nationsbildung, so läßt sich festhalten, verbindet zwar die mittelalterlichen und frühneuzeitlichen Jahrhunderte mit dem Zeitalter der Nationalstaaten, gleichwohl bleibt auch hier die Zäsur um 1800 erkennbar.

2. Der politisch-staatliche Verband, nicht das Volk ist der Kern von Nationsbildung

Dies hat die Mediävistik scharf herausgearbeitet. Ethnogenese folgt der Herrschaftsbildung, nicht umgekehrt, wie die nationalen Mythologen vor allem seit dem 19. Jahrhundert geglaubt haben. Dieses Grundmuster gilt auch für die Moderne. Das 19. Jahrhundert hat den Vorrang der Herrschaftsbildung verdunkelt, indem es von den ,erwachenden Nationen' sprach – eine Metapher, der die Vorstellung zugrunde liegt, Nation sei im Volk verankert und deshalb ,ewig'.

Auch die staatenlosen Nationen haben selbst dann, wenn sie keinen Nationalstaat, sondern nationale Autonomie innerhalb eines multinationalen Staates wie der Habsburgermonarchie erstrebten oder nicht die Macht besaßen, einen eigenen Staat zu gründen, stets versucht, Kristallisationskerne institutioneller Nationsbildung zu schaffen. Dazu dienten Vereine, Kirchen oder Parlamente ebenso wie die Bestrebungen, mit Grammatiken oder Sprachakademien nationale Ersatzinstitutionen zu schaffen und die eigene Sprache zur nationalen Literatursprache zu entwickeln.[21]

Ein Beispiel bieten die Sorben. Im 18. Jahrhundert begann die ,Erweckung' des Sorbischen als Kirchensprache. Daran konnte die nationale Bewegung anknüpfen, die in der napoleonischen

Ära einsetzte und in den vierziger Jahren anwuchs, als die preußische Politik versuchte, das Sorbische zu verdrängen. Die sorbische Nationalbewegung entstand als ein Geschöpf des 19. Jahrhunderts. Ihre wichtigste Integrationskraft war die sorbische Sprache – ober- und niedersorbisch, gekoppelt mit katholischem und protestantischem Bekenntnis –, ergänzt um die Berufung auf die gemeinsame Vergangenheit als einer Geschichte der Unterdrückung. Sich zur sorbischen Nation zu bekennen ging einher mit Landesbewußtsein, ermöglichte es, Verbindungen zu slawischen Nachbarn zu knüpfen und sich dennoch dem deutschen Nationalstaat einzufügen. Eine eigene Staatlichkeit konnte sie nicht erreichen, deshalb blieb ihr Status prekär.[22]

Nationen entstehen um politisch-staatliche Herrschaftskerne. Diese Kontinuitätslinie verbindet die mittelalterlichen und frühneuzeitlichen Nationen mit den modernen. Doch auch hier kommt im 19. Jahrhundert ein neues dynamisches Entwicklungsmoment hinzu. Nun wird der Nationalismus selber zum Schöpfer neuer nationaler Institutionen, die dann ihrerseits zum Motor für Nationsbildung werden (z.B. Vereine).[23] Dies hatte zwar Vorläufer, die man im deutschen Bereich bis zu den Humanisten zurückverfolgen kann;[24] zu denken wäre auch an die Eidgenossenschaft, wo Schützenvereine früh als institutionelle Klammern zwischen den Kantonen wirkten. Doch im 19. Jahrhundert gewannen solche Entwicklungen eine neue Qualität und eine neue Dynamik.[25] Nationalismus als Institutionenschöpfer mit Massenresonanz ist wohl doch etwas spezifisches Modernes. Die Nationsforschung zum Mittelalter und zur Frühen Neuzeit hat dazu bislang keine Parallelen nachweisen können.

3. Nationale Mythologien

Nationale Mythologien und nationale Geschichtsbilder rechtfertigen den Anspruch, eine eigene, von anderen klar unterscheidbare Nation zu sein. Geschichtsdeutung gehört ebenso zu den zentralen Agenturen von Nationsbildung wie staatliche Herrschaft und gesellschaftliche Institutionen. Die Breitenwirkung nationaler Geschichtsbilder wächst zwar im 19. Jahrhundert, doch auch im Spätmittelalter und in der Frühen Neuzeit konnte von nationalen Ursprungsmythologien eine erhebliche Massenwirkung ausgehen.

Als Beispiele sei nur an die Hussiten- und Türkenkriege, die Kriege der Niederlande und der Eidgenossen erinnert. Die Forschung zu Feindbildern hat dies nachgewiesen.[26]

Bei den nationalen Mythologien sind die Kontinuitätslinien über die Schwelle um 1800 hinweg am stärksten ausgeprägt. Von jeher war „Natio" „die Göttin der Geburt". Der „Gentilismus als Kernbestandteil des Nationalismus" führt deshalb von den Anfängen bis in die Gegenwart.[27] Nur auf diese ungebrochene Linie zu verweisen ist jedoch zu wenig, um die Kontinuitätsthese zu tragen. Nation und Nationalismus erschöpften sich nicht in der Mythenkonstruktion. Ihre Aufgabe ist es, die historische Zeit zu vernichten, um die Anfänge der eigenen Nation in mythische Ferne verlegen zu können. Wer das nicht beachtet, „verfällt [...] in der Analyse der ‚Nation' recht hilflos dem nationalistischen Diskurs und liefert sich genau jenen mentalen Konstruktionen aus," denen die Idee ‚Nation' entstammt.[28]

4. Krieg als ‚Vater' von Nationen und Nationalstaaten

Abgrenzung nach außen war stets ein zentraler Bestandteil von Nationsbildung. Mediävisten betonen dies ebenso wie Frühneuzeitler und diejenigen, die sich mit Nationsbildung im 19. und 20. Jahrhundert befassen. Fremdbilder, gesteigert bis zur Xenophobie, sind integraler Bestandteil von Nationsbildung. Diese Traditionslinie, die von den mittelalterlichen Anfängen bis zur Nationsbildung in der Gegenwart führt, tritt noch schärfer hervor, wenn man einen Schritt weiter geht: Nicht nur Xenophobie und nationale Stereotypen sind konstitutiv für nationales Eigenbewußtsein, sondern der Krieg diente stets als zentrales Vehikel zur Schaffung von Nationen und Nationalstaaten. Die ältere Forschung zur modernen Nation hatte dies gesehen und die jüngste entdeckt es wieder, mitunter ohne etwas von der älteren zu wissen.[29] Der Mediävistik hingegen ist die bedeutende Rolle des Krieges für die Nationsbildung vertraut, da diese mit Herrschaftsbildung einherging – und das bedeutete Krieg.

Die Funktionen des Krieges als Nationsbildner und als Schöpfer von Nationalstaaten sind zwar vielfach belegt, bislang aber nicht im Zusammenhang untersucht worden. Die kulturgeschichtlich orientierte Forschung hat sich dem Totenkult als Instrument von Nationsbildung zugewandt[30], den Krieg selber als emotionalen Nationsbildner hingegen nicht systematisch vergleichend betrachtet. Das wäre wichtig, um die geschlechtsspezifische Konstruktion von Nationsvorstellungen erhellen zu können.[31] Die Symbiose von Nationsbildung und Krieg hatte weitreichende Folgen für die Konstruktion der modernen Geschlechtscharaktere seit dem 18. Jahrhundert. Frauen wurden aus dem Prozeß der Nationsbildung keineswegs ausgesperrt, doch der Krieg konzentrierte ihre Rolle auf eine mütterliche. Rechnet man mit Eric Hobsbawm die erwiesene Fähigkeit zur Eroberung zu den zentralen Definitionsmerkmalen der modernen Nation[32] – eine realistische, der Geschichte abgeschaute Definition –, so bedeutet dies zugleich, daß Frauen der Handlungskern der Nation verschlossen wurde. Das dürfte ein Hauptgrund gewesen sein, warum die Frauenorganisationen in ihrem Kampf um Gleichberechtigung den Dienst der Frau für die Nation so stark herausgestellt haben. Die moderne Vorstellung von der Nation als Letztwert erforderte von den Frauen, ihren Wert für die Nation im Augenblick der Gefahr unter Beweis zu stellen. Das ist nicht erst in den kriegführenden Staaten des Ersten Weltkriegs geschehen, sondern auch schon in Kriegen der napoleonischen Ära.[33] Ob man auch hier von einer langen Kontinuitätslinie über die Zäsur der Revolutionsepoche hinweg sprechen kann und wie sich der Wandel der Kriegführung[34], die Nationalisierung des Krieges und Bellifizierung des Nationalismus[35] ausgewirkt haben, ist angesichts des gegenwärtigen Forschungsstandes noch nicht abzuschätzen.

Die Rolle des Krieges als ‚Vater‘ der Nation und des Nationalstaates läßt zwar eine lange Traditionslinie sichtbar werden, die jedoch in einem zentralen Punkt sehr schwer zu beurteilen ist: Staatsbildung darf nicht mit Nationalstaatsbildung gleichgesetzt werden.[36] Dies wird in der Forschung zur mittelalterlichen und frühneuzeitlichen Nationsbildung, wenn sie über die Frage von Kontinuität und Diskontinuität nachdenkt, kaum als Problem erkannt. Doch nicht jede Staatsbildung war mit Nationsbildung verbunden. Am frühesten geschah dies in der Eidgenossenschaft, in England, den Niederlanden und Frankreich, auch unter den Böhmen. Doch in allen diesen Fällen konnte gezeigt werden, daß man nicht von einem kontinuierlichen Prozeß der Nationsbildung über die Jahrhunderte hinweg sprechen kann. Es gab Phasen, in denen sich dieser Prozeß beschleunigte und verdichtete, doch dann folgten Zeiträume, in denen sich das Erreichte wieder verflüchtigte.

Den Übergang vom Staat zum Nationalstaat zeitlich präzise zu bestimmen ist überall dort schwer, wo ein Nationalstaat nicht aus der – in aller Regel durch Krieg erzwungenen – Sezession oder Integration von Staaten hervorging, sondern ein älterer Staat in seinem unveränderten Territorium zum Nationalstaat transformiert wurde.[37] Trotz aller Vorstufen ist der Übergang vom Staat zum Nationalstaat nicht vor dem späten 18. bzw. dem 19. Jahrhundert anzusetzen.

Wo Staatsbildung und Nationsbildung getrennt verliefen, wie in ‚Deutschland‘ und ‚Italien‘, ist zu fragen, ab wann Nationalbewußtsein und Staatlichkeit miteinander gekoppelt wurden. In Deutschland kann man nach dem Urteil von Peter Moraw erst im Spätmittelalter von einem deutschen Nationalbewußtsein sprechen.[38] Doch dieses National- und Reichsbewußtsein erschließe sich nur in einer „problematischen, distanzierten Vogelperspektive […], die die Zeitgenossen nicht oder kaum kannten." Erst die Explosion schriftlicher Texte in der zweiten Hälfte des 15. Jahrhunderts schuf die sozialgeschichtlichen Voraussetzungen für nationale Kommunikationsräume. Bis dahin erkennt Moraw nationales Bewußtseins nur in der „zisterziensisch-landadligen Lebenswelt" von Klerikern und Landadel. Doch auch hier spricht er von „national" stets in distanzierenden Anführungsstrichen, denn die „deutsche Nation" spielte in den politischen Entscheidungen im Reich und in den Territorien keine Rolle. Man braucht also kein Nationalbewußtsein zu bemühen, um die politische Entwicklung zu verstehen. Nationales Denken sieht Moraw erstmals unter den Humanisten um und nach 1500 verwirklicht.

Die Humanisten führen in einen Sozialbereich, aus dem bis in die Gegenwart die Wortführer nationaler Bewegungen kommen: die Gebildeten.[39] In ihrer Berufsarbeit setzten die spätmittelalterlichen Rechtsgelehrten am Königshof und im Fürstendienst die „rechtliche und politisch-institutionalisierte Gesamtgesellschaft ‚Reich'"[40] voraus und trugen so dazu bei, daß sich das Reich als Rechtsordnung und Politikverband verfestigte. In ihren Schriften entstand die deutsche Nation als ein geistiger Raum, den sie auch rechtlich und politisch-institutionell füllen wollten. Sie lösen sich damit vom „universalistischen Reichsnationalismus des Mittelalters", den sie durch einen „endogenen, monogenetischen Nationalismus" ersetzen, der jede „Natio" mit einer eigenen Urgeschichte ausstattet und so die „nationalen ‚Antiken'" pluralisiert.[41] Sie treten in eine Alterskonkurrenz um die Urgeschichte. Alter adelt die Nation.

Dieser Schub an nationalem Denken wirkte infolge der Bedrohungserfahrungen in den Türkenkriegen über den kleinen Kreis der Humanisten hinaus. Wer nicht in von Türken eroberten Gebieten wohnte oder als Soldat am Krieg teilnahm, hörte die Nachrichten von ihren Eroberungszügen. Über das ‚Türkenläuten' drangen sie bis in die Dörfer. In den Texten der päpstlichen Kreuzzugspropaganda tauchen nun die Worte ‚natio' und ‚natio Germanica' gehäuft auf, und im Reich wird 1471 erstmals auf dem Regensburger Reichstag, dem sog. Christentag, weil er sich mit der Türkenabwehr befaßte, die Formel „heiliges römisches reich teutscher nation" verwendet.[42] Ein „Türkenkalender", der 1454 die Aufrufe anläßlich der Türkenreichstage zusammenfaßte, sprach von „Germania du edel dutsche nacion".[43]

Die Bedrohung durch den Feind verdichtete also die Kommunikation und schuf damit eine strukturelle Voraussetzung für Nationsbildung.[44] Türkenläuten, Türkenpredigten, päpstliche Türkenbullen, Türkenablässe und Türkenzehnten mobilisierten Menschen, die von den Schriften der Gelehrten nicht erreicht werden konnten. Doch auch hier bleiben fundamentale Unterschiede zum modernen Nationalismus unübersehbar. Die Türkenkriege forcierten zwar die Entstehung von Nationalbewußtsein, doch daraus entstand „kein Ziel gesamtstaatlicher Integration"[45]. Aus dem gemeineuropäischen Gefühl der Bedrohung gegenüber den „Antichristen" – es konnte politische Gegnerschaft zeitweise überwinden, wenn der französische König dem verhaßten Habsburger ein Truppenkontingent gegen den erneuten osmanischen Angriff schickte – erwuchs zwar nationales Verantwortungsbewußtsein, das jedoch weder auf einen nationalen Staat noch auf gesellschaftliche Reform im Namen der Nation zielte.

Auch dort, wo bereits im Spätmittelalter und in der Frühen Neuzeit ein ausgeprägtes Nationalbewußtsein erwuchs und über den kleinen Kreis der Adels- und Klerikernation hinausgriff, gab es keine kontinuierliche Entwicklung in Richtung moderner

Volksnation, wie sie im Umfeld der Französischen Revolution entstand.[46]

Das gilt selbst für die Schweiz. Das eidgenössische Nationalbewußtsein wurde mobilisiert, wenn Gefahr von außen drohte. Es kam zu Bünden, doch auch zu innerschweizerischen Kriegen. Bis zum Ende des 18. Jahrhunderts war die Eidgenossenschaft ein Verbund von Kantonen, die neben den Gemeinden zum Lebenszentrum der Menschen geworden waren, überwölbt durch ein eidgenössisches Nationalbewußtsein, das die gemeinsamen geschichtlichen Ursprungsmythen beschwor, in ihnen das Idealbild des ‚freien Schweizers‘ feierte. Zur Ausbildung gemeinsamer Staatlichkeit kam es auch hier erst unter dem Einfluß der Französischen Revolution und Napoleons mit einem ersten Höhepunkt in der Helvetischen Republik. Jetzt entstand auch in der Schweiz eine moderne Nationalbewegung, die überkantonale Organisationen entwickelte. In den Organisationen zunächst der Schützen, dann der Turner und Sänger entwickelte sich nun die Idee einer Schweizer Nation mit demokratischer Männeregalität. Erst der Sonderbundskrieg von 1847, der zum Einigungskrieg wurde, schuf die Voraussetzung für eine bundesstaatliche Verfassung, die 1848 verabschiedet wurde.[47] Sie vollendete den langen Weg zum Schweizer Nationalstaat, der in der eidgenössischen Geschichte zwar angelegt war, zu dem jedoch keine kontinuierliche Entwicklung vom Kantonalbewußtsein zum Nationalbewußtsein oder gar zum Nationalstaat führte. Zu den starken Kontinuitätslinien, die das Neue mit dem historisch Überlieferten verbanden, gehörten neben dem Territorium und dem nicht zuletzt in Kriegen geformten nationalen Geschichtsbild die föderative, kommunale und kantonale Grundstruktur der alten Eidgenossenschaft. Sie erleichterte es, konfessionelle Gegensätze auszuhalten oder nach einem deswegen geführten Krieg wieder zusammmenzufinden und – ein Sonderfall in der europäischen Nationalgeschichte – mit verschiedenen Landessprachen zurechtzukommen. Der Schweizer Nationalstaat führte dieses historische Erbe fort. Der Schritt von frühneuzeitlicher Staatlichkeit zum modernen Nationalstaat gehörte nicht zu diesem Erbe.

Zwischen Staatsbildung und Nationsbildung zu trennen fällt auch der jüngeren Forschung, die sich von den alten nationalen Ursprungsmythen gelöst hat, sehr schwer.[48] Die Entstehung von

Staatsloyalität und vor-nationalem Patriotismus[49] wird immer noch vielfach als Nachweis für Nationalbewußtsein gedeutet. Damit versperrt man sich jedoch die Möglichkeit zu erkennen, welche Kontinuitätslinien die mittelalterliche und frühneuzeitliche Nationsbildung mit der des 19. und 20. Jahrhunderts verbinden und wo Neues begann.[50] Alle Staaten, die seit dem 19. Jahrhundert in Europa neu entstanden oder als Staaten überlebten, verstanden sich als Nationalstaaten. Diejenigen Staaten, die sich nicht als Nationalstaat neu zu definieren vermochten, konnten ihre Selbständigkeit nicht behaupten. Sie wurden entweder von den neuen Nationalstaaten aufgesogen[51] oder in ihre nationalen Teile gesprengt, und das fast immer mit militärischer Gewalt.

Gewalt und Krieg als Staatsschöpfer haben zweifellos eine lange Geschichte. „War made the state, and the state made war"[52], wie es Charles Tilly auf eine pointierte Formel gebracht hat. Diese Tradition hat der Nationalstaat ererbt und fortgeführt. Doch Gewalt und Krieg mußten neu legitimiert werden, als Nation und Nationalstaat im 19. Jahrhundert zu Ordnungsmustern mit höchster Legitimität wurden. Auch in dieser Kontinuitätslinie ist also eine nachrevolutionäre, spezifisch moderne Begründung festzustellen. Die Zäsur um 1800 verliert auch in dieser Perspektive nicht ihre Erklärungskraft.

Soziale Voraussetzungen für die ‚moderne Nation'

Die Idee der modernen Nation, so wurde zu zeigen versucht, hat mehrere Voraussetzungen, die in Europa (und in den mit Europa eng verbundenen Teilen der Welt) erst im 18. Jahrhundert entstanden sind und sich im Laufe des 19. Jahrhunderts durchzusetzen begannen:

1. Die Idee einer Staatsbürgergesellschaft, die alle Männer als rechtlich und politische Gleiche verstand. Als Stichworte seien nur einige der politischen Zentralforderungen des 19. Jahrhunderts in Erinnerung gerufen, in denen diese Idee faßbar wird: Abbau der ständischen Privilegiengesellschaft und Partizipation an den staatlichen Entscheidungen durch ein demokratisiertes Männerwahlrecht, gekoppelt mit allgemeiner Wehrpflicht. In der Zukunftsidee Nation und Nationalstaat flossen diese De-

mokratisierungsziele zusammen und erreichten zunehmend breitere Bevölkerungskreise. Eine solche Fundamentalpolitisierung mit dem Willen, Staat und Gesellschaft grundlegend umzugestalten, hatte es zuvor nicht gegeben, jedenfalls nicht als handlungsrelevantes Ziel großer Bevölkerungsgruppen. Deshalb konnte die mittelalterliche und frühneuzeitliche Idee der Nation nicht eine Entwicklungsdynamik freisetzen, die mit dem Veränderungswillen des modernen Nationalismus vergleichbar wäre. Im Namen der Nation waren auch früher Forderungen nach politischer Mitwirkung und nach gesellschaftlichem Ansehen erhoben worden – die Humanisten bieten dafür ein Beispiel –, aber daraus wurde kein politisch realisierbares Programm nach Zertrümmerung der Feudal- und Ständegesellschaft abgeleitet. Diese Forderung ist jedoch mit der modernen Idee der Nation unlösbar verbunden. Sie konnte erst entstehen, als sich die neuen Vorstellungen von Gesellschaft und Staat massenwirksam durchzusetzen begannen. Fanal dafür waren die amerikanische und die französische Revolution. Jetzt erhielt das alte Wort Nation einen neuen Inhalt.

2. Dieses neue Ideal, nach dem Staat und Gesellschaft modelliert werden sollten, war sozialgeschichtlich gebunden an gesellschaftliche Entwicklungen, die erst im 18. Jahrhundert einsetzten und im 19. vorherrschend wurden. Es entstand eine Gesellschaft, die sich als fähig erwies zu großräumiger Kommunikation, in die immer mehr Menschen aus allen sozialen Schichten hineinwuchsen. Auch hier müssen einige Stichworte für diesen umfassenden Prozeß genügen: Große Wirtschaftsräume bildeten sich heraus, die auch die lokalen Produzenten unter Veränderungsdruck setzen, gekoppelt mit Industrialisierung, Agrarreformen und der Verstaatlichung vieler Lebensbereiche; der Staat brach mit neuen Steuern, mit der Durchsetzung von Schul- und Wehrpflicht lokale Lebenswelten auf, und die Kommunikationsrevolution schuf großräumige Informationsnetze. „Die Zeitung sitzt heute im Volke, wie die Laus im Pelze", schrieb Werner Sombart Ende des 19. Jahrhunderts[53]; zu Beginn des achtzehnten wäre ein solcher Ausspruch unmöglich gewesen. Die Kommunikationsrevolution des 19. Jahrhunderts schuf die gesellschaftlichen Voraussetzungen für den modernen Nationalismus, der eine „Nationalisierung der Massen"[54] bewirkte.

Erst jetzt wurde die Gesellschaft über kleine Zirkel Gebildeter hinaus mit nationalen Kategorien vertraut und damit fähig, politisch in überlokalen Zusammenhängen zu denken und zu handeln. Es blieb ein langsamer, abgestufter Prozeß, der nicht alle Sozialgruppen erfaßte, aber die Möglichkeit war nun gegeben und sie wurde zunehmend genutzt, vorangetrieben in Kriegszeiten. Nation als gesellschaftlich umfassender Kommunikationsprozeß, in dem politische und gesellschaftliche Werte verallgemeinert werden können, und Nation als Emotionsgemeinschaft der Vielen wird erst seit dem 19. Jahrhundert sozialgeschichtlich möglich.

3. Nation und Nationalstaat konnten nur dann gesellschaftliche Letztwerte werden, wenn die Kirchen als die institutionellen Gehäuse religiöser Letztwerte sich auf die Nation als oberster Richtschnur allen Handelns einzustellen begannen. Auch früher war die Religion genutzt worden, um die eigene Nation in ihren Forderungen zu legitimieren. Die eigene Nation als das neue Israel – für dieses Muster, nach dem nationale Überlegenheit beansprucht wird, bietet die spätmittelalterliche böhmische Nation in ihrem hussitischen Bekenntnis ebenso Beispiele wie England und die Niederlande in der Frühen Neuzeit. Auch hier wurden Religion und Kirche national instrumentalisiert, aber der Glaube blieb doch das Zentrale. Er bestimmte die Position der eigenen Nation. In der Vorstellungswelt der modernen Nation verkehrte sich dieses Verhältnis. Die Nation wird das Zentrale, ihr zu dienen wird zur Aufgabe der Kirche in der jeweiligen Nation. Die Kirche heiligte weiterhin die Nation, doch sie diente nun der Nation, die zum Letztwert aufsteigt. Wo die Kirche sich diesem Anspruch nicht beugte, galt sie als national unzuverlässig und wurde mit staatlichen Zwangsmitteln bekämpft. Der Kulturkampf in vielen europäischen Staaten fand darin sein gutes Gewissen. Es war nationales Gewissen. Überall fügten sich die Kirchen, auch die universale katholische Kirche, in Zeiten existentieller Gefährdung der eigenen Nation letztlich dem Ersten Gebot des Nationalismus: Du sollst keinen anderen Gott haben neben Deiner Nation.

Die Nationalisierung der Kirchen ist als gesellschaftlicher Prozeß noch kaum erforscht. Einen Höhepunkt erreichte er im Ersten Weltkrieg, als der Papst nicht verhindern konnte, daß sich der deutsche und der französische katholische Klerus im Namen ihrer Nation erbittert bekämpften. Nation als Religionsersatz, Nation als Säkularreligion sind moderne Phänomene. Auch hier läßt sich die moderne Nation – trotz aller Kontinuitätslinien, die es besser als bisher zu erforschen gilt – scharf von der mittelalterlichen und der frühneuzeitlichen unterscheiden.

2. Nationalismus im 19. und 20. Jahrhundert: zwischen Partizipation und Aggression

Universalismus als Nationalismus

Nationalismus ist ein Geschöpf der Moderne. Als die alteuropäische Welt von der Amerikanischen und der Französischen Revolution in ihren Fundamenten erschüttert wurde und in der napoleonischen Ära dann vollends zerbrach, gehörte nicht nur die Idee der Selbstbestimmung zu dem neuen Demokratieideal, das seitdem die Welt verändert. Nationalismus gehörte auch dazu. Denn von Beginn an suchten die Menschen ihre neuen Ansprüche im Gehäuse der eigenen Nation zu verwirklichen. Die revolutionären Ideale forderten zwar universelle Geltung, doch ihr zentraler Handlungsraum war und blieb die einzelne Nation. Hoffnungen auf internationale Solidarität gab es zwar immer wieder, doch stets zerstob die Sehnsucht nach einem „Völkerfrühling" angesichts der überlegenen Kraft, die von den nationalen Leitbildern ausging.

Universalismus trat politisch aber nicht nur hinter Nationalismus zurück. Universalismus wurde vielmehr regelmäßig nationalistisch überformt, instrumentalisiert. Denn wo immer die nationale Politik mit Erfolg universalistisch aufgeladen wurde, diente dies dazu, den Vorrang der eigenen Nation offen oder auch verhüllt zu begründen. Das läßt sich schon in den revolutionären Anfängen des modernen Nationalismus erkennen – damals, als von Frankreich aus ein gewaltsamer Revolutionsexport andere Völker von ihren alten Herren und alten Ideen zugunsten der neuen demokratischen Prinzipien zu erlösen suchte. Dieses Missionswerk, universalistisch beflaggt, aber mit nationalistischem Kern, wenn es konkret um die Durchsetzung der neuen Ideale ging, sei es politisch, wirtschaftlich, kulturell oder auch militärisch – dieses Missionswerk, das die Französische Revolution in Gang gesetzt hatte, es wiederholte sich in veränderter Form später im Zeitalter des Imperialismus, als nationale Weltgeltungsansprüche universalistisch kostümiert auftraten, nämlich im Gewande kultureller Höherwertigkeit.

Die neue, in ihrem Ursprung revolutionäre Legitimität der modernen Nation erwies sich gegenüber allen anderen Ordnungsmodellen, überlieferten wie auch künftigen, als konkurrenzlos überlegen. Wer sich diesem Zwang zur Nationalisierung nicht einfügen konnte, ging unter. So auch die drei übernationalen Großreiche, die sich dem Zeitalter des Nationalismus und seinem Partizipationsverlangen zu versperren suchten: das osmanische, das habsburgische und das russische. Der Wille zur Nation und zum Nationalstaat, unlösbar verbunden mit der Forderung nach politischer und sozialer Demokratisierung, schwächte sie in einem langsamen Prozeß, bis sie schließlich unter der Last der militärischen Mißerfolge im Ersten Weltkrieg abrupt zusammenbrachen.

Die neuen kolonialen Imperien, die im 19. Jahrhundert mit besserem Erfolg um die Aufteilung der Welt rivalisierten, waren anders konstruiert als diese älteren übernationalen Großreiche. Sie konnten sich – darauf beruhte ihr Rückhalt in der eigenen Bevölkerung und damit ihre Durchsetzungskraft – auf die Legitimierung durch ihre Nation stützen. Denn das Herrschaftszentrum der jüngeren imperialistischen Mächte bildete ein Nationalstaat moderner Prägung, und nur solange dieser Nationalstaat stark genug war, seine koloniale Herrschaft verteidigen konnte, nur so lange überdauerte das Imperium.

Das gilt auch für die Sowjetunion. Sie war eindeutiger als alle anderen modernen Imperien einer universalistischen Ideologie verpflichtet, die den Nationalstaat der bürgerlich-kapitalistischen Welt zuordnete, mit der er untergehen werde. Daß der kommunistische Internationalismus trotz aller antinationalistischen Beteuerungen ebenfalls in den Dienst eines einzelnen Staates gestellt wurde, ist schon seit den zwanziger Jahren unübersehbar. Daß er den Willen zur Nation nur unterdrücken, nicht aber dauerhaft durch eine Legitimität anderer Art ersetzen konnte – das wissen wir seit kurzem. Der Nationalstaat, so scheint es, triumphiert auch hier erneut. Und mit ihm seine Ideologie, der Nationalismus.

Im Rückblick zeigt sich die Wirkungsgeschichte des Nationalismus zwar voller Widersprüche, in ihren großen Linien aber doch klar erkennbar: Im späten 18. Jahrhundert als eine antiständische, egalitäre Befreiungsideologie entstanden, veränderte der Nationalismus die staatliche und auch die gesellschaftliche Ordnung Europas im Laufe eines Jahrhunderts völlig, griff im Gefolge der imperialistischen Eroberungszüge weltweit aus und wurde zu einem zentralen Bestandteil der Europäisierung der Welt, häutete sich aber erneut zur Befreiungsideologie, entlegitimierte die imperialistischen Zentren und half so, die Kolonialreiche, die er zuvor mitgeschaffen hatte, wieder aufzulösen.

Dieser wechselreiche, ineinander verflochtene Prozeß von Aufbau und Zerstörung hatte seinen Ausgang von Europa genommen. Und hier schien er auch zu einem Ende gekommen zu sein – zu einem bis dahin unvorstellbar grausamen Ende. Jedenfalls haben viele Menschen den Zweiten Weltkrieg als das blutige Ende des nationalistischen Zeitalters begriffen. Nationalismus und Nationalstaat alter Form, so glaubten sie, seien politisch und moralisch endgültig diskreditiert und zudem militärisch wie wirtschaftlich überholt. Übernationale Ordnungen sollten an ihre Stelle treten. Europa wurde auch dafür wieder das Hauptexperimentierfeld. Denn im Konkurrenzkampf zwischen dem Westen und dem Osten ging es immer auch darum, wer den klassischen Nationalstaat europäischen Zuschnitts durch ein neues Entwicklungsmodell von universeller Geltung ersetzen kann – ein Zukunftsmodell, das wirtschaftlich und kulturell, auch militärisch nicht weniger erfolgreich sein dürfe als der nationalistische Vorläufer, der zu keiner vernünftigen Politik mehr fähig schien.

Wie dieser Wettbewerb um die staatliche Bauform der Zukunft ausgehen wird, ist offen. Das wird man sagen dürfen, ohne jeden Anflug von Prognostik, zu der Historiker professionell unfähig sind: Der Ausgang ist offen – entgegen allen triumphierenden Bekundungen über den vermeintlich endgültigen Sieg des liberalen Gesellschaftsmodells oder gar eines Endes der Geschichte im Zeichen dieses Sieges. Die eine supranationale Staatenwelt ist zwar zusammengebrochen und mit ihr die kommunistische Alternative zum überkommenen Nationalstaat europäischer Herkunft. Doch dieser Zusammenbruch hat zugleich offenbart, daß auch der Westen ordnungspolitisch mit ziemlich leeren Händen dasteht: Einiges Geld und noch mehr Ratschläge werden angeboten, aber kein bereits funktionsfähiges supranationales Ordnungsmodell, das übernommen werden könnte als demokratischer Ersatz für die endlich entfallene Zwangsgestalt des multinationalen Sowjetimperiums und als Damm gegen dessen angstvoll unerwünschte Renationalisierung.

Die Europäische Gemeinschaft bietet kein Gegenmodell zur Wiedergeburt von Nationalismus und Nationalstaat alter Art aus den Trümmern der sowjetischen Weltmacht. Die EU hat zwar zahlreiche klassische nationalstaatliche Kompetenzen übernommen, den Nationalstaat als vorrangige Ordnungsmacht im Leben des einzelnen Bürgers jedoch bislang in keiner Weise verdrängen können. Die Wissenschaften, die diesen Entwicklungsprozeß mit ihren Forschungen begleiten, sind sich einig, daß hier etwas Neues entsteht, ohne geschichtliches Vorbild, doch was daraus werden wird, wissen sie nicht zu sagen. Sie haben nicht einmal einen neuen Begriff gefunden für dieses Neue – ein Zeichen dafür, wie offen die Entwicklung noch ist.

Sicher scheint zur Zeit nur eines: Der Verfall des supranationalen Sowjetimperiums ließ den längst totgeglaubten Nationalismus erneut zur schlechthin überlegenen Gestaltungskraft werden. Dies eine bloße Renaissance von Nationalismus und Nationalstaat zu nennen, wie man immer wieder lesen kann, ist wohl doch zu wenig. Denn es entstehen nicht nur alte Nationalstaaten wieder, deren nationale Identität von der supranationalen sowjetischen Zwangsordnung und ihrer universalistischen Ideologie offensichtlich nicht zerstört werden konnte. Es bilden sich auch neue Nationalstaaten, die es nie gegeben hatte – früher in der Vergangenheit, wenngleich sie sich nun alle auf die Geschichte berufen als Legitimation für ihre nationalstaatlichen Sehnsüchte. Kleine und kleinste Bevölkerungsgruppen, die bisher unterhalb der Schwelle zur Nationalität gelebt hatten, entdecken sich nun als Nationen und verlangen den eigenen Nationalstaat. Das 19. Jahrhundert scheint zurückzukehren. Und mit ihm die stärkste gesellschaftliche und politische Kraft, die es hervorgebracht hatte: der Nationalismus. Und dies nicht irgendwo in einem fernen Land der sog. Dritten Welt, der wir das Nachholen auch der Irrwege der Ersten Welt zuzubilligen gewohnt sind, sondern in Europa – dort also, wo der Nationalismus entstanden war, seine unterschiedlichen Typen ausgebildet hatte und schließlich in der von ihm ausgelösten Katastrophengeschichte des 20. Jahrhunderts endgültig untergegangen schien. Es dürfte sich also lohnen, danach zu fragen, welche Rollen der Nationalismus in der Vergangenheit gespielt hat. Natürlich kann das hier nur in strenger Auswahl geschehen. Aber sie eröffnet einen, wie ich meine, angemessenen, nämlich zentralen Ausschnitt, auf den der Blick gerichtet wird: das Spannungsfeld zwischen den beiden Hauptpolen, zwischen denen sich der Nationalismus entwickelt hat – Partizipation und Aggression.

Keine Begriffspädagogik

Indem diese beiden Pole einander zugeordnet werden, wird eine zentrale Vorentscheidung für alles weitere getroffen: Nationalismus umfaßt in dem Bild, das hier entworfen wird, beides und setzt beides frei: Partizipation und Aggression. Wenngleich natürlich in unterschiedlichen Dosierungen in den verschiedenen Gesellschaften und zu unterschiedlichen Zeiten. Es gab und gibt Entwicklungen, aber sie sind nicht einlinig. Und kein Staat, keine Gesellschaft hat eindeutig gradlinige Entwicklungen von dem einen Pol zum anderen mitgemacht. Wichtig sind vielmehr die Mischungsverhältnisse, die unterschiedlichen und – das ist ausschlaggebend – die wechselnden Annäherungen an den einen oder den anderen Pol.

Nationalismus so zu verstehen heißt, ihn nicht als die dunkle Nachtseite der ins helle Licht getauchten Nation zu beschreiben. Anders also als es vielfach getan wird – nach dem Muster: Nation und nationale Gesinnung sind gut, Nationalismus ist schlecht. Beides auch terminologisch streng geschieden. Diese simple Gleichung hat Otto Dann seinem Buch „Nation und Nationalismus in Deutschland" zugrunde gelegt – die bisher einzige neuere Gesamtdarstellung zur Geschichte der deutschen Nation. Nation, so definiert er, ist „eine Gesellschaft, die aufgrund gemeinsamer geschichtlicher Herkunft eine politische Willensgemeinschaft bildet. Eine Nation versteht sich als Solidargemeinschaft, und sie geht von der Rechtsgleichheit ihrer Mitglieder aus. Sie ist angewiesen auf einen Grundkonsens in ihrer politischen Kultur. Nationen sind stets auf ein bestimmtes Territorium orientiert, auf ihr Vaterland. Ihr wichtigstes Ziel ist die eigenverantwortliche Gestaltung ihrer Lebensverhältnisse, politische Selbstverantwortung

(Souveränität) innerhalb ihres Territoriums, ein eigener Nationalstaat."[1]

Diese Definition ist ganz auf den einen Pol unserer Betrachtung
zentriert, auf Partizipation. Den anderen Pol, die Aggression,
weist der Autor dem Nationalismus zu: „Wir verstehen unter
Nationalismus ein politisches Verhalten, das nicht von der Überzeugung einer Gleichwertigkeit aller Menschen und Nationen
getragen ist, das fremde Völker und Nationen als minderwertig
einschätzt und behandelt. Nationalismus tritt auf als Ideologie, als
soziale Verhaltensweise und seit den 1880er Jahren auch als eine
organisierte Bewegung."

Gut und Böse sind hier also eindeutig getrennt. Diese Auskunft
des Historikers mag auf den einzelnen und für eine gesamte Gesellschaft beruhigend wirken. Denn sie erlaubt, Entwicklungen in
der Vergangenheit und auch in der Gegenwart eindeutig zu klas-
sifizieren. Doch die Wirklichkeit wird durch solche Schwarz-
Weiß-Bilder gründlich verfehlt. Man wird mit Zwischentönen arbeiten müssen, um die Beimischungen von Aggressivität auch in
der emanzipatorischen Frühphase des europäischen Nationalismus erkennen zu können, und ebenso die Partizipationswünsche
selbst noch in dem blutigen Nationalismus, den uns das Fernse-
hen täglich aus dem ehemaligen Jugoslawien vor Augen führte.

Diese Forderung, in allen Phasen und in allen Erscheinungsformen nationaler Bewegungen und nationalen Denkens die gesamte Spannweite zwischen Partizipation und Aggression auszu-
leuchten und sie nicht schon im Vorgriff begrifflich aufzuspalten
– oder vielleicht sollte man hier besser sagen: sie nicht begriffs-
politisch zu zerlegen in Hell und Dunkel –, diese Forderung ist
keineswegs neu. Bei Theodor Schieder, der sich wie kaum ein anderer deutscher Historiker nach 1945 beständig mit dem europäischen Nationalismus beschäftigt hat, wird *Nationalismus* als Begriff wertneutral verwendet. Er begreift ihn als eine „spezifische
Integrationsideologie"[2], die immer auf die Nation und den Nationalstaat zielt, selber aber auf sehr unterschiedliche Weise auftreten kann.

In dieser Definition als Integrationsideologie ist die Außenab-
grenzung als konstitutives Merkmal enthalten. Das ist wichtig.
Denn Nationsbildung vollzieht sich stets als ein doppelseitiger
Prozeß: nach innen Integration, nach außen Abgrenzung. Beides

ist doppelbödig. Auch die Außenabgrenzung hat eine Innenseite. Sie besteht darin, die Nation als Partizipationsgemeinschaft zusammenzuschweißen und handlungsfähig zu machen. Im Gegenbild erkennt sich die Nation, entwirft sie eine Vorstellung von sich selbst. Selbstbild durch Gegenbild, nicht selten gesteigert zum Feindbild.

Doch nicht nur der Blick auf die Außengrenze, auch der Wille zur Integration verbindet Partizipation mit Aggression. Denn die Forderung nach Integration hat historisch immer auch bedeutet, denjenigen Bevölkerungsgruppen, die man nicht als integrationswillig ansieht, die Vollmitgliedschaft in der angestrebten nationalen Gemeinschaft vorerst zu verwehren oder sie sogar auf Dauer auszuschließen, wenn sie als grundsätzlich integrationsunfähig gelten. Nationsbildung als Integrationsprozeß darf also in der historischen Betrachtung nicht auf Partizipation verengt werden. Die schwierige Aufgabe des Historikers besteht vielmehr darin, den anderen Pol, die Aggression auch nach innen, in allen Phasen der geschichtlichen Entwicklung zu sehen und seine jeweilige Kraft in der konkreten historischen Situation zu gewichten. Um mit Reinhart Koselleck zu sprechen: Das „bewegliche Epitheton ‚national'" war semantisch offen, konnte links wie rechts verwendet werden, doch immer hat es „wie ein Lackmuspapier einen aus- und eingrenzenden Gesinnungstest" ermöglicht.[3] So war es schon in den Anfängen, und so ist es bis heute geblieben.

Es führt in die Irre, eine ausschließlich emanzipatorische, noch unschuldige nationale Gesinnung der Frühzeit scharf abzugrenzen von einem entarteten Nationalismus späterer Zeiten. Es ist wichtig die Veränderungen herauszuarbeiten, den zeitweisen Wandel etwa von einer linken zu einer rechten Kampfbewegung. Doch ein spezifisches Gemisch von Partizipation und Aggression kennzeichnet die Berufung auf die Nation als Letztwert gesellschaftlicher Legitimität zu allen Zeiten.

Nationalisierung von Werten und Lebensformen

Der Aufstieg der Nation zum obersten Richterstuhl für Emanzipationsforderungen jeglicher Art gehört zu den erstaunlichsten Entwicklungen, die seit dem späten 18. Jahrhundert Politik und

Gesellschaft überall fundamental umgestalten. Wer immer etwas verändern wollte, berief sich auf die Nation. Sie war Richterstuhl und nicht selten auch Richtstätte. Sie konnte dies nur werden, weil sie nicht lediglich eine neue staatlich-gesellschaftliche Bauform bereitstellte zur Ablösung einer alten verbrauchten, nicht mehr zeitgemäßen. Das Bekenntnis zur Nation wurde vielmehr in den Lebenswelten, den Leitbildern und Verhaltensnormen der Menschen selber verankert. Diese Nationalisierung von Werten und Lebensformen begleitete den Prozeß der Nationsbildung und war mit der Begründung von Nationalstaaten keineswegs abgeschlossen. Denn nicht alle Mitglieder einer Nation wurden von diesem Prozeß der Nationalisierung in gleicher Stärke und zur gleichen Zeit erfaßt. Doch letztlich konnte sich kaum jemand entziehen. Die Nation gewährte keine Refugien, in die sich dissentierende Mitglieder auf Dauer hätten unangefochten zurückziehen können. Denn die Nation ist entstanden als ein Wertesystem mit Absolutheitsanspruch. Norbert Elias würdigte deshalb den Nationalismus als „eines der mächtigsten, wenn nicht *das* mächtigste soziale Glaubenssystem des 19. und 20. Jahrhunderts"[4].

Norbert Elias, der in die Geschichte blickende Soziologe, hat in einem stimulierenden Essay den Nationalismus einen „Glauben von wesentlich säkularer Natur" genannt. Er rechnet ihn zu den „Glaubensdoktrinen", die „unter bestimmten Umständen durch einen selbsttätigen Prozeß der wechselseitigen Verstärkung immer mehr Macht über ihre Gläubigen gewinnen." Das „nationalistische Ethos" beruhe auf einem „Gefühl der Solidarität und Verpflichtung" gegenüber einem „souveränen Kollektiv", das sich als Staat organisiere oder dies beabsichtige. Der Einzelne identifiziert sich mit diesem Kollektiv, der Nation, indem er die Nation nach seinen eigenen Vorstellungen zu gestalten sucht und zugleich sein Selbstbild nach ihrem Bilde formt. Die „Nationalisierung des Ethos und Empfindens", wie Elias diesen Vorgang nennt, in dem ein nationales Wir-Gefühl entsteht – diese Nationalisierung von Lebenswelten und Verhaltensnormen hat sich in allen Gesellschaften vollzogen, die im 19. und 20. Jahrhundert vom Modernisierungsprozeß erfaßt worden sind.

Nationalismus tritt also nach diesen sozialpsychologischen Überlegungen immer dann auf, wenn eine Gesellschaft unter Modernisierungsdruck gerät. Nationalismus ist mithin keine Entgleisung einer ansonsten positiven Entwicklung, Nationalismus setzt vielmehr nach Elias „einen erheblichen Grad an Demokratisierung voraus" – so seine für begriffspolitische Volkspädagogen provozierende Formulierung. Allerdings, so fügt er hinzu, Demokratisierung „im soziologischen, nicht im politischen Sinn des Wortes". Die Gesellschaft muß in Bewegung geraten sein, muß sich aus ihren Traditionen, ihren ständischen Ordnungen lösen. Das ist gemeint. Nationalismus ist demnach eine Ideologie, die Zerfall und Zerstörung der überlieferten Ordnung legitimiert und an deren Stelle etwas Neues setzen will – vom Anspruch her eine Gesellschaft mit einer egalitären Wertordnung, verfaßt als Staat mit einem kollektiven, also ebenfalls egalitären Souverän. Das ist der Grund, warum Nationalismus historisch als Befreiungsideologie entstanden ist und bis heute, trotz aller nationalistischen Greuel, immer wieder so wirken konnte. Wer mit dem Nationalismus paktieren wollte, mußte sich auf diese egalitäre Grundhaltung einlassen.

Das mußten auch die Konservativen erfahren. Konservativismus und Nationalismus waren ursprünglich Gegenpole: Beharrung und Bewegung. Als sie sich im 19. Jahrhundert einander annäherten, z.T. verschmolzen, veränderten sich beide. Indem der Konservativismus nationalistisch wurde, konnte er sich populistisch erneuern und eine Massenresonanz finden, die er zuvor als Traditionsideologie nie besessen hatte. Auch dies ein doppelbödiger Prozeß: Der Nationalismus, diese in ihren Ursprüngen und in ihrem Veränderungswillen revolutionäre Ideologie, modernisierte seit dem späten 19. Jahrhundert den Konservativismus und wurde von diesem zugleich usurpiert. Das ist der oft beschworene Wandel vom linken zum rechten Nationalismus.

Usurpation des Nationalismus durch den Konservativismus und dessen nationalistische Modernisierung zum Populismus – dieser wechselseitige Prozeß erzeugte die wahrscheinlich gravierendste Formveränderung von Politik, die Europa seit den Revolutionen des 18. Jahrhunderts erlebt hat. Der alte Konservativismus gehörte ebenso zu den Verlierern wie der Liberalismus. Neue beweglichere Kräfte beuteten die gesellschaftlichen Energien aus, die dieses dynamische Gemisch aus Nationalismus und Populismus freisetzte. Nach dem Ersten Weltkrieg waren es vor allem die faschistischen Bewegungen.

Diese Entwicklungslinie des Nationalismus, die hier im Zeitraffer vom späten 18. Jahrhundert bis in die Zeit zwischen den beiden Weltkriegen ausgezogen wurde, wieder aufzulösen, die Verästelungen, die Nebenpfade, die ebenfalls in der Geschichte angelegten, aber nicht zu Ende geführten Wege näher zu beleuchten – zu diesem Abwägen und Aufbrechen eines allzu geschlossenen Gesamtbildes fühlt sich der Historiker natürlich verpflichtet. Aber dieses Lieblingsgeschäft der Historiker-Zunft soll hier nicht gepflegt werden. Es wird vielmehr ein weiteres Mal vornehmlich nach den Konstanten gefragt, und das Abweichende wird nur am Rande eingeflochten. Denn es geht darum, in den beiden Polen, um welche die Betrachtung gruppiert wird – Partizipation und Aggression –, Grundbedingungen eines jeden Nationalismus herauszuarbeiten, Grundmöglichkeiten, denen sich jeder stellen muß, der sich in der eigenen Gegenwart mit dem Phänomen des Nationalismus auseinandersetzen will – im eigenen Land und in der Wahrnehmung der Fremde. Es wäre politisch fatal, und es hieße, Einsichten historischer und sozialwissenschaftlicher Analysen ungenutzt zu lassen, wollte man sich mit der bequemen Feststellung beruhigen, das westliche, das EU-Europa habe den Nationalismus einer Entartungsphase europäischer Geschichte endgültig hinter sich gelassen, sei definitiv zu den emanzipatorischen Anfängen der Nation zurückgekehrt und auf dem Wege, dieses positive Erbe der Geschichte mit neuen supranationalen Formen zu verbinden. Im weiten Osten hingegen und auf anderen Kontinenten habe der Nationalismus überdauert, lebe seit dem Zusammenbruch des Sowjetimperiums in seiner entarteten Variante erneut auf und führe den glücklichen Westen als Beobachter gewissermaßen in die eigene Vergangenheit.

Dieses Erklärungsmodell für die Probleme der Gegenwart findet sich heute in vielen Zustandsbeschreibungen und Zukunftsblicken, auch in wissenschaftlichen, weit stärker jedoch in politischen. Wer *Nationalismus* sagt, meint die dunkle Seite. Wer das helle Gegenbild als Vorbild und Entwicklungsziel leuchten lassen will, spricht von *Nation, Vaterland, Patriotismus*. Die Ergebnisse historischer Forschung sperren sich jedoch eindeutig gegen eine solche hoffnungsfrohe Zweiteilung. Daß diese skeptische Sicht die realistische ist, wird deutlich, betrachtet man mit Blick auf die beiden Pole Partizipation und Aggression zwei Grundprobleme in allen bisherigen Nationsbildungsprozessen: die Rolle des Territoriums und das Verhältnis zu Fremden.

Konfliktherd Territorium

Jeder Nationalismus erstrebt einen Nationalstaat in einem bestimmten Territorium. Konkurrierende Ansprüche verschiedener Nationalismen auf ein Gebiet sind bislang selten friedlich gelöst worden. In der Definition, die eingangs zitiert wurde, ist die Nation hingegen selbstgenügsam auf das eigene Territorium begrenzt – kein Realitätsabbild, auch kein realitätsverdichtender Idealtyp, sondern ein definitorischer Moralappell. Denn in der Wirklichkeit sah es sehr oft anders aus. In aller Regel kam es zum Krieg, falls der Streit um die Grenze sich zwischen Staaten abspielte, oder zu gewaltsamen Auseinandersetzungen anderer Art, falls die Rivalen keine Staaten waren. In der Entwicklungsgeschichte europäischer Nationalstaaten spielte der Konfliktherd Territorium nur dort keine oder eine eher kleine Rolle, wo ein absolutistischer Fürstenstaat in einen Nationalstaat umgeformt wurde. Frankreich ist dafür das bekannteste Beispiel. Die Außengrenzen lagen fest, jedenfalls im großen und ganzen, wenn man von kleineren, aber durchaus konfliktträchtigen Zonen am Rande des unumstrittenen Territoriums der französischen Nation einmal absieht. So empfand Ernest Renan, der große Theoretiker der *Staatsnation*, 1870 die geforderte „Abtretung Luxemburgs an Frankreich" als eine „unbedeutende Concession", welche die deutsche Nation hätte darbringen sollen, um die französische mit dem Nationalstaat, der sich in Deutschland abzeichnete, zu versöhnen.[5]

Theodor Schieder spricht mit Blick auf Frankreich in seiner Typologie vom integrierenden Nationalstaat.[6] Die beiden anderen Typen, die er unterscheidet – der „unifizierende Nationalstaat" und der „sezessionistische Nationalstaat"[7] –, sind hingegen durchweg Kriegsgeburten gewesen. Denn immer war das Territorium dieser Staaten umkämpft. Schieder versteht seine Typologie historisch-genetisch. In der ersten Phase der integrierende Nationalstaat Westeuropas, dann der vereinigende Nationalstaat vornehmlich in Mitteleuropa und schließlich der sezessionistische

Nationalstaat, der multinationale Großreiche zerlegt: erst das osmanische und das habsburgische, dann das russische. Die Auflösung der imperialistischen Kolonialreiche könnte man auch zu dieser dritten Phase rechnen.

Die erheblichen Probleme, die Schieders Entwicklungsperspektive aufwirft, sollen hier nicht weiter diskutiert werden. Es sei aber doch angemerkt, daß die drei Nationalstaatsbildungen um 1830 – die beiden gelungenen: Belgien und Griechenland, ebenso die mißlungene: Polen – bereits sezessionistische waren, also in Schieders Typologie eigentlich der dritten Phase angehören müßten. Und die beiden Nationalstaatsbildungen, durch die er die zweite Phase, also die unifizierende geprägt sieht: Italien und Deutschland, verbinden Vereinigung und Sezession. Blickte man über Europa hinaus, etwa nach Lateinamerika, so bekäme man noch größere Schwierigkeiten mit seiner Entwicklungstypologie.

Theodor Schieders Typologie ist hilfreich, da sie verdeutlicht, daß es bei der Mehrzahl aller Nationalstaatsbildungen, also bei den Typen zwei und drei, durchweg um territoriale Veränderungen ging. Dieses Territorialprinzip, das allen Nationalismen eingeboren ist, hat von seltenen Ausnahmen abgesehen durchweg zu schweren Konflikten geführt. Staatsnationen zeigten sich hier ebensowenig zu Konzessionen bereit wie Kultur- oder Sprachnationen. Diese gängige Unterscheidung zwischen der Staatsnation als Willensgemeinschaft und der Kultur- oder Sprachnation als Herkunftsgemeinschaft ist für manche Fragen durchaus erhellend, nicht aber, wenn es um die historische Analyse territorialpolitischer Aggressionsbereitschaft geht. In dieser Hinsicht standen sich beide Nationstypen in nichts nach. Territorialkonflikte friedlich zu lösen ist kaum einem der historischen Nationalismen gelungen, egal welcher Phase er zuzuordnen ist. Hier zwischen gutem Nationalsinn und bösem Nationalismus zu trennen, wäre wirklichkeitsblind. Alle Nationalstaaten, die im 19. Jahrhundert bis zum Ersten Weltkrieg entstanden, waren Kriegsgeburten – alle, mit einer Ausnahme: der norwegischen Separation von Schweden.

Sozialwissenschaftliche Forschungen bestätigen diese ernüchternde Bilanz geschichtlichen Rückblicks. So zählt Peter Waldmann in seinen weitgespannten vergleichenden Studien zum ethnischen Radikalismus der Gegenwart territoriale Rivalitäten zu den Bedingungen, die vorliegen müssen, damit aus ethnischen Spannungen gewaltsame Konflikte hervorbrechen.[8]

In dem Ziel eines jeden Nationalismus, einen eigenen Staat zu erhalten oder zu verteidigen, steckt ein Aggressionspotential, dessen Brisanz mit der territorialen Gemengelage von Bevölkerungsgruppen wächst, die sich als Nation verstehen. Diese territorialen Konfliktherde, nicht eine ‚gute‘ nationale oder ‚entartete‘ nationalistische Gesinnung haben den Verlauf historischer Nationsbildungsprozesse bestimmt. Ein kurzer Blick auf das Europa in der Mitte des 19. Jahrhunderts genügt, um zu erkennen, daß die blutigen Territorialkämpfe, die von dem Zerfall des Sowjetimperiums ausgelöst wurden, in einer Tradition stehen, die zurück reicht in Phasen demokratischer Aufbrüche in Europa – Phasen, die wegen ihres Versuchs, Demokratie zu wagen, zu Recht gerne erinnert werden. Hier ist vor allem an die europäischen Revolutionen von 1848 zu denken.[9]

In diesem Höhepunkt demokratischen Gestaltungswillens im 19. Jahrhundert bewies sich erneut, was die zahlreichen Revolutionen, die vor 1848 den europäischen Kontinent erschütterten, schon offenbart hatten: Wer mehr Freiheit verlangte, suchte sie innerhalb des Nationalstaates zu verwirklichen. Deshalb waren nationale Bewegungen stets zugleich Freiheitsbewegungen, und umgekehrt. In den Revolutionen von 1848 zeigte sich allerdings auch zum ersten Mal unübersehbar, wie nah „Völkerfrühling" und „Völkerhaß" beieinander sein können. Der lang ersehnte Freiheitsaufbruch der Völker drohte 1848 in einen Kampf der Nationalitäten gegeneinander auszuarten. Denn überall wo es nationale Mischgebiete oder konkurrierende nationale Ansprüche auf bestimmte Länder gab, fanden sich die revolutionären Nationalitäten nur widerwillig mit territorialen Zugeständnissen ab. Sie lenkten nicht ein, weil sie den Frieden untereinander bewahren wollten, sondern weil sich die alten staatlichen Obrigkeiten dem neuen nationalen Legitimitätsmuster noch nicht gänzlich unterordneten. Die alten Mächte verweigerten den Nationalkrieg um Territorien, auf den viele Revolutionäre gehofft hatten. Demokratisierung von Staat und Gesellschaft führt nicht von selber zum Ausgleich zwischen den Nationen – mit dieser für sie unerwarteten Erfahrung wurden die Menschen erstmals 1848 offen konfrontiert.

Angedeutet hatte sich diese Erfahrung schon zuvor in allen Konflikten, die in der nationalpolitischen Konkurrenz um bestimmte Gebiete die Emotionen in der Bevölkerung hochgehen ließen – ein Zeichen, wie weit der Prozeß der Nationalisierung von Gefühlen bereits vorangeschritten war. Zu denken ist etwa an die Kämpfe um die staatliche Ablösung Belgiens von den Niederlanden oder an die nationale Erregung in Deutschland und Dänemark im Streit um Schleswig und Holstein oder an die Rheinkrise von 1840 zwischen Frankreich und Deutschland. Das waren Vorboten jener Kämpfe um nationale Territorien, die um die nationalpolitische Neuordnung der Habsburgermonarchie 1848 einsetzten, nach der Jahrhundertmitte zahlreiche, noch begrenzte Nationalkriege auslösten und schließlich in den Ersten Weltkrieg mündeten.

Die multinationale Habsburgermonarchie wurde zum Schlachtfeld der Nationalismen und zugleich zum Experimentierfeld für neue Modelle, wie man die gewaltträchtige Zwangsverbindung von Nation und Territorium aufbrechen, das Zusammenleben verschiedener Nationen auf einem Gebiet ermöglichen könne. Die austromarxistischen Vorschläge, nationale Gruppen in Gemengelagen als Personenverbände und nicht als Territorialverbände zu organisieren, sind die wohl innovativsten Ideen, die hier ersonnen wurden, in der „Experimentierkammer der Weltgeschichte", wie Victor Adler die Österreichisch-Ungarische Monarchie genannt hat.[10]

Verwirklicht wurden diese Ideen, wie die territoriale Zwangsjacke abzustreifen sei, die sich bislang alle Nationalismen angelegt hatten, bekanntlich nicht. Im Gegenteil, im 20. Jahrhundert wurde das nationalistische Territorialprinzip zu Bevölkerungsverschiebungen großen Umfangs gesteigert. Es sei nur an die beiden Balkankriege von 1912/13 erinnert, als mehr als 800 000 Menschen zwangsweise umgesiedelt oder in wilder Flucht vertrieben wurden. Die Gegenwart hat schließlich für diese Gewaltaktionen zur nationalen Homogenisierung von Gebieten einen neuen Begriff erfunden: *ethnische Säuberung*. Die Gewaltsamkeit einer solchen sich national legitimierenden ‚Bevölkerungspolitik' mag zugenommen haben, wenngleich eine vergleichende Bilanz noch aussteht. Doch als Leitmotiv war das Prinzip ‚Ein Staat – ein Territorium' allen nationalen Bewegungen von Beginn an eingepflanzt. Dieses Prinzip, das sei noch einmal unterstrichen, ließ nahezu alle europäischen Nationalstaaten seit dem frühen 19. Jahrhundert als Geschöpfe von kriegerischer Gewalt entstehen. Rühmliche Ausnahmen boten nur Norwegen und Island, bevor jüngst zumindest einige der Nationalstaaten, die aus dem zerfallenen Sowjetimperium hervorgegangen sind, ihre Existenz ohne militärische Gewalt sichern konnten.

Es sei noch einmal betont: Hier verlief keine historische Entwicklungslinie von einer unschuldigen Frühphase nationalen Denkens zur nationalistischen Entartung in späterer Zeit. Die Gewaltbereitschaft im Kampf um das beanspruchte Territorium muß auch keineswegs mit voranschreitender Demokratisierung zurückgehen. Demokratie kann territoriale Konflikte zwischen Nationen entschärfen. Doch eine feste Regel ist das nach dem Zeugnis der Geschichte nicht. Daß demokratische Aufbrüche auch Ausbrüche nationalistischer Gewalt mit sich bringen können, läßt sich an den europäischen Revolutionen von 1848 ebenso studieren wie an den nationalstaatlichen Neuordnungen nach dem Ersten Weltkrieg oder an dem Zerfall des Sowjetimperiums. Das Gleiche gilt für Diktaturen. Sie können nationalistische Emotionen schüren und dann in Gewaltpolitik umsetzen. Historische Beispiele gibt es viele. Beispiele finden sich aber auch dafür, daß Diktaturen nationale Konflikte still stellen, solange sie die Kraft haben, die Wünsche ihrer Nationen zu unterdrücken. Fällt diese Partizipationsverweigerung, so kann auch die Aggressionsblockade zerbrechen.

Ausgrenzung des Fremden

Der Kampf um das nationale Territorium ist auch ein Kampf um nationale Homogenität. Das ist der zweite Problemkreis, der noch anzusprechen ist: das Verhältnis einer Nation zu Fremden und damit auch zu sich selbst.

Eine Nation konstituiert sich über Selbst- und Gegenbilder. Im Bild von dem Fremden gewinnt man ein Bild von sich selbst. Und umgekehrt: Am Selbstbild formt sich das Bild des Fremden. Insofern ist jedem Nationalismus immer die Abgrenzung vom Nationsfremden eigen. Das ist in der Forschung weitgehend unstrittig, ganz gleich welchem Ansatz sie folgt. Vier Beispiele:

In seiner begriffsgeschichtlichen Sicht der deutschen Geschichte faßt Reinhart Koselleck den harten historischen Sachverhalt, daß jedes Bekenntnis zur Nation immer auch Ausgrenzung einschließt, so: „‚Nation' ist zu einem kulturellen Bewegungsbegriff geworden, dem trotz seiner universalen Ideale kraft der Sprache ein hartes Ein- und Ausschließungskriterium innewohnte."[11] Alle Ausschließungskriterien, die im 20. Jahrhundert wirkungsmächtig geworden sind, das klassenspezifische ebenso wie das rassenpolitische, seien „langfristig in der deutschen Semantik des vergangenen Jahrhunderts angelegt." „Ausschließungsrhetorik" und „Bürgerkriegsrhetorik" veränderten sich, aber sie stünden in einer langen Tradition nationaler Semantik.

Auch der Kulturansatz, den seit einigen Jahren Historiker, Literaturwissenschaftler und Soziologen vorrangig anwenden, geht durchweg davon aus, daß kulturelle Identität sich über die Konstruktion kultureller Grenzen aufbaut. In dem sozialpsychologischen Deutungsmuster von Norbert Elias wird stärker die Rückseite der Ausgrenzung betont: Die „Liebe zur eigenen Nation [...] ist stets auch die Liebe zu einem Kollektiv, das man als ‚Wir' ansprechen kann. Was immer sie sonst noch sein mag, sie ist auch eine Form von Selbstliebe."[12]

Und schließlich der englische Philosoph und Anthropologe Ernest Gellner. In seinem anregend-provokativen Buch „Nations and Nationalism" sieht er das nationalistische Zeitalter charakterisiert durch „gesellschaftliche Selbstverehrung" und „kollektive Selbstanbetung" in Gestalt der Nation.[13] Die Nation ist für ihn nichts Vorgegebenes, sondern eine gesellschaftliche Konstruktion, an der die Intellektuellen vorrangig beteiligt sind. Der von ihnen gestaltete Nationalismus erschaffe die Nation, nicht umgekehrt. In seiner Weltgeschichte des Nationalismus sieht er dessen historische Funktion darin, die Gesellschaft den Bedingungen der Moderne anzupassen. An die Stelle der früheren komplexen kleinräumigen Gruppenbeziehungen trete eine „anonyme, unpersönliche Gesellschaft aus austauschbaren atomisierten Individuen", zusammengehalten vor allem anderen durch eine gemeinsame Kultur. Diese neue, entlokalisierte Kultur durchzusetzen sei die Aufgabe des Nationalismus. Er homogenisiert die Gesellschaft kulturell, grenzt sie dadurch nach außen ab und fixiert sie auf den Nationalstaat. Denn nur der Staat könne die hochdifferenzierten, teuren Bildungssysteme unterhalten und die Verbindlichkeit der von ihnen erzeugten Hochkultur durchsetzen. Und nur der *Nationalstaat garantiere seinen Angehörigen, daß sie allein Zugang zu diesem neuen gesellschaftlichen Machtkern erhalten. Deshalb, so Gellner, wurde die Übereinstimmung von Kultur und Staat zum „nationalistischen Imperativ". Wer diese Identität angreife, zerstöre die Lebens- und Zukunftssicherheit der Menschen. Wo Kultur und Staat nicht territorial zusammenfallen, indem fremde Kulturen in den eigenen Nationalstaat eindringen oder dort überdauern, da werde dies unter dem Diktat des neuen nationalistischen Imperativs als Skandal empfunden. Ihn zu beseitigen begreife die Nation, so zerklüftet sie politisch oder sozial im Innern ansonsten auch sein mag, als eine Aufgabe der kollektiven Selbsterhaltung. In Gellners sozialanthropologischer Nationalismustheorie muß also das Fremde entweder eingeschmolzen, d.h. nationalisiert werden oder aber abgetrennt, ausgestoßen, vertrieben. Diese bittere Theorie kann ein hohes Maß an historischer Plausibilität beanspruchen. Und die Gegenwart scheint geradezu nach dieser Theorie inszeniert zu werden.

Wenn Historiker auf die einzelnen Nationalgeschichten blikken, dann werden sie gewiß darauf beharren müssen, daß diese allen Nationalismen eingeborene Abgrenzung gegenüber dem Fremden unterschiedliche Formen angenommen hat, unerträgliche und eher zu ertragende. Gleichwohl, es bleibt als harte Tatsache: Die Nation als Partizipationsgemeinschaft hat ihre Identität stets in der Abgrenzung gegen das als fremd empfundene erzeugt.

Im deutsch-französischen Vergleich ist dies jüngst gerade für die Frühzeit, für die Französische Revolution und die napoleonische Ära eindringlich herausgearbeitet worden.[14] Die Unterschiede zwischen Frankreich und Deutschland in der Konstruktion nationaler Fremd- und Selbstbilder waren groß. Doch überall stand die Verbindung von Partizipation und Aggression im Zentrum dieser Konstruktionen. Auch John Bull, die Symbolfigur der englischen Nation, nahm um 1800 antifranzösische Züge an.[15] In Frankreich gab sich das Selbstbild universalistisch offen, zukunftsgerichtet. Der Fremde war der Revolutionsgegner – vor allem außerhalb der eigenen Nation, aber auch im Innern. Die Idee einer deutschen Nation, handlungsfähig nach innen und außen, wurde dagegen vor allem aus Vergangenheitsbildern und aus der Gegnerschaft zu Frankreich geschöpft.

Die deutsche Nationalgeschichte zeigt, wie variationsreich die Rolle des Fremden besetzt werden konnte. Frankreich wurde die Hauptrolle zugewiesen, zweifellos. Doch als sich in der ersten Hälfte des 19. Jahrhunderts der deutsche Elitennationalismus zu einen Massennationalismus erweiterte, rückten mehr die inneren Gegner der Nationalisierung in die Rolle des Fremden. Vor allem die republikanischen Demokraten richteten ihren Blick nach innen, warnten vor einem nationalen Einheitskult, der die binnennationalen Gegensätze zu übertünchen drohe. „Betheiligt euch an keinem nationalen Geschrei, freßt keine Franzosen, meidet die Erinnerungsfeste an die sogenannte Befreiungszeit, schließt euch keinen politisch-religiösen Vereinen an, wendet das Geld, das man euch etwa für die Restauration des Mittelalters abfordert, lieber zur Anschaffung und Verbreitung guter Zeitungen und Bücher an, seid wählerisch bei der öffentlichen Bezeigung von Sympathien, bringt keine Toaste und Fackelzüge, wobei nicht das erste Hoch auf die politische Freiheit ausgebracht, subscribirt nicht, illuminirt nicht, errichtet keine Monumente, [...] kurzum entzieht eure Bereitwilligkeit, Teilnahme und Unterstützung Allem und Jedem, was nicht von Freiheit ausgeht und auf Freiheit hinaus will, thut keine Spanndienste am Triumphwagen der Reaktion."[16]

Dieses deutsche Nationsverständnis, das anders als sein antifranzösisches Gegenstück vornehmlich in den Kräften der Reaktion das Fremde sah, 1845 formuliert von dem Demokraten Karl Heinzen im „Deutschen Bürgerbuch" – es setzte sich nicht durch. Allein stand dieser Demokrat allerdings nicht. Ein Jahr zuvor, 1844, hatte Arnold Ruge über den „hohlen Rheinliedsenthusiasmus" deutscher Patrioten gespottet und ebenso den französischen Patriotismus kritisiert, der nach der Rheingrenze verlangte. Die „Aufhebung des Patriotismus in Humanismus", nicht die Fremden zu bekämpfen, sondern die „Gegner, wo sie auch immer sind" – das forderte Ruge in seiner Schrift „Der Patriotismus".[17] Er erntete Entrüstung. Solche Ideen fanden wenig Anklang, in Frankreich ebenso wie in Deutschland.

In Deutschland stand vieles entgegen. Fortschritt und Staat waren in Deutschland trotz aller staatlichen Reaktionsmaßnahmen zu eng gekoppelt, das föderative Bewußtsein und die Loyalität zum einzelstaatlichen Fürstenhaus zu ausgeprägt, die innergesellschaftlichen Gegensätze zu scharf und die politischen Ziele zu unterschiedlich. Der Nationalismus knüpfte überall an dem Bestehenden an. Das hieß in Deutschland: an die überkommene Vielfalt staatlicher und gesellschaftlicher Ordnung. Diese überlieferten Ordnungen unter Rechtfertigungsdruck zu setzen und sie auf einen Nationalisierungskurs zu zwingen, war der Nationalismus stark genug. Doch um sein Ziel zu erreichen, den eigenen Nationalstaat zu erringen, mußte er mit alten Staatsgewalten paktieren. Auch das war kein deutscher Sonderfall. In Italien z.B. war es ebenso.

Es war ein Pakt mit dem militärisch mächtigsten Einzelstaat, Preußen im deutschen Fall, Piemont-Sardinien im italienischen, um den Nationalstaat in einem Doppelprozeß aus Sezession und Vereinigung zu erzwingen – militärisch zu erwingen, denn erreichen ließ sich diese Art der Nationalstaatsgründung, die zerstören mußte, um vereinen zu können, nur durch Krieg.

Staatsgründung durch Krieg verhärtet das Bild des Feindes, macht es eindeutig. Die Rolle des Fremden ist nun festgelegt. In Deutschland und auch in Frankreich blühten nach 1871 die wechselseitigen Feindbildkonstruktionen. Sie richteten sich in erster Linie nach außen, aber nicht nur. Vor allem der junge, noch ungefestigte deutsche Nationalstaat und diejenigen, die sich selber als nationale Gesellschaft definierten – sie blickten auf der Suche nach Feinden, an denen sie ihr Selbstbild festigen konnten, auch nach innen. Katholiken, Sozialisten, Juden, polnische Preußen – die Liste der ‚Reichsfeinde‘ war lang. Doch gerade hier wandelte sich vieles. Die Integrationskraft des Nationalismus erwies sich als stark genug, um binnennationale Barrieren abzubauen. Wenngleich nicht alle. Besonders schroff, zum Teil unübersteigbar wurden sie dort, wo das Bild des Fremden im eigenen nationalen Territorium ethnisch und schließlich rassisch eingefärbt wurde. Das geschah gegenüber den Polen und den Juden.

Diese Entwicklungslinie kann hier nicht weiter verfolgt werden. Zu betonen ist, daß auch dies kein deutscher Sonderfall war. Die Ethnisierung nationaler Konflikte blieb vielmehr in Deutschland gedämpft im Vergleich zu den nationalen Mischzonen Europas, die auch nach der Auflösung der multinationalen Großreiche am Ende des Ersten Weltkrieges keine Lösung für ihren Wunsch nach homogenen Nationalstaaten fanden.

Das im Nationalismus verhärtete Spannungsverhältnis von Selbst- und Fremdbild spielte im Prozeß der Nationsbildung eine zentrale Rolle. Nationen wuchsen in langfristigen Entwicklungsprozessen zusammen. Wirtschaftliche, politische, kulturelle Verflechtungen vielfältigster Art wirkten mit. Der Nationalismus übernahm dabei die Aufgabe einer Integrationsideologie. Er schuf das Bewußtsein zusammenzugehören, aus einer gemeinsamen Vergangenheit zu kommen, gemeinsame Gegner zu haben und gemeinsame Ziele für die Zukunft zu besitzen. Die Gemeinschaft der Lebenden mit den Toten und den noch Ungeborenen, wie es Ernest Renan genannt hat. Diese Nationswerdung kulminierte gleichwohl sehr oft, wahrscheinlich sogar in den weitaus meisten Fällen, in Kriegen – zwischenstaatlichen Kriegen und Bürgerkriegen, Revolutionskriegen. Alle Erklärungsmodelle, die Nationsbildung ausschließlich als die Entstehung von Kommunikationsgemeinschaften verstehen, scheuen vor dieser bitteren historischen Einsicht zurück: Der Krieg mit dem Fremden innerhalb und außerhalb des von der Nation beanspruchten Territoriums war Schöpfer nicht nur von Nationalstaaten, sondern auch von nationaler Identität.

Diese historischen Tatsachen hart herauszustellen heißt nicht zu behaupen, sie müßten sich auch in der Zukunft so ereignen. Geschichte läßt sich glücklicherweise nicht hochrechnen. Auch die künftige Geschichte des Nationalismus nicht. Zwischen ihr und der Vergangenheit liegt der politische Wille der Gegenwart. Aber man sollte die vergangene Geschichte kennen, um einschätzen zu können, welche Kräfte der Nationalismus früher freigesetzt hat und möglicherweise auch in seiner künftigen Geschichte noch einmal freisetzen kann. Dies einzuschätzen wird aber nur dann möglich sein, wenn man darauf verzichtet, eine zweigeteilte Geschichte zu konstruieren, in der Hell und Dunkel, *Nation* und *Nationalismus*, säuberlich getrennt vor uns liegen, so daß wir uns ungefährdet bedienen können. Wir sollten uns vergewissern, welche großen Aufgaben der Nationalismus in der Entstehung der modernen Welt erfüllt hat. Und welche er weiterhin erfüllt, ob man das nun beklagt oder nicht. Alle Seiten des Nationalismus kann man aber nur erkennen, wenn man ihn in seiner gesamten Gestalt sieht. Sie umfaßt beides: Partizipation und Aggression.

3. Föderativer Nationalismus als Erbe der deutschen Reichsnation. Über Föderalismus und Zentralismus in der deutschen Nationalgeschichte

Föderativer Nationalismus ist kein eingebürgerter Begriff. Er wird hier verwendet, um auf eine Entwicklungslinie in der deutschen Geschichte aufmerksam zu machen, die es nicht gestattet, den Wunsch nach nationaler Einheit mit der Forderung nach einem Nationalstaat gleichzusetzen. Erst mit dessen Gründung endete sie. Zuvor gab es einen Nationalismus, der zwar nach ‚Einheit der deutschen Nation' rief, darunter jedoch nicht verstand, aus der staatlichen Vielfalt, in der die deutsche Nation im Unterschied etwa zur französischen oder zur spanischen seit ihren Anfängen bis 1871 existierte, einen Nationalstaat zu formen, der alle deutschen Staaten zusammenfaßt, nach außen scharf abgrenzt und nach innen kulturell homogenisiert.[1] Die Entwicklung verlief zwar in diese Richtung, am Ende der deutschen Nationsbildung stand der kleindeutsche Nationalstaat, doch nicht alle zuvor beschrittenen Wege führten dorthin und die nicht zu Ende gegangenen müssen keine historischen Sackgassen gewesen sein. Die Gründung des Nationalstaates als ‚Sinn' der deutschen Nationalgeschichte vorgezeichnet zu sehen und sie nur auf dieses Ergebnis hin zu befragen hieße, den föderativen Grundzug der deutschen Geschichte nationalstaatlich zu verzerren. Die Geburt des deutschen Nationalstaates aus drei Kriegen und der daraus erwachsene übermächtige Einheitsmythos, dessen Monumente in der wilhelminischen Ära Deutschland überzogen, haben zwar bereits im ausgehenden 19. Jahrhundert die Erinnerung an die föderativen Wurzeln der Idee einer deutschen Nation verdrängt, ihre Wirkungen jedoch nicht auslöschen können. Im Föderalismus des Kaiserreichs, der Politik, Gesellschaft und Kultur gleichermaßen durchdrang, lebte die Vorstellung einer Reichsnation fort, deren Besonderheit darin lag, nie staatlich geeint gewesen zu sein. Diese Vergangenheit einer Vielzahl von Staaten unter dem Dach des Heiligen Römischen Reiches Deutscher Nation schuf einen föderativen Nationalismus, den selbst der Zentralisierungsschub in Gestalt des Deutschen Reiches von 1871 nicht gänzlich brechen konnte. Diese kurze Phase des ersten deutschen Nationalstaates, die bis heute die deutschen Geschichtsbilder beherrscht,[2] obgleich sie nur einen Augenblick in der langen Geschichte der deutschen Nation umfaßt, soll hier im Mittelpunkt stehen. Die Zeit davor wird nur mit wenigen Strichen umrissen, um die Veränderungen nach 1871 charakterisieren zu können.[3]

Frühnationalismus – kein Nationalstaat

„Kein besonnener Mann erwartet wohl je in aller Zukunft einen einheitlichen deutschen Staat, das verbietet die Gegenwirkung des Auslandes, der Gegensatz der Katholiken und Protestanten, die Macht Preußens, die noch vorhandene Eigenthümlichkeit der süddeutschen und norddeutschen Stämme, aber ein stärkerer deutscher Bund ist recht wohl denkbar, ein Bund, der die nationalen Lebensbedürfnisse (nationales Recht, nationale Oekonomie, nationale Politik) befriedigt und dem Spotte der Fremden über D[eutschland] ein Ende macht."[4] Dieser nationalpolitische Kurs, den 1854 ein katholisches Lexikon als den einzig realisierbaren vorschlug, konnte noch jetzt, kurz nach dem gescheiterten Versuch, einen bundesstaatlichen Nationalstaat in Kooperation zwischen Nationalrevolution und Landesfürsten, aber ohne die angestammte deutsche Kaisermacht Österreich zu gründen, in weiten Teilen der Nationalbewegung auf Zustimmung rechnen. Zuvor dürfte sie ihn mehrheitlich verfolgt haben. Die Motive waren im einzelnen sehr unterschiedlich. Gemeinsame Grundlage war jedoch meist die Erinnerung an das vielstaatliche, als Rechtsordnung aber handlungsfähige Alte Reich.[5] ,Einheit' zu fordern und zugleich die „alte Mannigfaltigkeit der Staaten deutscher Nation"[6] – so ein Anonymus im Jahre 1813 – zu preisen, schloß sich keineswegs aus. Im selben Jahr zeigte sich Wilhelm von Humboldt überzeugt, daß Deutschland immer „eine Nation, ein Volk, ein Staat bleiben" werde, ohne jedoch wie Spanien oder Frankreich „in eine Masse zusammengeschmolzen" zu werden.[7] Man konnte den „Zwergmonarchien" des Alten Reiches den Untergang wünschen, ohne die ersehnte Einheit der Nation mit Einheitsstaat zu übersetzen.[8] Der Deutsche habe eine „zweifache Nationalität". Als Teil einer aus „selbständigen Völkerstämmen zusammengesetzten Nation" sei er „Preuße, Sachse, Bayer, Hesse, Nassauer" und dann erst „Teutscher".[9]

Der „homo nationalis" des „Liberalnationalismus" der ersten Hälfte des 19. Jahrhunderts war ein föderaler.[10] An der Lyrik der Befreiungskriege und in den badischen Verfassungsfesten des Vormärz läßt sich dies ebenso erkennen wie an der schwäbischen Sängerbewegung oder der süddeutschen Polenbegeisterung in den Jahren 1830 bis 1832.[11] Erst die politische Reformverweigerung der Regierungen und Fürsten führte zum Konflikt zwischen der Forderung nach ‚Einheit der Nation' und der Loyalität zum Staat, in dem man lebte.[12] Dies dürfte auch für „die Mehrzahl der in den deutschen Staaten lebenden Juden" gegolten haben, die politisch eine „eher konservative Haltung" einnahm.[13] Wer für die Emanzipation kämpfte, bekannte sich zur deutschen Nation, um die einzelstaatlichen Blockaden zu umgehen. Als jedoch die erhoffte Liberalisierung 1848 erreicht schien, verlor – dies hat Mosche Zimmermann für Hamburg gezeigt – „der nationale Gedanke den größten Teil seiner Anziehungskraft".[14] Der Stadtstaat wurde wieder zum vorrangigen Handlungsraum der „Nationalhamburger", wie 1844 ein entschiedener Reformer die in Hamburg geborenen Juden genannt hatte.[15]

Da in der ersten Hälfte des 19. Jahrhunderts ‚Einheit der deutschen Nation' nicht ‚deutscher Nationalstaat' bedeuten mußte – das Wort *Nationalstaat* tauchte noch in der Revolution 1848/49 nicht einmal in der ‚Deutschen Zeitung', „dem publizistischen Sammelbecken seiner eifrigsten Verfechter", auch nur ein einziges Mal auf[16] –, konnten der gesellschaftliche und der dynastische Nationalismus durchaus miteinander harmonieren. So arbeitete die bayerische Reichshistoriographie an einem Staatsbewußtsein, in dem die Dynastie und die ‚bayerische Nation' nach 1806 zu Garanten einer Eigenstaatlichkeit wurden, in der sich ein spezifisch „bayerisches nationales Selbstbewußtsein" entwickelte, das die Existenz einer ‚deutschen Nation' anerkannte, einen Nationalstaat jedoch als Bruch mit der Geschichte verabscheute.[17] Die Breitenwirkung, die von diesem aus der Tradition der Reichsnation geschöpften föderativen Nationalbewußtsein ausging, wurde sichtbar, als 1830 der bayerische König Ludwig I. den Grundstein zur Walhalla legte. In der Symbolik der Feiern in Regensburg verschmolzen die Stadtgeschichte mit der Geschichte des Hauses Wittelsbach und der Reichsgeschichte. Die Gipsstatue der Germania harmonierte mit einem Umzug der Schützen, die in Kostümen, die nach historischen Vorlagen geschneidert waren, reichsstädtische Wehrhaftigkeit inszenierten, und einem „vaterländischen Drama", das bayerische Geschichte vorführte. „Eine ungeheure Menge Volks", berichtet ein Augenzeuge, sah einen Festzug, in dem die „schönsten Bayerjungfrauen" mit Trachten und Erzeugnisse die „Kreise" des Landes sinnfällig machten. Wie in den Reden der bürgerlichen Honoratioren verband auch der Monarch das Bekenntnis zu den Bayern und den Deutschen: „In dieser sturmbewegten Zeit lege ich den Grundstein zu diesem Gebäude, in felsenfestem Vertrauen auf die Treue meiner Bayern; – mögen, so wie diese Steine sich zusammenfügen, alle Teutsche kräftig zusammenhalten."[18] Nach der Revolution von 1848/49, die zwar vor den Thronen und den Einzelstaaten Halt machte, sie aber zugunsten eines gemeinsamen deutschen Staates zu schwächen beabsichtigte, verfolgte Maximilian II. entschlossener als sein Vater eine Politik, die konsequent darauf zielte, „das bayerische Nationalgefühl auf alle Weise zu heben."[19]

Stärker als in allen anderen deutschen Staaten wird in Bayern erkennbar, daß sich der Prozeß der Nationsbildung in Deutschland im 19. Jahrhundert auf zwei Ebenen vollzog, „der gesamtdeutschen wie [...] der partikularstaatlichen"[20]. Beiden stand der kirchlich gebundene Katholizismus bis über die Mitte des 19. Jahrhunderts hinaus ablehnend gegenüber. Der „katholische Glaube", war 1848 in Württemberg zu lesen, sei „für alle Zeiten und für alle Länder bestimmt". „Er ist von allen Nationalunterschieden durchaus unabhängig [...] Gegen den Glauben der Kirche stehen keine Grenzsteine". Religiös sei der Katholik „Weltbürger", als Bürger hingegen „ein Kind seines Vaterlandes" und „begeisterter Patriot", der sich jedoch dem „Götzendienst" vor dem „goldenen Kalbe" der „Nationalität" entziehe.[21] Deshalb unterstützte die katholische Kirche in Bayern nach 1849 zwar den antirevolutionären Kurs ihres Monarchen, lehnte es jedoch ab, an einer Politik zur „Hebung des Nationalgefühls" mitzuwirken – auch nicht eines bayerischen! Hätten doch die gerade überstandenen europäischen Revolutionen in „einem unchristlichen, nationalen Gefühle ihren Ursprung" gehabt.[22] Die „Wiedergeburt des alten Reichs" fiel nicht unter dieses Verdikt gegen den modernen Nationalismus.[23] Die katholische Idee einer Reichsnation verschloß sich dem gesamtdeutschen wie dem einzelstaatlich-dynastischen Nationalismus, ohne sich jedoch der Forderung nach ‚Einheit der deutschen Nation' zu versperren. Indem sie sich dabei am vielstaatlichen Alten Reich orientierte, stärkte sie den Antizentralismus in der deutschen Nationalbewegung.

Diese Haltung war nicht auf den Katholizismus begrenzt. Auch nach der Revolution von 1848/49 konnte ‚Nation' auf den Einzelstaat gemünzt sein, und wenn gefordert wurde, die deutsche Nation zu einen, so darf dies nicht ohne weiteres als Vorgriff auf den späteren kleindeutschen Nationalstaat verstanden werden. Im sächsischen Landtag der fünfziger Jahre zum Beispiel bezogen Abgeordnete ‚Nation' weiterhin auf den eigenen Staat, und vom Deutschen Bund erwartete man, „auch auf politischem Felde die deutschen Völker [...] wenn nicht zur Einheit, doch zur Einigkeit zu führen."[24] In der Öffentlichkeit wurde zwar über die „Duodez- oder vielmehr Centesimalstaaten" im „Lilliput-Revier Deutschlands" gespottet,[25] doch die Hoffnung auf eine Reorganisation des Deutschen Bundes, um „mehr Einheit" nicht nur in Bereichen wie Militär, Recht und Wirtschaft, sondern auch politisch durch eine gemeinsame Volksvertretung zu verwirklichen, konnte einhergehen mit der Überzeugung, die „Centralisation" sei die „unerträglichste aller Staatsformen". „Das Gemeinsamdeutsche", fuhr der anonym erschienene Artikel der „Deutschen Vierteljahrsschrift" von 1851 fort, „hatte bisher kein Vaterland, im Inlande und in der Fremde keine Vertretung und seit langer Zeit – keine Geschichte. Was deutsch war und deutsch bleibt, war und blieb es, weil es mit dem Staate nicht zusammenhing. Will sich deßhalb der Bund ein Daseyn gründen, das auch Bestand haben soll, will er sich ein Leben schaffen, das auch Fleisch und Blut hat, so muß ein Kreis des deutschen Thuns ausgeschieden und ihm selbständig zugewiesen werden." Dieses „Gemeinsamdeutsche" sah der Autor in einer alle Staaten übergreifenden „Nationalgesetzgebung", nicht in einem Nationalstaat, der die Einzelstaaten auslöscht.[26] Er hoffte auf eine föderativ geeinte deutsche Nation, die bereits Goethe als die einzig wünschenswerte Form der „Einheit Deutschlands" gepriesen und viele andere Dichter im

19. Jahrhundert vor Augen hatten.[27] Kultur und Wohlstand in Deutschland sah Goethe als ein Werk der staatlichen Vielfalt, die keine übermächtigen Zentren und damit auch keine rückständigen Provinzen habe aufkommen lassen.

Föderative Vielgestaltigkeit, um soziale und kulturelle Entwicklungsgefälle zu vermeiden, zugleich aber Kampf dem „verruchten Douanen- und Torhüterwesen" und gemeinsame „Volksrepräsentationen", um die deutsche Nation, „wenngleich in viele einzelne Stämme und Staaten zerteilt, dennoch durch Eintracht [...] im Innern fest, und nach außen stark" zu machen[28] – diese Sicht einte bei allen großen Unterschieden im einzelnen den föderativen Nationalismus vor der Gründung des Nationalstaates. Diese 1871 in Vergessenheit geratene Form nationalen Einheitswillens konnte bundesstaatlich oder auch staatenbündisch gewichtet sein. Daß die Idee einer föderativen Nation sich auch einem Nationalstaat einfügen würde, zeichnete sich erstmals in der Revolution von 1848/49 als konkrete Handlungsmöglichkeit ab. Auf diese Herausforderung reagierten vor allem die Mittelstaaten mit dem Bestreben, ihre eigene Leistungsfähigkeit, aber auch den Deutschen Bund zu stärken, um die Widerstandskraft im „Gesammtverbande Deutschlands" gegen den „Mediatisirungsversuch" durch die deutschen Großmächte, insbesondere Preußens, zu erhöhen.[29]

Auch in der Nationalbewegung blieb nach der Revolution die föderative Grundhaltung ungebrochen. Noch 1866 zielte die Forderung, „daß Preußen an die Spitze von Deutschland gelangen muß, weil es schon die Hälfte Deutschlands unter seinem Szepter vereinigt", nicht zwangsläufig auf einen zentralistischen großpreußischen Nationalstaat, in dem die einzugliedernden Staaten zu Provinzen mediatisiert würden. Im kurhessischen Landtag erläuterte ein Befürworter dieses Weges: „Ich wünsche deshalb die Schaffung einer Zentralverfassung, welche die einzelnen Landesverfassungen ganz unter ihre Obhut, unter ihre Garantie nimmt und sie gegen Gewaltstreiche schützt. Hiernach strebt die Partei, die man die preußische nennt. Sie wollen nicht etwa einen einzigen Staat, genannt Preußen, sondern sie wollen sich unter gewissen Bedingungen Preußen anschließen. Es soll gewisse Hoheitsrechte haben, die den einzelnen kleineren Staaten doch nichts nützen. Was nützen diesen z.B. das Recht, Krieg und Frieden zu schließen oder mit auswärtigen Staaten Verträge abzuschließen? Sie können doch für sich allein keinen Gebrauch davon machen. Deshalb muß dieses Recht in eine Hand kommen, die einen würdigen Gebrauch davon machen kann. Daß man uns aus Mißverständnis oder aus bösem Willen vorwirft, wir wollten preußisch werden, ist ganz unrichtig, das fällt den Leuten unserer Partei gar nicht ein. Wir wollen auch deutsche sein und bleiben, aber wir wollen mit den anderen deutschen Staaten und namentlich mit dem größten deutschen Staate in ein innigeres Verhältnis eintreten, wir wollen die Wohltaten im weiteren Bereich genießen, welche schon die Verbindung mit Preußen durch den Zollverein hat."[30]

Diese Bereitschaft, sich an Preußen als Einigungsmacht anzuschließen, ohne in ihm als Provinz aufzugehen, markiert den einen Extrempol des föderativen Nationalismus seit 1848 und verweist voraus auf den Föderalismus nach 1871. Auf dem anderen Pol der nationalen Bewegung, den ein Teil der entschiedenen Linken verkörperte, sprach man von den Deutschen als einem „Föderativvolk", dessen „Genius" „keine Centralisirung und Uniformirung nach französischem Muster" zulasse. Nur wenige gingen allerdings so weit wie Ludwig Bamberger, der 1850 schrieb: „Es gibt keine deutsche Geschichte, insofern als ein Deutschland als politische Einheit in der Geschichte unbekannt ist."[31] Selbst die nationalen Feste Anfang der sechziger Jahre feierten die ersehnte Einheit der deutschen Nation in der überlieferten föderativen Gestalt.[32] Dies gilt auch für die Symbolisierung der Nation im Denkmal: Es blieb in „regionalen Beziehungen und Loyalitäten" verankert.[33] Man findet diese Verbindung von Nation und Land, Region oder Stadt auch in Bereichen abseits der Politik. Als 1850 eine erste Welle von Zoogründungen einsetzte, waren sie Zeichen einer bürgerlichen Weltoffenheit, gekoppelt mit nationalem Selbstbewußtsein und städtischem Stolz auf die eigene ‚Modernität'. Erst nach 1870 verengte sich diese Haltung.[34]

Deutsche Nation – „bloßes Schulwissen"?

„Nein, hier stand eine Scheidewand zwischen Stamm und Stamm. Und die Isolierung der Gruppen ging noch viel weiter, man fühlte nicht nur regional, sondern jede Stadt, jedes Dorf hatte ein eigenes

Gefühl der Zusammengehörigkeit, eine eigene Prätention, eine eigene Antipathie den andern Städten und Dörfern gegenüber. Vielleicht war das bei den Süddeutschen stärker ausgeprägt als bei den Norddeutschen, aber vorhanden war es auch bei diesen."[35] Als Victor Klemperer dies erlebte, mitten im Ersten Weltkrieg, geriet ihm „die Idee der Vaterlandsliebe" in „grausames Schwanken". Daß es „Partikularismen in Deutschland" gab, war ihm bewußt gewesen, doch sie galten ihm als eine „im Grunde überlebte, harmlose und komische Tatsache". Er selber trug „bei aller eigenen stolzen Vorliebe für mein Preußen [...] das Kartenbild des ganzen Deutschland als eine unantastbare Selbstverständlichkeit in Kopf und Herzen, sympathisierte auch stark mit dem großdeutschen Gedanken und fand es gar nicht ungerecht und ausschweifend, wenn man jetzt hier und da die Angliederung des Baltikums erwog." Nun aber zeige ihm „jeder Tag, wie stark und instinkthaft diese Spannung zwischen Preußen und Bayern in den einfachen Leuten lebte." „Was geht uns überhaupt Ostpreußen an? Gerad so viel wie China. Es liegt nicht in Bayern." Und von der Gegenseite hörte er: „Was soll man mit den Bayern anfangen? Sie sind roh, sie haben keinen Verstand, sie haben keinen guten Willen, sie sind wie die Kinder ... Deutschland? Das ist doch bloß Preußen."

Solche Äußerungen des Widerwillens, einer gemeinsamen Nation zugerechnet zu werden, hörte er nicht nur von Bayern und Preußen. Ausschlaggebend, so mußte er erfahren, waren Gruppengefühle: Aus welcher Region man komme, welcher Religion man angehöre, welchen Beruf man habe. „Man war Bauer, man war Handwerker, man war Fabrikarbeiter. Dies alles und dies allein war man mit dem Herzen; Deutscher hingegen war man nur, weil man es so in der Schule gelernt hatte, Deutschland war ein bloßes Schulwissen, ein bloßer Begriff und ein jetzt wenig beliebter" – so jedenfalls nahm der Akademiker es bei den einfachen Soldaten wahr: „Vaterland war ein Allgemeines, das die Gebildeten erdacht hatten und das nur sie im Herzen tragen konnten."

Die deutsche Nation – ein Gebildetenkonstrukt? Das wäre überzogen. Diese innerdeutschen kulturellen und gesellschaftlichen Grenzlinien künftig angemessen auszuloten ließe aber einen föderativen Nationalismus sichtbar werden, der die Gründung des Nationalstaates überlebt hatte, bislang jedoch nur höchst unzureichend erforscht wurde.

Die Frage nach Föderalismus und Zentralismus im deutschen Kaiserreich wird meist auf die staatliche Ordnung des jungen Nationalstaates bezogen. Verfassungskonstruktion und Verfassungsrealität werden dann untersucht, die ‚Verpreußung' des Reiches oder die ‚Verreichlichung' Preußens und die ‚Staatssekretarisierung' seiner Regierung werden als Gegenpole betrachtet.

Der Blick auf die staatliche Ordnung und ihre Entwicklung ist zweifellos wichtig, doch er genügt nicht. Wer die Reichweite von Prozessen wie Unitarisierung oder Nationalisierung erkennen will, aber auch die fortdauernde Kraft einzelstaatlicher oder regionaler Traditionen, deren Überlebensfähigkeit durch Wandel und deren Funktionen für den neuen Nationalstaat, – wer danach fragt, darf sich nicht auf die Staatsordnung und ihre Veränderung beschränken. Um die Bedeutung von Zentralismus und Föderalismus für die Entwicklung des ersten deutschen Nationalstaates angemessen einschätzen zu können, muß vielmehr der gesamte Komplex von Staat und Politik, Wirtschaft, Gesellschaft und Kultur betrachtet werden.[36] Die folgende Skizze kann lediglich einige Problemfelder umreißen, zumal der Forschungsstand für die verschiedenen Bereiche höchst unterschiedlich ist.

Zentralismus und Föderalismus in der nationalstaatlichen Ordnung

Was die Fachliteratur zu diesem Bereich zu sagen weiß, hat Thomas Nipperdey in seiner „Deutschen Geschichte" präzise zusammengefaßt, mit abwägenden und doch zugleich entschiedenen Urteilen. Den ersten deutschen Nationalstaat charakterisiert er als ein bundesstaatliches „Gefüge von föderalen und unitarischen Zügen"[37], geprägt durch den Dualismus zwischen Preußen und dem Reich, doch mit einer preußischen Hegemonie als dem „Kernelement" der Reichsverfassung. In Preußen lagen „die Wurzeln der Macht", dennoch sei das Reich kein „Großpreußen" geworden.

Eine zentrale Sperre gegen die Verpreußung des Reiches war dessen Verfassung. Als ihr „eigentliches Geheimnis" begreift Nipperdey – darin die Mehrheitsmeinung pointiert zusammenfassend – „die Konstruktion des Bundesrates als Gegenpart des

Reichstags": „eine feste Barriere gegen jede Parlamentarisierung oder Quasi-Parlamentarisierung des Kanzleramtes und der Reichsleitung [...], Bollwerk des deutschen konstitutionellen, also nichtparlamentarischen Systems, des monarchisch-bürokratischen Obrigkeitsstaates, der monarchischen Herrschaft über Parlament und Parteien." Föderalismus erscheint hier als Parlamentarisierungsblockade, eingeschrieben in die Reichsverfassung, faßbar vor allem an der Institution des Bundesrates, der derart konstruiert war, daß die Reichsgewalt in einem föderalistischen Verantwortungsnebel dem Zugriff des Reichsparlaments entzogen blieb.

Im einzelnen unterscheidet Nipperdey mit Blick auf die staatliche Ordnung vier große Komplexe im *Reichsföderalismus*: den Verwaltungsföderalismus, den Finanzföderalismus, den Kulturföderalismus und den Verfassungsföderalismus. Überall verlief die Entwicklung in die gleiche Richtung: Die Reichsgewalt wurde gestärkt, die zentralisierende Unitarisierung schritt voran. Den Hauptgrund wird man – wie in der föderativen Schweiz, wo gegen Ende des 19. Jahrhunderts ebenfalls der Bund gegenüber den Kantonen neue Aufgabenfelder erhielt – darin sehen dürfen, daß in der verfassungsrechtlichen Kompetenzverteilung zwischen Reich und Bundesstaaten die dynamischen Entwicklungsbereiche dem Reich zugewiesen worden sind: Recht, Wirtschaft, Militär und Soziales vor allem.

Der Interventionsstaat, der damals entstand, wurde auf der Reichsebene ausgebildet, wenngleich er in weiten Bereichen dank der föderalistischen Grundstruktur in der Verwaltung der Bundesstaaten blieb. Diese föderative Brechung der Unitarisierung gilt selbst für den Sozialversicherungsstaat, dessen Grundlagen in den achtziger Jahren durch Reichsgesetze gelegt wurden. Der Wandel von der traditionellen Armenfürsorge zur modernen Sozialversicherung, den das Reich als Gesetzgeber vorantrieb, bedeutet einen Zentralisierungsschub, doch die Last der Durchführung oblag den Kommunen. Es war für die soziale Absicherung weiterhin wichtig, wo man wohnte, denn die kommunale Sozialpolitik entschied über die Art und die Höhe der Leistungen. Welche Hilfen etwa ein alteingesessener Handwerker fand, der in wirtschaftliche Probleme geriet, oder ob seiner Witwe ein Absturz in ein Armenschicksal erspart blieb, hing nicht vom Reich ab, sondern von der Kommune, in der sie lebten.[38]

Auch der Steuerstaat blieb im Kaiserreich weiterhin stark föderalistisch geprägt. Seit der Reichsfinanzreform von 1909 griffen zwar direkte Reichssteuern erstmals in stärkerem Maße auf den Steuerbürger durch. Doch gewichtiger waren weiterhin die bundesstaatlichen Steuern und die kommunalen Steuerzuschläge, die jeweils nach höchst unterschiedlichen Maßstäben erhoben wurden. Trotz aller Tendenzen zur Vereinheitlichung der Steuern hing das Wohlbefinden des Steuerbürgers noch gegen Ende des Kaiserreichs davon ab, in welchem Staat und in welcher Kommune er lebte. Wer 1905 über ein Einkommen von 10 000 Mark verfügte, mußte mit einem Steuersatz zwischen 3 und 15 Prozent rechnen – je nach Wohnort.[39]

Es ist also ein Unterschied, so lassen sich diese Beobachtungen verallgemeinern, ob man das Spannungsfeld nationalstaatlicher Zentralismus und bundesstaatlicher Föderalismus auf der Institutionenebene betrachtet oder zugunsten einer Wirkungsanalyse diese Ebene verläßt. In einer wirkungsgeschichtlichen Perspektive ließen sich auch dem konservativen Institutionenansatz noch neue Seiten abgewinnen. Doch dazu gibt es wenig Forschung.

Wirtschaftsräume

Der Nationalstaat vollendete den nationalen Wirtschaftsraum und schuf eine nationale Wirtschaftsordnung, doch „im Raumbild der Industrialisierung" findet sich „jenes der älteren Territorialstaaten" wieder, wenn auch „vielfach modifiziert".[40] Das Kaiserreich wurde zum Industriestaat, aber die ökonomischen Unterschiede zwischen den Regionen schwanden nicht, sondern wuchsen. Es bestand ein wirtschaftliches Entwicklungsgefälle zwischen Ost und West in Preußen und zwischen Nord und Süd im Reich. Im Pro-Kopf-Einkommen wurden diese regionalen Entwicklungsunterschiede für den einzelnen fühlbar, und über die Migrationsprozesse kamen sie in Gestalt von ‚Regionalcharakteren' in Konflikt untereinander und damit zu Bewußtsein – etwa wenn sozialistische Gewerkschafter die ‚verdammte Bedürfnislosigkeit' der gen Westen ziehenden Arbeiter aus den Ostprovinzen als Organisationshemmnis für ihre Gewerkschaftsarbeit beklagten. Dem an „Jammerlöhne gewohnten Ostelbier", der an den Niederrhein ziehe, erscheine seine dortige „Lohnsklaverei" als ein „Dorado für den Arbeiter".[41]

Unter den sozialdemokratisch orientierten Freien Gewerkschaften, der größten Organisation unter den damaligen Gewerkschaftsrichtungen, kam es im späten Kaiserreich zwar zu einem entschiedenen Zentralisierungsprozeß, doch noch 1914 hatten von den 47 Zentralverbänden nur 30 ihren Sitz in Berlin. Die anderen blieben dort, wo das Zentrum ihrer Branche war, und sechs saßen weiterhin in Hamburg. Diese „plutokratische Republik", wie sie ein Hamburger Sozialdemokrat genannt hatte, galt bis ins späte 19. Jahrhundert als die sozialdemokratische Hauptstadt des Kaiserreichs. Bis 1902 hatte hier auch die Gewerkschaftszentrale, die 1890 gegründete Generalkommission, ihren Sitz. Erst 1903 zog sie nach Berlin. Die neue Reichshauptstadt nahm also an Bedeutung für die beruflichen Interessenorganisationen der Arbeiter zu, aber sie wurde keineswegs zum Zentralpunkt.

Die Gewerkschaftsorganisationen lassen das Raumbild, das aus den alten Einzelstaaten erwuchs und als regionale Wirtschaftsstruktur im Kaiserreich weiterlebte, ebenso erkennen wie die Unternehmerverbände und die Verbände der Landwirte. Preußische und nichtpreußische Industrielle, so beschreibt Hans-Peter Ullmann die „regionalen Konfliktlinien" im Unternehmerlager, standen sich in den Verbänden der Schwerindustrie und der Fertigindustrie gegenüber.[42] Letztere, seit 1895 im Bund der Industriellen zusammengeschlossen, waren dezentral organisiert. Dieser Verbandsföderalismus galt als sein Markenzeichen im Kontrast zum Zentralismus der Schwerindustrie. Der Organisationsgegensatz Zentralismus – Föderalismus findet sich auch beim Bund der Landwirte, protestantisch und im Kern ostelbisch, verglichen mit den strikt dezentral aufgebauten Bauernvereinen, die vor allem Katholiken erfaßten.

Die Parteienlandschaft und der Föderalismus der politischen Kultur

Mit dem Reichstag war ein neues politisches Kraftfeld entstanden, das zweifellos die nationalstaatliche Zentralisierung förderte. Das gilt auch für die Parteien. Gleichwohl wurden sie keine reinen

Reichsparteien. Selbst die Liberalen, die sich wie keine andere politische Organisation mit dem neuen Nationalstaat identifizierten und ihn als ihr Werk betrachteten, besaßen weiterhin ihr Zentrum in den Einzelstaaten.[43] Der deutsche Parteienregionalismus war vor der Reichsgründung entstanden, und er wurde durch die föderalistische Grundordnung des neuen Nationalstaates gefestigt.

Die Überzeugung, eine höhere politische Kultur zu besitzen als die Preußen, gehörte zum föderativen Glaubenskern des Süddeutschen. Man findet ihn sogar in der Sozialdemokratie, der am stärksten zentralisierten unter den deutschen Parteien und stärker auch als alle anderen Parteien auf die nationale Handlungsebene ausgerichtet. Zentralisation, so erklärte Georg von Vollmar 1893 für die bayerischen Sozialdemokraten, sei „in jeder Form freiheitsschädlich […]. Wir sind Föderalisten, natürlich auf demokratischer Grundlage"[44].

Der Liberale Friedrich Naumann sprach 1904 von der „preußischen Polizei- und Herrenmoral", die den deutschen Süden abstoße, und er suchte nach Möglichkeiten, die „süddeutsche Lebensdemokratie" gegen die „allgemeine Zeitmoral", die er im Gleichschritt mit der preußischen Polizei- und Herrenmoral voranmarschieren sah, abzuschirmen. Er propagierte als Schutz die Förderung der kleinen und mittleren Betriebe, da die großbetriebliche Rohstoffindustrie die „Alleinherrschaft" fördere und deshalb die „demokratische Moral" zerdrücke.[45] Den möglichen Zusammenhang von Wirtschaftsstruktur und politischer Kultur und das föderative Grundmuster dieser Beziehung hatten also schon Zeitgenossen des Kaiserreichs erkannt.

In den Blick geriet ihnen auch, daß im Nationalstaat und in den Ländern zwei unterschiedliche Typen von Monarchien im Entstehen waren. Auch sie ein Indiz für die fortdauernde Prägekraft des Föderalismus in der nationalen politischen Kultur des Kaiserreichs. Diese beiden Typen sollen an Wilhelm II., preußischem König und deutschem Kaiser, und an seinem württembergischen Namensvetter kurz erläutert werden.[46]

Dem Württemberger war die Aura eines Herrschers von Gottes Gnaden fremd. Sein Standbild in Stuttgart trifft das recht genau: ein biederer Bürger mit zwei Spitzen, die er an der Leine führte, in der Nähe seiner Stadtvilla, die den Vergleich mit großbürgerlichen Villen nicht bestehen konnte. Der letzte württembergische

König amtierte präsidial. Er entzog sich dem hochadligen Lebens- und Repräsentationsstil, den der letzte preußische König und deutsche Kaiser gegen die bürgerliche Welt zu bewahren und zugleich zeitgemäß zu erneuern suchte. Beide fügten sich auf unterschiedliche Art in die neuen Bedingungen, unter denen monarchische Amtsführung zu geschehen hatte. Der Württemberger und mancher seiner einzelstaatlichen Kollegen näherten sich einem neuen Amtsverständnis, das die künftige Rolle des Monarchen in einem demokratisierten und parlamentarisierten Staat auslotete. Der Preuße hingegen suchte die Demokratisierung von Staat und Gesellschaft zu blockieren und nutzte virtuos den Glanz höfischer Repräsentation, um die Monarchie auf die Anforderungen des neuen politischen Massenmarktes einzustellen. Beide Monarchen hatten Erfolg, obwohl beide in der Revolution untergingen. Wilhelm II. von Württemberg wurde geachtet als zurückhaltender „Bürgerkönig", eine Art gekrönter Staatspräsident mit Erbberechtigung, wie ihn 1848 viele Demokraten gewünscht, aber nicht erreicht hatten. Wilhelm II. von Preußen verkörperte als Medienkaiser ebenfalls einen neuen monarchischen Typus, der zur gleichen Zeit mit Kaiserin Victoria auch in Großbritannien entstand: als oberster Repräsentant der Nation allgegenwärtig – im großen öffentlichen Auftritt, über den die Zeitungen ausführlich berichteten, ebenso als Nippes in der guten Stube und als Habituskopie im bürgerlichen Leben. Die Öffentlichkeit honorierte beides. König und Kaiser repräsentierten zwei Typen des modernen Monarchen, die sich nicht wechselseitig ausschlossen. In ihrer Gegensätzlichkeit lassen sie vielmehr die Spannweite gesellschaftlicher Erwartungen an den Monarchen der Zukunft erkennen und an welche politischen Bedingungen die beiden Typen gebunden waren.

Lebensstil und Amtsführung des Württembergers entsprachen dem Bedeutungsverlust seines Landes wie aller anderen Einzelstaaten, einschließlich Preußens, seit der Gründung des Deutschen Reiches. Die föderative Ordnung sicherte ihnen erhebliche Kompetenzen vor allem in der inneren Verwaltung, bei den Finanzen und vor allem der Kultur. Die Entwicklungsdynamik ging jedoch vom Reich und seinen wachsenden Institutionen aus. Der württembergische König akzeptierte dies und gewann damit Handlungsspielräume, die er zur Stärkung der föderativen

Grundstruktur Deutschlands nutzte. Die württembergische Monarchie ging unter, obwohl keine der entscheidenden politischen Kräfte dies für notwendig hielt, doch das Bild des „monarchschen Systems" wurde im Reich geformt, nicht in den Einzelstaaten. Darin dokumentiert sich deren politischer Bedeutungsschwund. Gleichwohl blieben sie als Hort des historisch gewachsenen Föderalismus im Bewußtsein der Bevölkerung so stark verankert, daß sie die nationalstaatlichen Zentralisierungstendenzen wirksam begrenzten.

Zu diesen Grenzen gehörte, daß in Einzelstaaten wie Württemberg oder Baden parlamentarische Spielregeln besser eingeübt werden konnten als auf der Reichsebene. Gegen die Parlamentsmehrheit zu regieren, wurde nicht mehr versucht. Liberale traten in Regierungen ein und bestimmten sie, und auch die Sozialdemokratie erhielt weit bessere politische Handlungsmöglichkeiten als im Reich oder gar in Preußen. Die föderative Gestalt des ersten deutschen Nationalstaates schuf also der politischen Klasse eine Vielfalt von Bühnen. Auf ihnen waren zwar Haupt- und Nebenrollen ungleich verteilt, gleichwohl wird im föderativen Blick das Bild der politischen Klasse bunter als im zentralistischen. Allerdings erschwerte ihr die Vielzahl der Bühnen auch, in der Öffentlichkeit als stark politische Entscheidungskraft aufzutreten und wahrgenommen zu werden.

,Reichsnation' und föderative Kultur

Aus dem großen Themenbereich ,Nation und Föderalismus' wird hier ein einzelner, allerdings zentraler Aspekt in den Mittelpunkt gerückt. In ihm bündeln sich viele Entwicklungslinien, und das Neue wird deutlich sichtbar: das Verhältnis der ,Reichsnation' zum föderativen Grundmuster der deutschen Geschichte. Es bildete sich im kulturellen Leben noch markanter ab als in den zuvor skizzierten Bereichen von Politik und Wirtschaft. Die Kernidee des am Alten Reich orientierten föderativen Nationalismus – eine geeinte deutsche Nation ohne zentralisierenden oder gar unitarischen Nationalstaat – ging als politische Option des außerpreußischen Deutschlands mit der Gründung des Nationalstaates zwar verloren, doch ihr föderativer Grundgehalt überlebte insbesondere kulturell und trug dazu bei, den ersten deutschen Nationalstaat föderal auszugestalten.

Wie gesellschaftlich und kulturell durchdringend, alle sozialen Schichten und alle politischen Kreise erfassend, dieser Föderalismus war, läßt sich an einer Fülle von Einzelheiten erkennen. Der Föderalismus der Parteienlandschaft und der Interessenorganisationen wurden schon genannt, ebenso das Meinungsklima im außerpreußischen Deutschland, das in der politischen Kultur ein Süd-Nord-Gefälle wahrnahm. Es dokumentiert sich auch in der unterschiedlichen Anfälligkeit des Nordens und des Südens für die „Denkmalwut" und „Denkmalpest", wie manche Zeitgenossen die Flut nationaler Denkmäler nannten. Nahezu vier Fünftel aller im Kaiserreich errichteten Nationaldenkmäler entstanden in Preußen, Sachsen und den thüringischen Ländern, während der Süden sich stark zurückhielt.[47] Er verschloß sich auch dem architektonischen Wandel der Denkmäler zum völkisch-monumentalen.

Als nach der Reichsgründung über angemessene ästhetische Formen von Siegesmalen debattiert wurde, mahnte ein württembergischer Föderalist: „Vor Allem nichts von diesen Kolossalprojekten, in denen die erhitzte Einbildungskraft centralisirter romanischer Völker schwelgen, die aber dem Deutschen fremdartig sind und bleiben." Es gelte, „bei uns in erster Linie das individuelle Gefühl der einzelnen Stämme, Städte, Gemeinden zum Ausdruck kommen" zu lassen.[48] Diese Stimme sprach nicht für einen schwäbischen Sonderweg. Die meisten Reichsgründungs- und Siegesdenkmäler blieben „unmittelbar lokal gebunden". Sie standen in der Stadt; national wirkten sie nur als „Gesamtmenge".[49] Die Erinnerung an die staatliche Einigung sollte weder kulturell noch politisch nivellieren. In diesem Sinne gedachte man 1872 auch in Tübingen der im ‚Einigungskrieg' Gefallenen. Die Stadt und ebenso die Universität wählten württembergische Daten – den Geburtstag des ‚Landesvaters' und der ‚Landesmutter' –, um die beiden Erinnerungstafeln in der Stiftskirche und im Universitätsgebäude der Öffentlichkeit vorzustellen. Zwei Jahre später, 1873, wurde in Tübingen das Uhland-Denkmal am 14. Juli, dem Nationalfeiertag des besiegten ‚Erbfeindes', eingeweiht und der Geehrte wurde zum Künder des deutschen Nationalstaates stilisiert, obwohl er ihn 1848 in seiner kleindeutschen

Gestalt kompromißlos abgelehnt hatte. Dieser Widerspruch bestimmte auch jetzt den Festverlauf: Schwarz-Rot-Gold, die Farbe der Opposition zum preußisch-hegemonialen Reich, schmückte das Haupt Uhlands und den Festsaal, und der Demokrat Carl Mayer, die Führungsgestalt der antipreußischen württembergischen Volkspartei, feierte die Enthüllung des Denkmals als einen „Sieg des Geistes und der Geister", der „kein Blut gekostet" habe und an den sich „kein Haß und kein Racheruf knüpft".[50] Die Distanz zum jungen Nationalstaat schwächte sich zwar in den folgenden Jahrzehnte ab, verschwand aber nicht. Der politische Kampfruf der württembergischen Demokraten „Im Reich wider das Reich" wich dem Versuch, sich föderativ zu behaupten. Dies blieb weiterhin auch im Denkmal sichtbar.

Als in Tübingen 1891 ein Kaiser-Wilhelm-Turm eingeweiht wurde, verwies der Baustil auf die Bürgerlichkeit italienischer Stadtstaaten und die Ikonographie mit den Büsten Kaiser Wilhelms, Kaiser Friedrichs und König Karls auf die Verbindung von Reichs- und Landesbewußtsein. Die überstaatliche Reichsnation wurde hier nicht mehr dem Nationalstaat entgegengestellt, wohl aber blieb ihre föderative Erinnerungskraft erhalten. Sie erlaubte es, vom Einzelstaat und auch von der einzelnen Stadt eine direkte Linie zum neuen Kaiser zu ziehen. Indem man ihn in die Tradition des Alten Reiches stellte, wurde der junge Nationalstaat nicht nur historisch geadelt, sondern auch entborussifiziert. Es ist deshalb kein Zufall, daß in Württemberg, das gegenüber dem Einigungskult zurückhaltend war, die Kaiserdenkmäler vor allem in den früheren Reichsstädten entstanden.[51] Doch auch in Tübingen versuchte man, die Stadt mit dem Land und dem Reich zu einer symbolischen Einheit zu verbinden, die nicht zentralistisch und unitarisch war. Als 1872 zur üblichen Feier des Geburtstages des Landesherrn an Reichsgründung und Sieg über die französischen Truppen erinnert wurde, übergaben drei Frauen im Rathaus vor der Büste des Königs dem frisch gegründeten Veteranenverein eine Fahne, die auf der Vorderseite das Stadtwappen mit den Namen von vier Schlachtorten des deutsch-französischen Krieges vereinte und auf der Rückseite Reichsadler und Kaiserkrone zeigte.[52] Die Feier zum königlichen Geburtstag geriet zwar mehr und mehr zu einer Veranstaltung städtischer Honoratioren und der Universität, doch sie trug dazu bei, das Land im Leben der

Stadt kulturell gegenwärtig zu halten. So brachte das Stadttheater 1886 ein Festspiel mit Szenen aus der Geschichte Württembergs, die Landes- und Nationalgeschichte verbanden, und auch später bot das Theater zum Geburtstag des Landesherrn inszenierte Geschichtsbilder. Die Schulen blieben an diesem Tag geschlossen, Vereine feierten, die Museumsgesellschaft, das kulturelle Zentrum der Stadt, veranstaltete bis 1906 stets einen Königsball, und danach führte die Garnison diese Tradition fort. Nicht nur die christlichen Kirchen gedachten in Gottesdiensten des königlichen Geburtsfestes, auch in der Synagoge geschah dies. Zu Festessen und Bällen, weltlichen und religiösen Feiern separierte sich die Bürgerschaft, während anderes sich an alle richtete: Ausfall des Schulunterrichts und Beflaggung der Häuser, morgendliches Glockenläuten und Kanonenschüsse oder Marsch von Truppen durch die Stadt und abendlicher Zapfenstreich. Man bekannte sich zu Württemberg, seiner Geschichte und seinem Monarchen. Die Feiern der Militärvereine banden auch kleinbürgerliche Kreise und deren Familien in die Loyalitätsbezeugungen gegenüber Württemberg ein. Dies blieb bis zum Ersten Weltkrieg unverändert. Bei den Sedanfeiern trat der Verweis auf das Land sogar mit zeitlichem Abstand von der Reichsgründung verstärkt hervor. War der Festsaal zunächst mit den Reichsfarben und einer Büste des Kaisers geschmückt worden, fügten ihnen die Militärvereine, als sie ab 1890 die Organisation übernahmen, die Landesfarben und die Büste des Landesherrn hinzu. Nicht mehr „Heil Dir im Siegerkranz" wurde angestimmt, sondern die Hymne des württembergischen Königs. In Hamburg trat zur gleichen Zeit in den Festzügen das Standbild der städtischen Hammonia neben das der Germania und verdrängte es schließlich in den letzten Jahren vor dem Ersten Weltkrieg.[53] Noch vor der Jahrhundertwende verkümmerte die Tübinger Sedanfeier zu einer Veranstaltung der nationalliberalen Deutschen Partei. Vor dem Ersten Weltkrieg trat schließlich die Militärparade der örtlichen Garnison an die Stelle des bürgerlichen Festzuges. Die Tübinger waren von Teilnehmern zu Zuschauern geworden. Dies galt jedoch nur für den Sedantag, während bei den jährlichen Feiern des Geburtstages des württembergischen Königs und des deutschen Kaisers die aktive Partizipation von Teilen der Einwohnerschaft nicht nachließ und sich Reichs- und Landeskult mit städtischer Selbstdarstellung verbanden. Erst der Bismarck-Kult der wilhelminischen Ära verlor Württemberg aus dem Blick. Er zelebrierte den Reichsgründer als Nationalheros, der sich jeder konkreten historischen Zuordnung entzog und zum zeitlosen Symbol nationaler Eigenart geriet, vergleichbar der ‚deutschen Eiche‘: „deutscher Mann vom Kopf bis zur Zehe, unsterblicher Staatsmann, Stamm unserer deutschen Volksart, Stolz und Hort deutschen Namens", feierte ihn 1893 Ludwig von Schwabe, Professur klassische Philologie und Archäologie. Er habe „dem deutschen Michel den Panzer angezogen, in welchem er dreinschlug wie der Erzengel Michael", hieß es in der Tübinger Festrede von 1890.[54]

Der in Säulen und Feuertürmen „gegenwärtige Bismarck [...] ließ jede historische Konkretion und damit auch jede Begrenzung hinter sich."[55] Daraus spricht nicht nur Wille zur Weltpolitik, die über die angestammten Grenzen der Nation hinaustreibt, sondern auch ein „Bedrohungsgefühl", das im Völkerschlachtdenkmal von 1913 Gestalt gewann. Föderative Strukturen haben in ihm keinen Platz mehr. Deshalb konnte der Föderalismus zum Antipoden von Visionen nationaler Weltpolitik werden, denn er konstruierte eine Vorstellung von deutscher Nation, die historisch und räumlich konkret verankert blieb.

Die föderalistische Grundstruktur des Kaiserreichs, die sich an kulturellen Differenzen lebensweltlich erfahren ließ, wurde durch den Fortbestand der Einzelstaaten als Bundesstaaten institutionell gefestigt. Sie versuchten, sich gegen das übermächtige Preußen kulturell zu behaupten. Und das mit erheblichem Erfolg. Auf den neuen Typus einer demokratiefähigen Monarchie in manchen Ländern wurden schon verwiesen. Ihren stärksten Rückhalt fanden die Landesfürsten in der Kulturpolitik. Erwähnt sei nur, daß der Großherzog von Hessen-Darmstadt sich als Kunstmäzen profilierte und seinem Bundesstaat als deutsches Zentrum des Jugendstils ein innovationsfreudiges Gesicht zu geben suchte. Auch der württembergische Monarch Wilhelm II. entwickelte sich zu einer Art Kunstkönig. Als Mäzen blieb er als eigenständige Kraft wahrnehmbar, und er konnte sich zugleich von den kunstautokratischen Allüren seines preußischen Namensvetters, dem er gerne aus dem Wege ging, sichtbar absetzen.[56] Diese durch den Nationalstaat mediatisierten Fürsten fanden in der Kulturpolitik ein Refugium, in dem sie einen Ausgleich für den Verlust an politischem Einfluß suchten. Damit stärkten sie nicht nur den Kulturföderalismus, sondern untermauerten generell die föderative Grundstruktur der deutschen Gesellschaft.

Kulturpolitik war keineswegs ein Nebengleis nationaler Politik. Im späten 19. Jahrhundert entstand vielmehr als Teil eines umfassenden Interventionsstaates die Idee des Kulturstaates. Sie auszuführen war eine Leistung der Länder, wie an der Geschichte der Denkmalpflege zu erkennen ist. Denkmalpflege wurde nicht nur eingesetzt, historisches Kulturerbe zu bewahren und in einer Zeit raschen Wandels ‚Identität' zu stiften, sondern entwickelte sich und zu einer Säule moderner Staatlichkeit. Als „praktizierte Zivilisationskritik" verband sich die Denkmalpflege mit der schon vor der Jahrhundertwende florierenden Heimatschutzbewegung, trug zu neuen Theorien im Städtebau bei und organisierte sich in einem breiten Vereinswesen. Es entstanden auch neue Berufsgruppen, die sich diesen Aufgaben widmeten und gemeinsam mit dem dichten Netz von Rechtsvorschriften dazu beitrugen, daß der föderativ organisierte Denkmalschutz als Glied eines „intervenierenden Kulturstaat" auch dem Zentralisierungsschub der Weimarer Republik widerstand, die den Denkmal- und Umweltschutz erstmals als nationales Staatsziel definierte. Im Kaiserreich hingegen war dies „Vorrecht" und „Motivationsinstrument der Einzelstaaten".[57] In ihnen und den Kommunen formierte sich die Heimatbewegung, die – wie zur gleichen Zeit auch in Frankreich – die Landschaft als schützenswertes nationales Gut entdeckte. Regionale und lokale Identität wurde unter Berufung auf die Vergangenheit neu konstruiert. Damit entwarf man kein Gegenkonzept zur Nation, trug aber dazu bei, ihre kulturelle Vielgestaltigkeit zu legitimieren und zu bewahren.[58]

Kulturelle Selbstbehauptung im Nationalstaat war als Leitlinie politischen Verhaltens und als gelebter Habitus besonders ausgeprägt in Bayern. München zählten Zeitgenossen gemeinsam mit Berlin und Wien zu den deutschen Hauptorten der Moderne, und vielen galt es als die wahre deutsche Kunsthauptstadt, die ein Gegengewicht zur Hohenzollernmetropole bilde und stärker nach Frankreich als nach Preußen blicke. Dieses Gegenbild wurde von Einheimischen und Zugereisten, von Künstlern und der Tourismusbranche gleichermaßen gepflegt. „München leuchtete", schrieb Thomas Mann 1903: „Die Kunst blüht, die Kunst ist an der Herrschaft, die Kunst streckt ihr rosenumwundenes Scepter über die Stadt hin und lächelt."[59] Moderner Kunstsinn und ein Volksleben, das sich dem Diktat der Zivilisationsmoderne – noch – nicht beuge: Diese Verbindung wurde immer wieder an München gerühmt und Berlin, dem „Schlußstein im gigantischen Ausbau eines eisernen Reiches", entgegengestellt: „In Berlin steht das moderne Leben auf seiner Höhe, automatisch, tadellos und blitzend wie ein vervollkommnetes Geschütz. […] Hier steht das reine Bild des ehemaligen einfachen und gesunden Lebens vor dir." „Hier hast du den genauen Begriff von dem, was man früher als Süddeutschland bezeichnete."[60] Was bei Marcel Montandon 1902 wie ein elegischer Abschied an die „abendländische Vergangenheit" klingt – bewahrt im süddeutschen Lebensstil, der in München noch nicht untergegangen sei, feierte Theodor Lessing 1896 in seiner Hymne an München als die katholisch-süddeutsche Verweigerung gegenüber dem protestantisch-norddeutschen Spießbürger, der sein geordnetes Leben zur nationalen Norm erheben wolle: „Dieses Volk wusch sich nicht und badete nicht und war doch kunstnäher als die gewaschene Menschheit des Nordens, wo der Spießbürger die erste Geige spielt. Deutschlands gewaschene Bevölkerung ist nicht deutsch; sie zerfällt in feindliche Klassen, Pöbel und Bourgeoisie, aber in Baiern lebt das einige drekete Volk, von Herzen auch nicht schöner als unsre norddeutschen Proleten, aber welch schöne Namen hatten sie: Aloysius, Genoveva, Bartholomäus und Veronika […] Katholischer Himmel goß Süßigkeit über die Grobiane."[61]

Was Theodor Lessing verklärte, empfand Victor Klemperer als peinlich. Doch in einem stimmten die beiden Norddeutschen überein: München ist ganz anders als Berlin. Als Klemperer nach der Jahrhundertwende zum Studium nach München kam, überwältigte ihn der Katholizismus des Alltags. Überall sichtbar, „färbte er auffallend, und unmittelbar nach dem Bier, das Volksleben. Mönche und Nonnen waren häufig auf der Straße zu sehen." Die erste Münchner Fronleichnamsprozession, die Klemperer miterlebte, beeindruckte ihn zutiefst, wenngleich er gemeint hatte, „so etwas könnte man nur in Italien oder Spanien, allenfalls in Österreich zu sehen bekommen." Hoch und niedrig vereine sich im Kultus. Daß jedoch auch der Universitätsrektor, geschmückt mit Talar und Amtskette, teilnahm, empfand er als

Entwürdigung der Wissenschaft. Protestantisch und wissenschaftlich setzte er ebenso gleich wie deutsch und protestantisch: „wo der Katholizismus begann mit seinen Dogmen und seinem Gepränge, da begann für mich schon das Ausland." „München, so sagte ich mir, liege in Bayern, und die Bayern seien nun einmal nicht so ganz richtige Deutsche wie die Preußen, und das müsse man hinnehmen." Doch leicht fiel es ihm nicht, zumal ihn die „Masse der Feiertage", die auch die Universität eifrig in Freizeit umsetzte, stets an das andersartige Lebensgefühl des katholischen Südens erinnerte.[62]

Als der assimilierte Jude Victor Klemperer in München in die katholische „Sonderwelt" eintauchte und dabei einen süddeutschen Kulturschock erlebte, hatte im deutschen Nationalstaat bereits eine „Gegenbewegung zur Rückbesinnung auf die alte Vielfalt der regionalen Kulturtraditionen" eingesetzt.[63] Durchgesetzt hat sich dieser Versuch des Widerrufs gegen die protestantische Verengung der deutschen Nationalliteratur, die im 18. Jahrhundert begonnen hatte und zu Beginn des 19. Jahrhunderts vollendet war, allerdings nicht – bis heute nicht. Erst die jüngere Germanistik beginnt die verschütteten Spuren, die durch die stammesbiologischen Geschichtskonstruktionen des Nationalsozialismus zusätzlich diskreditiert schienen, freizulegen. Im frühneuzeitlichen Deutschland, so konnte sie zeigen, war das literarische Leben in zwei auch sprachlich getrennte Kulturkreise zerfallen. Das „Lutherisch Deutsch", das Jakob Grimm noch 1819 in der Vorrede zu seiner *Deutschen Grammatik* „den protestantischen dialekt" genannt hatte, triumphierte spätestens seit der Klassik als nationale Hochsprache über die oberdeutsche Schriftsprache, die im katholischen Deutschland, ausgehend von Bayern und Österreich, gepflegt worden war. Dem „poetischen Rang der deutschen Klassik" unterlagen die anderen regionalen Idiome, die sich dem „normsetzenden Mitteldeutsch" als Schriftsprache beugen mußten. Doch die regionalen Dialektdichtungen florierten auch im 19. Jahrhundert. Und im Alltag ließ die „Normierung der deutschen Standardsprache" ohnehin viel Raum für Regionalsprachen. „Nord- und süddeutsche Intonation koexistierten gleichberechtigt. Die deutsche Sprache dient nicht im gleichen Maße wie das Englische als Kennzeichen von Klassenzugehörigkeit. Die regionale Färbung des Hochdeutschen wirkt ausgleichend gegenüber soziale und Bildungsbarrieren." Und die deutsche Literatur bewahrte stärker als die Germanistik das „Bewußtsein des Eigenwerts der Regionen und ihrer Idiome".[64]

Auch das Bildungswesen blieb im Kaiserreich trotz aller Angleichungsprozesse föderalistisch. Selbst im Universitätsbereich gelang es Preußen keineswegs, Berlin zum obersten Maßstab zu erheben. Im Kaiserreich bildete sich zwar ein preußisches Beziehungsnetz aus, in dem Berlin den Spitzenplatz einnahm, doch das außerpreußische Deutschland fügte sich nicht der preußischen Universitätshierarchie, sondern konkurrierte erfolgreich.[65] Daß bis heute die Universitätsreform, die in der zweiten Hälfte des 19. Jahrhunderts die deutsche Universität zu einem internationalen Erfolgsmodell machte, ausschließlich mit dem Namen Wilhelm von Humboldt verbunden wird, zeigt einmal mehr, wie nachhaltig auch in diesem Bereich der kulturelle Föderalismus, der als nationales Grundmuster deutscher Geschichte auch noch im Zeitalter des ersten Nationalstaates vorherrschte, verdrängt worden ist. Die süddeutschen Universitäten wurden nämlich nicht minder gründlich reformiert, ohne sich an Humboldts Leitbild ausgerichtet zu haben.[66]

Gefestigt wurde dieser kulturelle Föderalismus auch durch den Fortbestand des protestantischen Kirchenföderalismus, und selbst für den Katholizismus hat man von einer „episkopalen Mainlinie"[67] gesprochen, wie auch in der jüdischen Orthodoxie des Kaiserreichs die inneren Spaltungen als „eine neue Mainlinie" galten[68]. Sichtbar wird sie nicht nur in der ‚großen' Kirchen- und Religionspolitik, sondern auch in Kleinigkeiten. So besaß im Kaiserreich jede katholische Diözese ihr eigenes Kirchenliederbuch. Den Zusammenhang mit der föderativen Grundstruktur Deutschland erkannte man damals durchaus: „buntfarbig wie die Karte Deutschlands ist auch das Gesamtbild des deutschen Kirchenliedes", schrieb 1912 ein katholischer Autor.[69] Er empfand das jetzt allerdings als ein Hemmnis. „Wie schmerzlich empfindet ein jeder, der durch das Schicksal in eine andere Diözese verschlagen wird, daß er dort selten ein Lied in der gleichen Weise singen kann, wie er es von Jugend auf gelernt und geübt hat. [...] Und wie sehr gar ist uns die Möglichkeit genommen, bei gemeinsamen Kongressen, seien es nun Katholiken-, Caritas- und sonstige Verbandstage, bei allen Teilnehmern das Gefühl der Zusammengehörigkeit von innen heraus durch gemeinsame Kirchenlieder zu erwecken. Gerade in dem Punkte des Kirchengesanges mangelt den deutschen Katholiken das, was sie doch sonst vor allen andern Religionsgemeinschaften voraus haben, – die Einheit in der Allgemeinheit." Der Cäcilienverein beriet deshalb, wie in allen deutschsprachigen Diözesen ein gemeinsamer Kanon von „wenigstens 25 Liedern" erreicht werden könne.

Ob der Militärdienst, der oft als ein Nationalisierungsvehikel angeführt wird, dies wirklich gewesen ist, müßte erst noch erforscht werden. Wer zum Militär einrücken mußte, blieb in bundesstaatlicher Obhut und damit eingehegt in die föderative Grundstruktur der deutschen Geschichte. Wie sehr sie noch mitten im Ersten Weltkrieg das Verhalten von Soldaten bestimmte, ist an Victor Klemperers Beobachtungen bereits illustriert worden. Als er erstmals mit dem sogenannten ‚kleinen Mann' täglich in enge Berührung kam, mußte er zu seiner großen Überraschung erkennen, daß die deutsche Nation für diesen kein Leitwert war. Sollte „das Kartenbild des ganzen Deutschland", das er, der gebildete Deutscher jüdischer Herkunft – so empfand er sich damals noch, bevor ihm der antisemitische Rassismus des nationalsozialistischen Deutschland die Rückkehr zur jüdischen Identität mit Gewalt aufzwang – wie „eine unantastbare Selbstverständlichkeit in Kopf und Herzen" trug, nichts als ein Gebildetenkonstrukt sein? Victor Klemperers „Idee der Vaterlandsliebe" geriet angesichts dieser Entdeckung in „grausames Schwanken". Die Forschung zur Geschichte der deutschen Nation hat sich diesem Zweifel noch nicht ausgesetzt. Den föderativen Nationalismus genauer zu erhellen, würde dazu beitragen.

Region und Nation

Der historisch überkommene Föderalismus hat mit der Nationalstaatsgründung seine Zielrichtung radikal geändert. Föderativer Nationalismus richtete sich jetzt nicht mehr gegen einen Nationalstaat, der die historisch gewachsene staatliche Vielfalt überwindet, indem er die Einzelstaaten zu Ländern mediatisiert. Im Gegenteil, weil er regionale und einzelstaatliche Traditionen kulturell verteidigte, trug der föderative Nationalismus nun wesentlich dazu bei, daß der neue Nationalstaat in der deutschen Gesellschaft breit und schnell akzeptiert wurde. Man wuchs in den Nationalstaat hinein, indem man sich als Föderalist oder Regionalist bekannte. Die Heimatbewegungen stritten nicht gegen den Nationalstaat, sondern machten ihn annehmbar, weil sie ihn föderativ ausgestalteten.[70] Vielleicht ist hier ein zentraler Unterschied zu der Entwicklung im italienischen Nationalstaat zu sehen. Der deutsche wurde schneller in der breiten Bevölkerung anerkannt als der italienische, und auch die Verlierer der nationalen Einigung fanden sich rascher mit ihm ab und lernten schließlich, ihn zu schätzen. An den kirchentreuen Katholiken ist dieser Unterschied am besten zu erkennen. Den ‚Raub des Patrimonium Petri' durch den italienischen Nationalstaat beklagten auch deutsche Katholiken,[71] doch die Faszination des eigenen, so überaus dynamischen Nationalstaates wirkte. Es gelang ihm jedoch nicht, das historisch eingeschliffene und alltäglich erlebte föderative Grundmuster der deutschen Staats- und Gesellschaftsordnung auszulöschen. Nicht einmal der gemeinsam durchlittene Erste Weltkrieg vermochte dies. Als der Kapp-Lüttwitz-Putsch die Weimarer Republik erschütterte, kommentierte das Organ des Bistums Württemberg, die „Rottenburger Zeitung": „Für die Berliner Experimente hat das Schwäbische Volk absolut keinen Sinn. Allerwärts begegnet man im Volke einmütiger Ablehnung des Berliner Gewaltstreichs wegen seiner ungünstigen Rückwirkung nach innen und außen. Der Ruf nach dem Schwergewicht der Mainlinie wird wieder laut. Das deutsche Volk ist dem Herrenmenschentum des Ostens entwachsen. Die klein-deutsche, großpreußische Idee hat seit 60 Jahren zu viel gesündigt ob ihrer Einseitigkeit, Kurzsichtigkeit und Weltfremdheit. Kein Großpreußen mehr!"[72]

II. Kulturelle Nationsbildung

4. Kulturelle Nationsbildung
im Deutschland des 19. Jahrhunderts

Mit Geschichtsbildern versuchen die Menschen, der Vergangenheit Sinn abzugewinnen für ihre eigene Gegenwart und für die Zukunft. Geschichte dient als politisches Argument, politischer Kampf wird zum Geschichtskampf. Welche Vorstellungen von deutscher Nation wurden in den Geschichtskämpfen des 19. Jahrhunderts entwickelt? Diese einfache Frage ist bislang überraschend wenig untersucht worden. Oder allenfalls für die Geschichtsschreibung. Das ist aber zu wenig. Wer Nation als eine kulturelle Imagination versteht, darf nicht nur auf die Geschichtsdeutungen blicken, die von der Geschichtswissenschaft verbreitet wurden. Wichtiger sind die nichtprofessionellen Geschichtsbilder in der Bevölkerung. Sie zu ermitteln ist schwierig.

Föderativer Nationalismus in der frühen Nationalbewegung

Einen aufschlußreichen Zugang bietet die Sprache. Denn die Befunde der Begriffssprache stehen im schroffen Gegensatz zum nationalen Geschichtsbild, wie es bis heute in der öffentlichen Meinung vorherrscht. Auch in der Geschichtswissenschaft hielt es sich hartnäckig lange, und verschwunden ist es keineswegs.

Das Kernelement dieses dominierenden deutschen Geschichtsbildes ist leicht zu beschreiben: Die Gründung eines deutschen Nationalstaates liege in der Logik der Geschichte, deshalb war und ist der gemeinsame Nationalstaat fortschrittlich. Darin stimmen die Schulbücher überein mit den Reden der Bundespräsidenten und den Zeitungen. Die Teilnehmer der Leipziger Massendemonstrationen von 1989 sahen es ebenso: „Wir sind ein Volk". Diese Überzeugung hat eine lange Tradition, wenngleich sie nicht so weit zurückreicht, wie es das vertraute Geschichtsbild suggeriert. Es steht im Banne des ersten deutschen Nationalstaates von 1871.

Er galt quer durch alle politischen Richtungen als Garant des Fortschritts. Das liberale Bürgertum pries ihn als Erfüllung seiner nationalen Träume, doch auch die Sozialisten akzeptierten ihn als unverzichtbar, wenngleich sie seine konkrete Gestalt ablehnten – ein Klassenstaat mit einer Klassengesellschaft, aber eben doch ein Nationalstaat. So sah es schon Karl Marx, und die DDR folgte ihm darin. So gegensätzlich das Geschichtsbild in den beiden deutschen Staaten auch gewesen ist – in diesem Punkt stimmten sie überein: Die deutsche Geschichte sei auf den Nationalstaat als politische Organisationsform der Deutschen zugelaufen.

Liest man aber die historischen Quellen, stellt man mit Überraschung fest, das Wort Nationalstaat hat es in der politischen Sprache der Deutschen bis zur Mitte des 19. Jahrhunderts nicht gegeben, zumindest war es nicht gebräuchlich. Man sprach damals viel von Nation, und es entstanden zahlreiche neue Komposita mit diesem Wort: z. B. Nationaleinheit, Nationalkirche, Nationalsinn, Nationalgefühl, Nationaltheater, Nationalehre, Nationalliebe, Nationalhaß – doch Nationalstaat gehörte offensichtlich noch nicht zum politischen Sprachschatz der Deutschen. Bislang hat man dieses Wort zum ersten Mal in einer politischen Schrift von Paul Achatius Pfizer aus dem Jahre 1842 gefunden[1] – ein einmaliger Fall wohl, gebräuchlich wurde das Wort Nationalstaat erst *nach* der Revolution 1848, als in Deutschland erstmals versucht wurde, einen einheitlichen Nationalstaat zu errichten. Wenn zuvor von deutscher Nation gesprochen wurde, mußte man offensichtlich nicht an einen einheitlichen Nationalstaat denken, und noch 1848 verfügt man in der politischen Sprache nicht über dieses Wort. Aber was war gemeint, wenn die Deutschen vor 1848 von der deutschen Nation sprachen, deren Zersplitterung sie beseitigen wollten?

Was die allermeisten nicht wollten, läßt sich am leichtesten feststellen: einen Zentralstaat wie in Frankreich oder auch England – also kein Staat mit einem zentralen Oberhaupt und einer zentralen Regierung. Nur eine republikanische Minderheit wollte tabula rasa, und deshalb hatte sie keinen Erfolg. Die anderen bejahten es, daß Deutschland aus zahlreichen einzelnen Staaten bestand, und sehr viele trauerten der noch viel größeren staatlichen Vielfalt des Heiligen Römischen Reiches Deutscher Nation nach. Das Leben der allermeisten Menschen war weiterhin auf diese staatliche und zugleich kulturelle Vielfalt ausgerichtet. Wer sich für deren Erhalt aussprach, war keineswegs reaktionär eingestellt, er war kein Feind des Fortschritts – so ist das erst später, nach der Gründung des deutschen Nationalstaates von 1871 dargestellt worden. In der ersten Hälfte des 19. Jahrhunderts wurde die staatliche und kulturelle Vielfalt selber als fortschrittlich eingeschätzt, man war stolz darauf, verteidigte sie, wollte innerhalb dieser Vielfalt eine Nation sein. Goethes berühmtes Gespräch mit Eckermann von 1828 über die „Einheit Deutschlands und in welchem Sinne sie möglich und wünschenswert"[2] bietet ein Beispiel für diese Haltung: ein gemeinsames Wirtschaftsgebiet ohne Grenzen für Menschen und Waren, einheitliches Recht, aber Fortbestand der vielen Dynastien. Denn in ihnen sah er den Grund dafür, daß in Deutschland keine kulturellen und wirtschaftlichen Rückstandsgebiete existierten. Ohne die vielen Staaten keine Homogenität der Lebensverhältnisse – davon zeigte sich Goethe überzeugt.

Große Teile der frühen Nationalbewegung teilten diese Haltung. Man wollte eine einheitliche deutsche Nation, aber zusammengesetzt aus den bestehenden deutschen Staaten. Ich nenne diese Haltung föderatives Nationalbewußtsein. Föderativ hat in der deutschen Sprache einen positiven Klang. Deshalb pflegt man in Deutschland seit 1871 bis heute dieses frühe Nationalbewußtsein nicht föderativ zu nennen, sondern partikularistisch. Die Wortwahl fällt ein Werturteil. Seit 1871 wollte die deutsche Nationalbewegung in der Regel von ihren föderativen Anfängen nichts mehr wissen. Im Angesicht des endlich erreichten Nationalstaates löschten die nationalen Organisationen die Erinnerung an ihre föderative Vergangenheit und verzerrten sie zur bloßen Vorgeschichte des neuen Nationalstaates. Doch deutsche Nation und ‚partikularistische' Einzelstaaten sind erst zu Gegensätzen geworden, als die Einzelstaaten politische Reformen verweigerten. Aber selbst noch in der Revolution von 1848 sollte der Nationalstaat, den man damals erstrebte, nicht die Einzelstaaten vernichten. Der neue Nationalstaat sollte föderalistisch sein. In diesem Föderalismus der deutschen Nationalidee lebte das alte Reich als nationale Zukunftsvorstellung weiter.

Eine einheitliche deutsche Nation nach dem Vorbild des alten Reiches – diese Vorstellung war antizentralistisch, sie war föderativ und wollte die Einzelstaaten erhalten, sie zielte auf kulturelle

Vielfalt, und sie war offen zu den europäischen Nachbarn. Noch zu Beginn der 1860er Jahren nahmen z.B. Flamen aus Belgien, Niederländer und Schweizer an großen nationalen Sängerfesten in Deutschland teil. Sie feierten gemeinsam und erinnerten sich der gemeinsamen Geschichte als Teile eines Reiches, das staatlich nicht geeint gewesen ist. Natürlich waren das Erinnerungen, die Geschichte ‚erfand' eine Vergangenheitsimagination mit Blick auf Gegenwart und Zukunft. Möglich war dies nur, weil sich mit dem Bekenntnis zu einer gemeinsamen Geschichte im supranationalen alten Reiche nicht die Erwartung eines gemeinsamen National-staats verband. Der Normalfall war diese europäische Ausweitung allerdings nicht. Meist wurde das Reich als ein nationales, aber doch vielstaatliches Gebilde interpretiert.

Diese Idee einer deutschen Reichsnation ohne gemeinsamen Staat zerbrach erst, als ein einheitlicher deutscher Nationalstaat aus drei Kriegen hervorging. Jetzt wurde auch in Deutschland Nation gleichgesetzt mit einem einzigen gemeinsamen National-staat – immer noch föderalistisch, gar nicht zu vergleichen mit dem Zentralismus Frankreichs, aber eben doch ein einheitlicher Staat. Wenn seit der Gründung des deutschen Nationalstaates die alte Reichsidee beschworen wurde, dann gewann sie jetzt eine ra-dikal andere Bedeutung. Reich meinte nun, den deutschen Natio-nalstaat am Umfang des alten Reiches zu messen, die Gebietsver-luste zu beklagen und seine territoriale Erweiterung zu verlangen. Dabei war zunächst an Österreich gedacht, bis dann die National-sozialisten diese Reichsidee völlig pervertierten. Der Begriff aber blieb immer gleich: das Reich. Doch seine Bedeutung hatte sich völlig verändert. Von einer radikal antizentralistischen, überstaat-lichen Idee einer kulturell, auch ökonomisch geeinten Nation oh-ne Einheitsstaat zu einem Eroberungsprogramm, das andere Staaten und Kulturen vernichten wollte.

Föderative Nationalfeste im Reichsgründungsjahrzehnt

Feste waren ein traditionelles Mittel, den Menschen kulturelle Normen nahezubringen. Auch die modernen politischen Bewe-gungen haben dieses traditionelle Instrument eingesetzt. Die großen Revolutionsfeste in Frankreich, die Verfassungsfeste der

Amerikanischen Revolution sind herausragende Beispiele. In Deutschland haben alle nationalen Organisationen ebenfalls diese Möglichkeit, öffentlich zu wirken, genutzt. Im Selbstverständnis der damaligen Akteure repräsentierten die Feste die deutsche Nation. Und deshalb mußte sich jeder, der sich an einem solchen Fest beteiligen wollte, den kulturellen Standards der bildungsbürgerlichen Nationsbildner anpassen. Zu diesen Normen gehörte ganz vorrangig ‚Ordnung'. Die deutsche Nation braucht keine staatliche Obrigkeit als Aufsicht, sie organisiert sich selber in freiheitlicher Selbstverwaltung, ohne Chaos, ohne Unruhen. Das betonten die Festbeschreibungen durchweg. Und darauf waren auch die Vereinssatzungen zugeschnitten.

Die Bevölkerung galt dann als Teil der Nation, wenn sie diese Normen einhielt. Deshalb führte die Sängerbewegung einen ständigen Kampf zugunsten des sogenannten Volksliedes. Das Volk im sozialen Sinne, die unterbürgerliche Mehrheit der Bevölkerung, sang keine Volkslieder, sondern – darüber klagten die schreibenden und redenden und singenden Bildungsbürger in der ersten Hälfte des 19. Jahrhunderts immer wieder – das Volk grölte Pöbellieder. Volkslieder waren Lieder, die das Volk noch nicht sang. Es sollte vielmehr zum Volkslied erzogen und damit fähig werden, kulturell zur Nation zu gehören.

Nationsbildung als kulturelle Erziehungsaufgabe – im nationalen Fest wurde dieser Anspruch öffentlich inszeniert. Als 1859 die deutsche Nation ihre kulturelle Einheit in den Schillerfeiern verherrlichte, wurde Schiller zum „Prototyp seiner Nation" stilisiert: „Daß wir alle Schiller sind, daß wir in ihm die am schärfsten und reinsten ausgeprägte Form erblicken, in der wir alle gebildet, nach der wir alle gemodelt sind, das macht ihn zu dem Dichter des deutschen Volks". Sein Name verbürge die „nationale Einheit" auf „dem rein geistigen Gebiete": „Hier existiert noch das alte heilige deutsche Reich".[3] Schiller konnte die Rolle der nationalen Stifterfigur zugeschrieben werden, weil er ‚Volk' als sittliche Größe begriff: „wenn noch ein Shakespeare das Volk nur ironisch als die haltlose vielköpfige Menge behandelte, ein Goethe nur durch die individuellen Züge seiner Volksscenen im Egmont ergötzte, so war Schiller der Erste, welcher das Volk als organisches Ganzes in seiner Tüchtigkeit, als den würdigsten Träger seiner hervorragenden Führer dichterisch veranschaulichte."[4]

‚Volk' wird in den Schillerfeiern zur ‚Nation', weil und sofern es sich durch seine geordnete Teilnahme am Fest zu den Werten der bürgerlichen Nation bekennt, die man in Schiller verbürgt sah. Die Nation forderte Einheit, doch weiterhin in föderativer Vielfalt. Man rühmte das „vielgestaltige, vielgeteilte Deutschland, diese Völker-Individuen alle, so verschieden an Temperament und Dialekt, so vielfach untereinander abweichend in ihren Ansichten von Staats- und Religionsformen".[5] Man konnte, ohne dies als Widerspruch zu empfinden, in den Schillerfeiern zwei Vaterländern huldigen – dem deutschen und dem einzelstaatlichen. Deutsches Nationalfest und schwäbisches Volksfest sah ein Teilnehmer in Stuttgart ineinander übergehen: „In der Herrlichkeit des engeren Vaterlandes ... stellte sich mir die Herrlichkeit des großen deutschen Vaterlandes dar. Die stolzesten Wünsche und Hoffnungen gingen mir auf in einem: ‚Hie gut Württemberg allewege'."[6] Es wurde nicht nur schwarz-rot-gold geflaggt, auch die Landes- und Stadtfahnen hißte man, und an vielen Orten wurden die Fahnen aller deutschen Staaten gezeigt. In Karlsruhe „wallte auch das rote Kreuz der Schweiz und das Sternenbanner der Nordamerikaner". Daß in Braunschweig eine englische Familie die britische Flagge am Gasthof aufzog, vermerkte die Presse mit Zustimmung.[7] Nicht überall huldigten die Feiernden 1859 demonstrativ der deutschen Nation in ihrer föderativen Gestalt und mit dem Willen zur Harmonie zwischen den Nationen, doch selten war dies nicht. Am stärksten scheint man sich in Süddeutschland und in Österreich dazu bekannt zu haben.

Wenige Jahre nach den Schillerfeiern fanden die großen nationalen Feste der Schützen, der Turner und der Sänger statt. An dem ersten dieser großen Feste, dem Schützenfest zu Frankfurt am Main im Jahre 1862, soll noch einmal nach dem föderativen Grundmuster des deutschen Nationalismus gefragt werden – kurz vor der Gründung des Nationalstaats, welche die kollektive Erinnerung an diese Tradition so wirksam auslöschte. Die Farblithographien aus der Festbeschreibung erlauben es, die föderative Gestalt in der Inszenierung der deutschen Nation auch visuell nachzuvollziehen.[8] Deshalb sollen sie hier vorrangig erläutert werden, nicht die Reden und auch nicht die vielen nationalen Gedichte, die aus Anlaß des Festes verfaßt und abgedruckt wurden.

Das Fest wurde im abgegrenzten Raum inszeniert, umschlossen durch eigens errichtete Gebäude und Zäune, innerhalb derer die Schützen als Repräsentanten der deutschen Nation verantwortlich waren. Die deutschen Staaten grüßten mit ihren Fahnen und Wappen, und überall das Schwarz-rot-gold der deutschen Nationalbewegung. Die Festhalle hatte man speziell für diesen Zweck gebaut. Man feierte also nicht mehr in einer Kirche, wie es früher üblich gewesen war. Das nationale Fest wurde autark, doch die religiöse Einfärbung blieb erhalten, denn die Festhalle hatte die Form eines Kreuzes.

Beherrscht wurde der Festraum durch einen Gabentempel, den eine Germania krönte – das zentrale Symbol für die deutsche Nation und zugleich politisch offen für alle Bedeutungen, promonarchisch bis republikanisch, und in der Revolution 1848/49 auch in Karikaturen verwandt. Die Germania der Schützen, 20 Meter hoch, gab sich friedfertig: Sie hält den Kranz für den Sieger, Schild mit Reichsadler und Schwert sind aufgestützt, darunter die Fahnen der deutschen Staaten. Die offizielle Festbeschreibung empfindet sie als „majestätisch".

Auch im Festspiel tritt die Germania auf. Die Lithographie zeigt sie von Schützen umringt, die ihr huldigen. Auf einem weiteren Bild reicht sie den Schützen Waffen. Das Festspiel führt in Reimen die deutsche Geschichte seit den Germanen vor; einbezogen ist auch die Schweiz, der Rütli-Schwur wird als lebendes Bild gestellt. Ab dem Dreißigjährigen Krieg erscheint die Reichsgeschichte als eine nationale Verfallsgeschichte, durch „Fürstenselbstsucht schwer gebeugt, Zerspalten durch den Haß der Bruderstämme" (S. 112). Aufgehalten wurde der Niedergang der Nation erst durch das Bürgertum. Dieses Verlaufsmuster findet sich in vielen Festen; auch auf den schwäbischen Sängerfesten war es allgegenwärtig. Die bürgerliche Fest-Nation verherrlichte sich als mächtige Geschichtskraft, aber sie gab sich nicht republikanisch und nicht zentralistisch. Doch sie forderte von ihren Monarchen Einheit, in der das ‚Volk' vorangehe. Sie beanspruchte das Erbe der Geschichte, die als nationale gedeutet wird. Von der Varusschlacht über die Kriege gegen die Türken und Napoleon, von Karl dem Großen über Prinz Eugen bis zu Blücher und Freiherrn vom Stein verschmilzt die Geschichte zu einer Verherrlichung der Nation, die sich symbolisiert sieht in der „Deutschen Eiche",

Das Schützenfest zu Frankfurt am Main im Juli 1862: Der Festplatz

Der Festplatz mit der großen Schützenhalle und dem Festpublikum

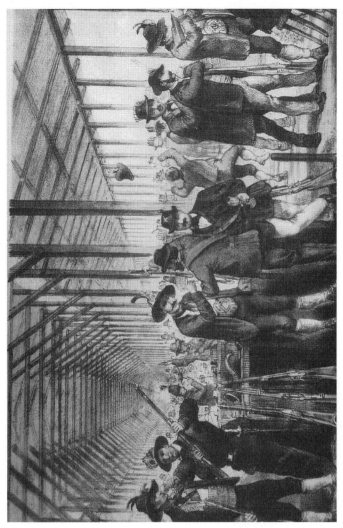

Schützen in ihren Trachten

Die Verabschiedung der Tiroler Schützen – mit Ehrenjungfrauen

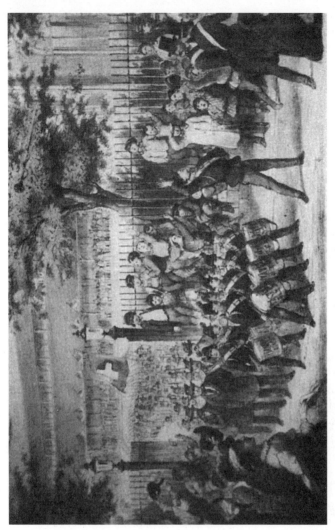

Der Ausmarsch der Schweizer Schützen

Das Volk feiert außerhalb: Jahrmarkt am Rande des Schützenfestes

einem „Denkmal in Erzguß", das in der Festhalle stand und von dem man hoffte, „das deutsche Volk" werde es „als ein Symbol seines Strebens nach Einheit ankaufen" (S. 62f.).

In welcher staatlichen Gestalt die Einheit verwirklicht werden sollte, entschied die festliche Inszenierung ebensowenig wie es die Reden taten. „Das ganze Deutschland soll es sein" war eine Standardforderung, die auch als Inschrift auf der „Deutschen Eiche" prangte. Doch die feiernde Nation suchte den Schulterschluß mit den Fürsten, und auch die Festhalle trat den Besuchern mit dem Appell zur Föderativnation entgegen: „Wir wollen sein ein einzig Volk von Brüdern", verkündete ein Spruchband und verhieß die Schwarz-rot-gold-Symbolik, föderativ aufgefangen jedoch durch die Farben und Wappen aller deutscher Staaten und durch die Fahnen der Schützenvereine, in denen sich diese Mischung wiederholte. Selbst in ihrer Kleidung gaben sich die Schützen antizentralistisch. Die Lithographien zeigen sie in ihren regionalen Trachten. Die Schützen-Nation begegnete sich nicht im bürgerlich-egalitären Anzug; man trug demonstrativ die Erkennungszeichen der regionalen Herkunft. Tiroler und Schweizer werden in Kostümen dargestellt, die als historisch galten. Die Idee der modernen Nation, damals kaum hundert Jahre alt, kostümierte sich, um sich mit einer historischen Aura zu umgeben. Geschichte als Legitimationsinstanz wurde hier bildlich inszeniert für jeden sichtbar. Nationaler Geschichtsunterricht trat im Kostüm auf. Er mußte nicht durch geschichtswissenschaftliche Kenntnisse beglaubigt werden. Man konnte nationale Geschichte mit den Augen aufnehmen, wenn im Festzug – und für die Daheimgebliebenen in den Bildern der Festschrift – Armbrustschützen und Waffen aus dem Dreißigjährigen Krieg die nationale Vergangenheit der Deutschen beschworen, wenn Bogenschützen und „Alte Deutsche" sie gar bis zu den Germanen zurückführten.

Die Schützen-Nation war männlich, aber sie feierte mit Familie. Das „einig Volk von Brüdern" führte Frauen und auch Kinder zum Fest. Die Lithographien zeigen es, und die Festschrift berichtet vom Tanz. Ansonsten traten Frauen in den gewohnten Festrollen auf. Sie bildeten eine eigene Abteilung im Festzug, um ein riesiges Blumenbouquet gruppiert. Aber sie übten auch offizielle Funktionen aus, etwa bei der Verleihung der Preise oder bei der Verabschiedung der abziehenden Tiroler Schützen.

Das nationale Fest wurde im fest umgrenzten Raum begangen, aber es bezog die ganze Stadt ein. Eine der Lithographien zeigt eine beflaggte Straße. Daß sie die repräsentative Eschenheimer Straße abbildet, ist kein Zufall. ‚Niederes Volk' war nicht erwünscht auf dem Einheitsfest der Nation. Eintrittsgeld und ein Heer von Ordnern hielt es fern von der Feier-Nation, die ‚Volk' als Kulturnorm, nicht als soziale Beschreibung verstand. Die Menschen im Festraum tragen Trachten oder bürgerlich-honorige Kleidung – symbolische Schwellen gegen den Zutritt von Unerwünschten.

Nur auf zwei Lithographien ist das Volk unterhalb der aktiven Nation zu sehen. Als die Schweizer Schützen ausziehen, steht es am Ausgang vor dem Festplatz, getrennt von der feiernden Nation durch Gitter aus Eisen und Kleidung. Es schaut zu, aber es feiert auch. Separat, außerhalb des Festplatzes, findet ein Jahrmarkt statt. Auch von ihm wurde ein Bild unter die Lithographien der Festschrift aufgenommen. Es zeigt Festgäste in Trachten, die das Volk der Fest-Nation kurzzeitig verließen, um das Volksfest derer zu besuchen, die sich nicht symbolisch in die Nation einbinden ließen. Nicht einmal im harmonischen Augenblick des nationalen Festes fand dieses Volk minderen Ranges Zugang zur Nation, die hier ihre Einheit bekunden und zugleich einfordern wollte.

Ein Berliner Symbolkampf im neuen Nationalstaat

Der deutsche Nationalstaat ging aus drei Kriegen hervor. Daß sie keine traditionellen Kriege blieben, keine Kabinettskriege, die mit Territorialgewinn für den siegenden Monarchen endeten, wäre nicht möglich gewesen ohne die Nationsbildung, die diesen Kriegen vorausging. Sie war so machtvoll gewesen, daß die alten Herrschaftseliten sich ebenfalls in den Dienst der Nation stellen mußten, einschließlich der Monarchien. Sie taten es widerwillig, aber sie taten es. Als der Nationalstaat geschaffen war – anders als ihn der größte Teil der deutschen Nationalbewegung gewollt hatte –, ging die innere Nationsbildung weiter. Auch sie war in hohem Maße kulturell vermittelt. Es setzte geradezu ein Symbolkampf ein, ein Kampf um die kulturelle Besetzung des Nationalstaates.

1872 und 1873 wurde in der neuen Hauptstadt ein solcher Kampf öffentlich ausgetragen.

1873 wurde die Siegessäule eingeweiht. Wer durch Berlin fährt, kann sie nicht übersehen. Es war das Denkmal des siegreichen Preußen, das sich als der Staat präsentierte, der den deutschen Nationalstaat militärisch geschaffen hat. Geplant war die Säule ursprünglich 1864 als Denkmal für den Sieg über Dänemark, 1866 wurde der Entwurf nach dem Sieg über Österreich überarbeitet, und schließlich wurde sie, erneut umgestaltet, als preußisch-deutsches Denkmal nach dem Sieg über Frankreich errichtet.[9]

Ein Jahr zuvor, 1872, hatte auch die bürgerliche Nation ihr nationales Denkmal enthüllt. Es steht ebenfalls noch heute, doch kaum jemand kennt es, und mein Stadtplan, mit dem ich es gesucht habe, nannte es nicht. Es ist das Denkmal Friedrich Ludwig Jahns auf der Hasenheide.[10]

‚Turnvater Jahn‘ war einer der Heroen der bürgerlichen Nation. Als ihr Repräsentant wurde er bei der Denkmalsenthüllung gefeiert. „Sein patriotisches Herz" habe durch „die Wiederbelebung des Nationalgefühls und die Stärkung der Volkskraft" den Grundstein zu dem nun endlich erreichten Nationalstaat gelegt – gegen die Fürsten. Denn er „fand zunächst den Hauptgrund für das hereingebrochene Unglück in der gänzlichen Fernhaltung des Bürger- und Bauernstandes vom Staatsleben. Er sah die ungeheure Mehrheit des Volkes durch den Adel und die Geistlichkeit, im Bunde mit einer willenlosen und wenig einsichtigen Bureaukratie, geknechtet, in blindem Gehorsam, geistig verdumpft, erzogen, für alle Ideal abgestorben, aller Erinnerungen an die einst vielgepriesene uralte deutsche Freiheit verlustig; er sah manche deutsche Fürstenhöfe im liederlichen Franzosentum verkommen." (S. 43)

Die Botschaft war unmißverständlich: Die Nation, die sich in Jahn verkörpert sah, forderte ihren Anteil am Nationalstaat, den sie als ihr Werk empfand: Erfüllung und doch Auftakt zu Neuem. Man verlangte weitere Reformen, und der Blick richtete sich auch bereits auf „alle sich im Innern wieder regenden antinationalen, der Volksbildung und Volksfreiheit feindlichen Elemente." (S. 44)

Die bürgerliche Nation feierte sich „in schönster Ordnung" (S. 42) und in der historisch gewachsenen Vielfalt der Reichsnation, die nun, da der Nationalstaat geschaffen war, eine andere

Wertigkeit anzunehmen begann. Das neue, über die Staatsgrenzen hinausweisende Verständnis stand aber bei der Enthüllung des Jahn-Denkmals noch nicht im Vordergrund. Turnvereine aus allen Teilen der Welt hatten Steine nach Berlin gesandt, wo sie den Sockel des Denkmals bildeten. Alle deutschen ‚Gaue' waren vertreten, und ebenso Turnvereine aus Buenos Aires und Rio de Janeiro, aus Prag, Aussig, Kronstadt in Siebenbürgen oder aus Washington, New York, St. Louis, Pennsylvania, Manila oder Melbourne. Manche waren durch deutsche Auswanderer gegründet worden und nannten sich ‚Deutscher Turnverein'. Einen Expansionswillen der staatlich geeinten Reichsnation sollte man darin nicht erkennen wollen. Man empfand den Steinhaufen vielmehr als „ein sichtbares Zeichen der geistigen Zusammengehörigkeit aller deutschen Turner, ob sie im Vaterlande oder weit in der Ferne und Fremde leben." (S. 1) Zugleich dokumentierte er erneut die staatliche und kulturelle Vielfalt, die im Nationalstaat fortlebte. Im Zentrum stand nun aber die deutsche Nation, die in Preußen ihre Vormacht gesehen hatte. Ihr bot sich Jahn, der „Teutomane" (Th. Nipperdey), als nationales Symbol an. Daß aus den preußischen Provinzen 63 Steine im Sockel eingelassen waren, aus den übrigen deutschen Staaten nur 41 und aus Österreich lediglich acht (S. 63), macht den Wandel im territorialen Schwerpunkt der deutschen Nation durchaus angemessen sinnfällig.

Die Turn-Nation lud zu ihrer Nationalfeier natürlich den preußischen König und deutschen Kaiser ein. Er kam nicht. Auch nicht der Kronprinz und die beiden anderen Hohenzollern-Prinzen, an die man sich ebenfalls gewandt hatte. Sie mußten alle dringendere Termine wahrnehmen.

Die preußische Monarchie brüskierte die bürgerliche Nationalfeier und errichtete statt dessen ein Jahr danach mit der Siegessäule ihr eigenes Nationaldenkmal. So war es jedenfalls gedacht, als Denkmal der preußisch geführten Nation. Das war eine ganz andere Art der Selbstdarstellung. Die bürgerliche Nation war komplett ausgesperrt – aus dem Monument und aus der Feier. Auf dem Monument sind der König und Kaiser, der Kronprinz, Prinzen, Generäle und Bismarck dargestellt. Die Nation tritt nur in militärischer Formation auf, als Heer, und in mythologischen Gestalten: Kaiser Barbarossa, Germania, Borussia, Verkörperungen anderer deutscher Staaten.

Aus der Feier wurde die Nation ebenfalls ausgesperrt – jedenfalls die Nation, deren Werk die Nationsbildung vor der Gründung des Nationalstaates gewesen ist. Es gab nur geladene Gäste, streng hierarchisch getrennt: im Zentrum der Hof und das Militär, dann die Repräsentanten staatlicher Behörden, der Kirchen, der umliegenden Städte, Invaliden vergangener Kriege, schließlich Repräsentanten königstreuer Vereine, u. a. auch von Frauenvereinen. Das Volk mußte sich damit begnügen, von weitem den Einmarsch des Militärs zur Truppenparade zu beobachten. Kurz, eine Feier mit klarer Aussage: Der deutsche Nationalstaat wird verkörpert durch den preußischen König und deutschen Kaiser, durch das preußische Militär und durch den preußischen Staat.

Im Rückblick wirken diese beiden Feiern als Symbolkampf um die kulturelle Hegemonie im jungen Nationalstaat. Verloren haben diesen Kampf schließlich beide Parteien, die hier separat die Reichsgründung feierten. Auch das läßt sich an den kulturellen Symbolen ablesen. Die monarchischen Denkmäler, die gegen Ende des 19. Jahrhunderts in großer Zahl errichtet wurden, konnten sich ebensowenig zu allgemein akzeptierten nationalen Denkmälern entwickeln wie die Denkmäler für die bürgerlichen Nationalhelden. Gegen Ende des ersten deutschen Nationalstaates, in den letzten Jahrzehnten vor dem Ersten Weltkrieg, kamen neue Denkmäler auf, die auf die völkische Nation vorauswiesen: weder monarchisch noch bürgerlich-liberal, sondern Suche nach etwas Neuem, jenseits des vorhandenen Nationalstaates, auch dieses Neue wieder mit Blick in die Vergangenheit beschworen, nun aber germanisch. Das Kyffhäuser-Denkmal ist Ausdruck für diesen Wandel des Nationalbewußtseins, der sich anbahnte. Auch das riesige Hamburger Bismarck-Denkmal gehörte dieser neuen Generation von Nationaldenkmälern an, vor allem das Völkerschlachtdenkmal bei Leipzig von 1913, und etliche andere waren geplant, konnten aber nicht mehr ausgeführt werden, weil der Weltkrieg begann.

Grenzen der kulturellen Nationsbildung

Pointiert gesagt und etwas überzogen: Die deutsche Nation war ein städtisches Geschöpf, sie war ein Werk von Protestanten, und sie war eine Männergeburt. Dazu einige thesenhafte Bemerkungen:

a. Das flache Land ist nur äußerst marginal erreicht worden. In größerem Umfang wurden die Bauern erst gegen Ende des 19. Jahrhunderts in den Prozeß der Nationsbildung einbezogen – wie in Frankreich auch. Für Deutschland ist diese Ausweitung der Nationsbildung noch kaum erforscht worden. In West- wie in Ostdeutschland dürften dabei ideologische Hemmungen eine wichtige Rolle gespielt haben. Auf beiden Seiten wurden nämlich die nationalistischen Massenorganisationen des späten 19. Jahrhunderts lange Zeit ausschließlich als Manipulationsinstrumente der alten Machteliten betrachtet, die Demokratisierung verhindern wollten. Es waren vor allem amerikanische und englische Historiker, die es gewagt haben zu zeigen, daß diese Organisationen des nach innen wie nach außen aggressiven Nationalismus durchaus nicht staatsfromm gewesen sind, nicht obrigkeitshörig, z. T. sogar ausgesprochen oppositionell, und daß sie für breite Bevölkerungskreise politische und kulturelle Partizipationschancen erweitert haben. Um diesen aggressiven Nationalismus des späten 19. und des 20. Jahrhunderts in seinen Wirkungen zu verstehen, muß man sich eingestehen, daß Erweiterung von Partizipationschancen nicht nur in demokratischer Absicht erfolgen kann, sondern auch mit antidemokratischen Zielen – antiparlamentarisch, antisemitisch. Erst dieser antidemokratische Nationalismus hat es geschafft, in größerem Umfang auch die Bauern in die Nationsbildung einzubeziehen.

b. Die deutsche Nationalbewegung hat immer behauptet, überkonfessionell zu sein. Doch ihre Kultur war durch und durch protestantisch kontaminiert. Wenn die Nation feierte, sang man protestantische Lieder, verehrte Luther und stilisierte die Reformation zur deutschen Revolution, man überhöhte den Sieg der deutschen Truppen 1870 über die französische Armee religiös zum Sieg des protestantischen Gottes auf deutscher Seite über den katholischen Gott, der den Franzosen und zuvor den Österreichern nicht helfen konnte. Und natürlich haben die deutschen Gesangvereine 1871 zur Feier über das militärisch besiegte Frankreich das Hohe Lied des Protestantismus angestimmt: Eine feste Burg ist unser Gott. Die „protestantische Marseillaise" hatte es ein katholischer Priester genannt, der sich 1859 anläßlich der Schillerfeiern geweigert hatte, es vom Turm seiner Kirche singen zu lassen.[11]

Eine starke kulturelle Distanz zwischen Protestantismus und Katholizismus durchzog das deutsche Denken über die Nation von Beginn an. Als im späten 18. Jahrhundert norddeutsche Aufklärer über ihre Reisen durch den katholischen Süden Deutschlands veröffentlichten, taten sie es wie Ethnologen, die unbekannte Stämme entdecken: fremdartig im Habitus, nicht aufgeklärt, magisches Denken – eben katholisch.[12] Die Katholiken hielten ihrerseits Distanz zum modernen Nationalismus, jedenfalls stärker und länger als Protestanten. Viele Katholiken spürten, daß der Nationalismus als eine Art säkulare Religion wirkte. Sie werteten ihn als ein Phänomen der allgemeinen Säkularisierung. Das machte sie nicht immun, aber stärkte ihre Abwehrkräfte. Auch der deutsche Katholizismus konnte sich aber letztlich nicht dem Prozeß der Nationalisierung entziehen, doch eine gewisse Distanz blieb bestehen. Noch im Ersten Weltkrieg fallen Unterschiede zwischen katholischen und protestantischen Kriegspredigten auf.

Der deutschen Geschichtswissenschaft ist der Zwiespalt in der deutschen Nationalbewegung zwischen überkonfessionellem Selbstbild und protestantischer Prägung lange Zeit nicht aufgefallen, und noch heute ist er für viele Historiker kein wichtiges Thema. Die protestantische Grundlage der deutschen Geschichtswissenschaft wirkt gründlich und dauerhaft.

c. Die moderne Nation entstand in Deutschland, wie überall in Europa, als eine Idee von Männern, zelebriert von Männern. Da die Nation staatsbürgerliche Egalität versprach, konnten Frauen nicht gleichberechtigt dazu gehören. Das war klar, darüber mußte man nicht diskutieren. Es gab Sängerbrüder und Turnerbrüder, keine Schwestern, und erst recht nicht bei den Schützen. Als 1846 in Heilbronn ein großes Turnfest stattfand, dachte der Redner in seiner Begrüßungsansprache über die ernsten Zeiten nach und was in dieser schwierigen Lage zu tun sei: „Unsere Zeit fordert Menschen, Männer, ganze Männer. Brüder, da liegt sie vor Euch in drei Worten, Eure Aufgabe, über die Viele noch nicht in's Reine kommen wollen. Menschen, Männer, ganze Männer."[13]

Doch dabei blieb es nicht. Hier zeigt sich erneut, daß die Idee der Nation eine prinzipiell egalitäre ist, auch wenn die Männer-Nation diese Konsequenz abwehren wollte. Doch auf Dauer konnte keine Gruppe von der Egalitätsverheißung ausgeschlossen werden – oder nur durch völlige Ausstoßung aus der Nation. Die deutsche Frauenbewegung hat diese Egalitätsverheißung für ihre Interessen genutzt. Sie war durch und durch national, und den Ersten Weltkrieg hat sie wie die Sozialdemokratie als eine Chance gesehen, endlich die erhoffte Gleichberechtigung innerhalb der deutschen Nation zu erhalten. Als Lohn für ihren nationalen Einsatz an der ‚Heimatfront‘ bekamen die Frauen in Deutschland das Wahlrecht und in Frankreich einen Platz im Totengedenken. Denn der nationale Krieg verlangte, daß jeder Tote das gleiche Anrecht auf die Erinnerung der Nation erhielt. Die „Nationalisierung des Todes" hatte mit den französischen Revolutionskriegen begonnen, und im Ersten Weltkrieg erreichte sie ihren Höhepunkt.[14] Natürlich war die Egalität des Krieges und des Kriegstodes nur ein Mythos, aber es war ein demokratischer Mythos. Gleichheit und Freiheit gehörten zu diesem Mythos, ebenso die Säkularisierung der christlichen Erlösungshoffnung. Durch kollektive Erinnerung spricht die Nation jedem Getöteten Unsterblichkeit zu, verbürgt durch die „Altäre des Vaterlandes", die zum Gedenken errichtet wurden. Inzwischen hat diese Erinnerungs-Gleichberechtigung vor dem Tod und dem Leid für die Nation sogar die Frauen eingeholt. In Frankreich seit dem Ersten Weltkrieg, in Deutschland wohl erst seit dem Zweiten. In der Nähe des Jahndenkmals kann man das Denkmal für die Trümmerfrauen besichtigen. Es ist kleiner als das Denkmal für Jahn, und beide können nach Größe und Standort nicht entfernt mit der Siegessäule konkurrieren. An ihnen läßt sich also erkennen, wie der kulturelle Symbolkampf um die deutsche Nation endete – vorläufig.

5. „für Volk und Vaterland kräftig zu würken …".
Zur politischen und gesellschaftlichen Rolle der Turner zwischen 1811 und 1871

Wer turnt, bekennt sich zur deutschen Nation – daran hegten die Zeitgenossen des 19. Jahrhunderts keinen Zweifel. Aus dieser Überzeugung bezog die Turnbewegung ihr hohes Selbstbewußtsein, mit dem sie ihre Forderungen an Staat und Gesellschaft richtete. Zwar gab es früh, vor allem für das staatlich gebilligte oder geförderte Schulturnen, schon Versuche, das Turnen durch Entpolitisierung zu zähmen.[1] Doch selbst dieses vergebliche Bemühen, den Turnbetrieb in staatliche Obhut zu nehmen, dokumentiert erneut, welche politische Brisanz man damals der Turnbewegung zuschrieb. Zumindest bis zum Vorabend der Revolution war sie ein zentraler Teil der nationalen Bewegung. Mit etwa 80 000 bis 90 000 Mitgliedern gehört sie neben den Sängervereinen und den Freireligiösen, die jeweils annähernd 100 000 Mitglieder zählten, zu den drei größten Massenorganisationen des Vormärz. Sie bildete damit einen der organisatorischen Hauptpfeiler der deutschen Nationalbewegung.[2]

In der Revolution von 1848/49 und vor allem in den beiden folgenden Jahrzehnten bis zur Reichsgründung schwächte sich diese hohe nationalpolitische Bedeutung ab, wenngleich sie keineswegs verlorenging. Die Turnbewegung blieb in dem gesamten Zeitraum von 1811 bis 1871 ein Spiegelbild des politischen und gesellschaftlichen Entwicklungsprozesses in Deutschland, und sie gestaltete diesen Prozeß mit. Das soll in einigen knappen Linien vorgestellt werden, untergliedert in drei Phasen, in denen sich die Turnbewegung gemeinsam mit ihrer politisch-gesellschaftlichen Umwelt grundlegend veränderte: zunächst die Frühphase von 1811 bis 1819; dann die vierziger Jahre, als die Turnbewegung sich politisch so stark wandelte, daß die Leitfigur ihrer frühen Jahre, Friedrich Ludwig Jahn, sich in ihr nicht mehr zurecht fand, ein Relikt vergangener Zeit, zunächst ehrfürchtig begrüßt, dann schnell belacht; und schließlich die bislang dürftig erforschte dritte Phase vom Ende der Revolution bis zur Gründung des deutschen Nationalstaats.

Die Frühphase 1811 – 1819 im Banne von Friedrich Ludwig Jahn

Die Anfänge der Turnbewegung liegen zwischen 1811 und 1819. Zwar wurde auch zuvor geturnt und über den nationalpolitischen Wert des Turnens nachgedacht, und als 1819 die sogenannte ‚Turnsperre' in Preußen verhängt und von anderen Staaten übernommen wurde, hörten das Turnen und das Nachdenken darüber keineswegs auf. Aber die Turnerei als nationalpolitische Bewegung erstickte nun unter dem staatlichen Druck, der seit den Karlsbader Beschlüssen von 1819 jeden Versuch blockierte, eine politische Öffentlichkeit zu schaffen. Das Ende der frühen Turnbewegung ist also repräsentativ für alle Bestrebungen, *außerhalb* der staatlichen Institutionen in organisierter Form politisch wirken zu wollen.

Fragt man nach den politischen und gesellschaftlichen Funktionen der Turnbewegung in ihrer ersten Phase, so fallen zwei besonders auf: Die Turnbewegung war ein organisatorischer Sammelpunkt des nationalpolitischen Aufbruchswillens vor allem in der nord- und mitteldeutschen, insbesondere aber in der preußischen Bevölkerung, und sie bildete einen Teil der politischen Jugendbewegung, die damals vornehmlich die akademische Jugend Deutschlands erfaßte.

1818 bestanden im Deutschen Bund etwa 150 Turnvereine mit 12 000 Mitgliedern. Unter den etwa 50 nichtpreußischen Vereinen gab es nur neun südlich des Mains, davon drei in Württemberg (Hirsau, Stuttgart und Tübingen).[3] Die Vorausbestellungen von Johann Christoph Friedrich GutsMuths' „Turnbuch für die Söhne des Vaterlandes"[4] weisen eine ähnliche geographische Verteilung auf; sie dokumentiert jedoch ein Interesse am Turnen auch in Staaten, in denen keine Turnvereine oder Turnplätze existierten, beispielsweise in Österreich und in Sachsen (s. Tabelle).

Zunächst soll der nationalpolitische Aspekt betrachtet werden, konzentriert auf Jahn, da er die frühe Turnbewegung als Organisator und Ideenstifter zweifellos wie kein anderer geprägt hat.

Staaten	Vorausbestellungen	
	Personen	Exemplare
Anhalt	0,4 %	0,3 %
Baden	1,3 %	1,3 %
Bayern	6,1 %	4,9 %
Braunschweig	0,2 %	0,1 %
Hamburg	6,0 %	5,5 %
Hannover	1,4 %	1,3 %
Hessen	7,4 %	8,4 %
Holstein	3,1 %	4,1 %
Mecklenburg	1,3 %	1,3 %
Österreich	0,4 %	2,5 %
Preußen	45,6 %	48,1 %
Sachsen	8,5 %	7,9 %
Schleswig	0,9 %	2,5 %
Thüringen	4,6 %	3,1 %
Waldeck	0,1 %	0,1 %
Württemberg	8,2 %	5,6 %
ohne Angaben	4,3 %	2,4 %
Schweiz	0,2 %	0,6 %
Gesamt	984	1805

Der Nationalismus Friedrich Ludwig Jahns

Jahns Nationalismus zehrte von dem Erlebnis des preußischen Befreiungskrieges gegen Napoleon. Freiheit vom französischen Joch galt ihm als unerläßliche Vorbedingung für die innere Freiheit, der jedoch die nationale Einheit vorausgehen müsse. An dieser Reihenfolge hielt er sein Leben lang fest. Noch 1849 erklärte er in der Frankfurter Nationalversammlung:

„Ich kann mir kein Volk anders denken *ohne* Freiheit und keine Freiheit ohne Einheit, die Freiheit kann nur von der Einheit geschützt werden, die Einheit ist die Mutter der Freiheit und die Tochter der Einheit ist die Freiheit – wer also die Tochter haben will, halte es mit der Mutter."[5]

Entschiedener noch sprach er sich am 17. Februar 1849 aus:

„Ich will die Einheit, und für die Einheit gebe ich mein Leben und alles, was ich habe; sogar die Freiheit, wenn ich die Einheit bekomme, denn die Freiheit kommt von selbst."

Jahn war ein Fanatiker der nationalen Einheit und des Hasses auf Frankreich. Das dürften die Hauptgründe gewesen sein, warum die von Jahn beherrschte frühe Turnbewegung in Süddeutschland eine recht geringe Resonanz fand. Die Französische Revolution hatte er nie als Freiheitsverheißung wahrgenommen und den Export von Revolutionsideen, den Napoleon militärisch erzwang, erlebte er nicht als ein Reformwerk, sondern als die unmittelbar drohende Gefahr, Preußen auszulöschen und damit – in Jahns Augen – das Fundament der deutschen Nation zu vernichten. Die revolutionierende Wirkung, die von der Rezeption des Code Napoleon in den von Frankreich besetzten Teilen der deutschen Staatenwelt und in den Rheinbundstaaten ausgegangen war, blieb Jahn gänzlich verschlossen. Auch später war sein Horizont immer beschränkt auf die preußische Sicht der deutschen Geschichte: Die deutsche Nation könne nur unter preußischer Führung gegen Frankreich die staatliche Einheit erkämpfen. Deshalb empfand Jahn die erneute, nun endgültige militärische Niederlage Napoleons im Jahre 1815 eher als Belastung, denn diesen Sieg hatte eine internationale Koalition erzwungen:

„Nun hat Gott den Deutschen den Sieg gegeben; aber alle Mitgeher und Mitesser wollen Deutschland bevormunden. Deutschland braucht einen Krieg auf eigene Faust [...] es braucht eine Fehde mit dem Franzosentum, um sich in ganzer Fülle seiner Volkstümlichkeit zu entfalten. Diese Zeit wird nicht ausbleiben; denn ehe nicht ein Land die Wehen kriegt, kann kein Volk geboren werden. Deutschland über Welschland! Deutschland ohne Wendischland!"[6]

Diese Sehnsucht nach dem Krieg als dem Schöpfer des deutschen Nationalstaats hat Jahn auch später nicht aufgegeben.

Um zu verstehen, warum die frühe, von Jahn geprägte Turnbewegung nicht in größerem Ausmaß in Süddeutschland Erfolg haben konnte, muß kurz seine politische Haltung nach 1819 betrachtet werden. Jahns Bedeutungsverlust war eine Voraussetzung dafür, daß in den vierziger Jahren Süddeutschland neben dem Königreich Sachsen der neue Schwerpunkt der Turnbewegung werden konnte. Im Süden konnte nur eine entborussifizierte Turnbewegung Anklang finden, und dazu taugte Jahn als Leitfigur nicht. Für die Freiheitsbewegungen, die im Gefolge der französischen

Julirevolution von 1830 in großen Teilen Europas die restaurative Erstarrung durchbrachen, hatte Jahn nur Spott und Mißtrauen übrig – nahmen sie doch ihren Ausgang von Frankreich.

„Aus Frankreich kann einmal nichts Gutes für andere Volker kommen. Das Franzosentum ist ein Lab, was jedes andere Volkstum gerinnen macht. Und keine Fremdherrschaft, selbst die türkische nicht, ist so vernichtend wie die französische."[7]

Freiheitsforderungen, seien es innerstaatliche oder nationale, sind ihm nun ein Graus, denn sie entstammen dem Geist der „großen Hundswoche", wie er die Pariser Julirevolution nennt.[8] Diesem Verdikt verfällt der belgische Unabhängigkeitskampf ebenso wie der polnische, und in den deutschen Freiheitsbewegungen dieser hoffnungsfrohen Jahre des politischen Aufbruchs sieht er nur eine „Zeitschriftstellerei [...] ganz Undeutsch, echt französisch" am Werk. In ihr offenbare sich die „Dreieinigkeit von Unwissenheit, Wälschsucht und Meindeutschheit" und verführe die „verhambacherte Jugend":

„Mit einem jungen Menschen, der in den Jahren von 1805–1813 geboren [also in der Zeit der napoleonischen Herrschaft], rede ich gar nicht, weil ich dieses vatermörderische Geschlecht für Bastardgezücht halte. Ein Bayer endlich muß seinen Taufschein vorweisen, daß er vor der Schlacht von Hohenlinde geboren [d. h. vor dem Sieg der Franzosen über die österreichischen Truppen im Jahre 1800]. Übrigens halte ich jeden, der am Bayerwesen seinen Narren gefressen und Süddeutschland verhimmelt, für einen echten Rheinbündler, für eine gezähmte Lockente."[9]

Eine solche Haltung versperrte jeden Zugang zu den süddeutschen Liberalen und Demokraten – und zu allen, die mit Hoffnung nach Frankreich blickten. Gegen das „Treiben der deutschwidrigen Wälschsucht" des „neuen großartigen radikalen Liberalismus" schrieb er 1833 seine Fortsetzung des „Deutschen Volkstums", ein Werk, das ihn 1810 berühmt gemacht hatte, jedenfalls in der Rückschau; als es erschien, fand er bis Kriegsbeginn ganze 300 Abonnenten.[10] In dem neuen Buch sprach er vom „Erbfeind",[11] gemünzt auf Frankreich, das er mit Hilfe seiner abstrusen Volks- und Sprachtheorie scharf von dem ethnisch reinen „Urvolk" der Deutschen abhob: die Franzosen – „eine junge Mischlingsbrut von ausverrömerten Galliern, Römlingen und vielen deutschen Stämmen zum Mangvolk erwachsen". Und, so erklärte er 1833 in seinen „Briefen an Auswanderer" ganz dezidiert: „Mangvölker und Mangsprachen müssen vernichten oder vernichtet werden." Sie sind auf ewig dazu verdammt, „Erbfeinde aller Völker" zu sein. „Nur Urvölker können in heiliger Weltgenossame nachbaren." Wer diese unverrückbare ethnisch-kulturelle Barriere zwischen „Urvolk" und „Mangvolk" durchbricht, indem er sich etwa von politischen Reformen des Nachbarn zu eigenen Forderungen anregen läßt, nehme den Deutschen die Vergangenheit und damit die Zukunft. Das „Volkstum eines Urvolkes nach den Erlebnissen und Erstrebnissen von ein paar Jahrtausenden" dürfe nicht zerstört werden durch jene „wahngeschaffenen Staatsweisen", die nach französischem Vorbild „mit Stock und Stiel Vergangenheit und Gegenwart ausrotten" wollen. Und genau dieses verwerfliche Vorhaben schrieb er der „Freiheitelei" zu, wie er den Liberalismus nannte, der doch nichts weiter sei als „franzosensüchtiges Nachwelfern jener Welfe, so die Hundswoche geworfen".

War diese Volks- und Nationsidee, mit der Jahn die frühe Turnbewegung gegen tatsächliche oder vermeintliche französische Einflüsse zu immunisieren suchte, typisch für die damalige Nationalbewegung? Diese Frage gilt es nun zu prüfen. Denn es geht hier nicht um Jahn, sondern um die politische Rolle, welche die in ihrer frühen Phase auf Jahn ausgerichtete Turnbewegung in Deutschland gespielt hat.

„Volk" und „Nation" in der frühen Turnbewegung

Für die Vorbereitung und den Verlauf des Kampfes gegen Napoleon in den Jahren 1813/14 – manche sprechen von Befreiungskriegen, andere von Freiheitskriegen, je nach dem Schwerpunkt, den sie zu erkennen meinen – waren Jahn und die Turner ohne Bedeutung. Das gilt militärisch ebenso wie für die geistige Vorbereitung der Volkserhebung von 1813. Die neuere Forschung läßt keinen Zweifel zu, daß die Erhebung von 1813 nicht aus den Reden und Schriften der intellektuellen Wortführer hervorgegangen oder auch nur in stärkerem Maße von diesen beeinflußt worden ist, ganz gleich ob wir an Fichte, an Jahn oder an andere denken. „Wenn irgend etwas in dieser Zeitspanne ein Bewußtsein nationaler Identität vermitteln konnte, dann die Erfahrung gemeinsamer Unterdrückung."[12]

Diese Erfahrung prägte den frühen Nationalismus im deutschen Norden in anderer Weise als in den Rheinbundstaaten. Auf eine knappe, die vielfältigen Formen des frühen Nationalismus nivellierende Formel gebracht: In Preußen erwuchs der Nationalismus vorrangig aus der Erfahrung, von Frankreich unterdrückt und existentiell gefährdet zu werden, in den französischen Annexionsgebieten und in den Rheinbundstaaten hingegen konnte der entstehende nationale Gedanke an die Reformleistungen anknüpfen, die von der Rezeption des Code Napoleon ausgingen. So begrenzt diese Rezeption letztlich auch blieb, sie bahnte den Reformkräften der ersten Jahrhunderthälfte den Weg. Jahn war ein Repräsentant des deutschen Frühnationalismus aus dem preußischen Unterjochungserlebnis heraus – deshalb seine Unfähigkeit, die andersartigen Erfahrungen derer zu würdigen, die in Frankreich nicht nur die Eroberungsmacht, sondern mehr noch eine Freiheitshoffnung erblickten und deshalb einem anderen Strang nationalen Denkens angehörten: offen nach Frankreich hin, aufgeschlossen für die französischen Erfahrungen, vor allem für die Juli-Revolution, die im Gegensatz zur Revolution von 1789 dem bürgerlichen Reformideal nahekam.

Dieser auf Westeuropa orientierte Nationalismus setzte in weit stärkerem Maße als der antiwestliche Nationalismus Jahnscher Prägung auf innere Reformen: die Nation als Freiheitsforderung und Freiheitsgarant, nicht in erster Linie als antifranzösisches Bollwerk. Die nationale Idee war jedoch in der ersten Hälfte des 19. Jahrhunderts so durchdrungen vom gesellschaftlichen Reformwillen, daß selbst der einheitssüchtige, den Volkskrieg gegen Frankreich predigende Nationalismus Jahns ein innenpolitisches Reformprogramm anbot. Wer sich zur Idee der Nation bekannte, verlangte eine egalitäre Staatsbürgergesellschaft, die politische und rechtliche Gleichberechtigung für alle verhieß – jedenfalls für alle Männer. Darin unterschied sich Jahn nicht von den anderen Reformern seiner Zeit: Die offene Staatsbürgergesellschaft der Zukunft konnte er sich nur als eine Männergesellschaft vorstellen.[13] Innerhalb dieser Begrenzung forderte er jedoch die politische und rechtliche Gleichheit aller Staatsbürger:

„Nur einer sei Herr – der Staat; nur einem sei der Staatseinwohner unterthan. Es gebe keine staatsbürgerlichen Pflichten, ohne staatsbürgerliche Rechte. Es höre jede Knechtschaft auf, sie heiße Hörigkeit, Unterthänigkeit oder Leibeigenschaft [...] Der Schweiß des Fröhners ist Fluch, der Schweiß des Freien ist Segen; Freiheit hat Einöden belebt, Knechtschaft Lustgefilde verödet."[14]

Reformideen

In seiner berühmten Schrift „Deutsches Volkstum" stellte Jahn ein Reformprogramm auf, das der Realität weit vorauseilte: „Abschaffung drückender Bevorrechtungen, der Kantonfreiheiten [d.h. der Befreiung vom Wehrdienst], Stapelrechte, Schiffergilden", ein einheitliches Recht in ganz Deutschland, keine Standesgerichte mehr, gleiche Maße und Gewichte, Zugang zu den öffentlichen Ämtern nach Leistungskriterien und ein ausgebautes Bildungswesen, das jeden nach seiner Fähigkeit fördern sollte. Überall sollten alte Standesgrenzen eingeebnet oder doch zumindest durchlässig werden, in den Hochschulen ebenso wie in der Politik: „Mit jeder Hochschule muß eine Gesellschaft der Wissenschaften verbunden sein, und dazu Männer gehören, die gerade nicht auf Lehrstühlen stehen oder dort eingezünftet sind." Die neuen Ideen, meinte er, kamen nicht von den „Zunftgelehrten", denen in festen Ämtern, sondern von den „Freigelehrten". Und dann fügte er eine Mahnung hinzu, die noch heute jüngere Wissenschaftler und Studenten gerne hören werden:

„Auch stehen die Lehrer noch immer zu lange auf den Lehrerstühlen; wenn sie nicht mehr vorwärts gehen können, müssen sie mit einer Ehrenbesoldung in den Ruhestand. Gelehrte wollen freilich ungern ins Altenteil; denn ein gelehrter Zunftmeister ist ein Alleinherrscher, oft ein Alleinrechthaber, darum halten sie das Entkathedern für eine Entthronung. Aber ihr Von-oben-herunter-sterben hemmt den Fortgang der Wissenschaften. Es ist ein Todeskampf der Gipfeldürren und eine Hungerleiderei der im vollen Wachstum Begriffenen."

Durchlässig sollten auch die Stände sein. Jahn wollte sie nicht abschaffen, aber öffnen, damit sie dann auf dem Reichstag das Volk repräsentieren könnten:

„Die Reichsversammlung der Stände muß eine Sprechgemeinde (Parlament) sein, nicht eine Taubstummenanstalt von Jaherren und Beifallnickern, nicht eine Versammlung von Gutheißern, um dem Übel etwa nur eine leidliche Gestalt zu geben. Kein Volk läßt sich bequemer und sicherer regieren, als das, welches eine festgegründete volkstümliche Verfassung hat. Denn da haben die Guten ein öffentliches gültiges Wort, und diese regieren sich so schon immer von selbst und sind im stillen Mitregierer; ohne sie hat der Staat bald ausregiert."

Jahn rief aber auch zur Loyalität gegenüber den angestammten Fürstenhäusern auf, und die Hohenzollern pries er als „ein wohltätiges Gestirn", unter dessen Schirm sich „die kleinen schutzlosen Völklein zu einem einigen Volke zusammengefunden" hätten. Jede Revolution lehnte er ab; sie zerstöre die Gesellschaft ebenso wie den Staat. Gleichwohl bedeutete Jahns Programmschrift „Deutsches Volksthum" 1810 eine Kampfansage an die überlieferte ständisch-feudale Gesellschaftsordnung. Sein Ziel hieß: eine Staatsbürgergesellschaft, die keine ererbten Vorrechte mehr kennt und eine Verfassung besitzt, die den Bürgern Schutz und zugleich Teilhabe am Staat bietet. Daß Jahn das volle Bürgerrecht an bestimmte Kriterien der „Bürgerfähigkeit" band, entsprach durchaus den Vorstellungen der Zeit.[15] Bei Jahn kamen jedoch Bestimmungen hinzu, die erneut verdeutlichen, wie sehr seine Idee von der Staatsbürgernation von dem Erlebnis zehrte, durch eine fremde Macht unterjocht zu sein. Abgrenzung nach außen gehörte deshalb für Jahn zum Kern der Nation. Wer sich nicht bedingungslos zur deutschen Nation bekannte, sollte das Bürgerrecht verlieren, sei es, daß er „in entehrende schimpfliche Kriegsgefangenschaft gerät oder unverwundet ohne sein Gewehr aus dem Felde zurückkommt", „im Auslande die Volksehre befleckte" oder „sich mit einer noch nicht eingebürgerten Undeutschen verheiratet". Wer „eine Familie ernähren kann, gesund und nicht unvermögend ist und dennoch ein Hagestolz bleibt",[16] entsprach ebenfalls nicht Jahns Wunschbild vom deutschen Mann und sollte deshalb nicht das Bürgerrecht erhalten.

Jahn dachte die deutsche Nation von einem mystifizierten „Volkstum" her.[17] Seine Idee *Nation* unterschied sich scharf von der westeuropäischen. Die Nation Jahnscher Prägung war keine politische Größe, für die sich der einzelne entscheiden konnte oder auch nicht, sondern sie beruhte auf der Zugehörigkeit zum deutschen ‚Volkstum', dessen Einheit in der Sprache und der Sitte verbürgt sei. Deshalb sein Plädoyer für die Reinigung der deutschen Sprache von allen ausländischen Beimischungen, was schon Zeitgenossen skurril erschien.[18] Aus seiner „Reindeutscherei oder Sprachfegerei", schrieb Jahn 1832, brenne „der Haß gegen das Franzosentum".[19] Der Deutsche müsse an seiner Sprache, seiner Kleidung, seinen Festen und Gebräuchen zu erkennen sein, und in diesen Gemeinsamkeiten solle sich das deutsche ‚Volkstum' immer wieder neu konstituieren. So verlangte er eine einheitliche Volkstracht, die der völkernivellierenden „Wüterei der Mode" einen Riegel vorschiebe. Kein Fremder dürfe diese deutsche Volkstracht tragen, „keiner, der das Bürgerrecht verloren; keiner, der nicht zur Ausübung des Bürgerrechts gekommen".[20]

Die Gemeinschaft des deutschen ‚Volkstums' sah Jahn vor allem im „Volksgefühl" verankert. So merkwürdig dies heute berühren mag und so sehr Worte wie ‚Volk', ‚Volkstum' oder ‚Volksgefühl' durch die Erfahrungen mit der nationalsozialistischen ‚Volksgemeinschaft' belastet sind – Jahns Vision eines deutschen Nationalstaats, der sein Fundament im ‚Volk' besitze, war ein Gegenentwurf zu den dynastischen Grundlagen der damaligen Staaten. Jahn wollte mit den angestammten deutschen Fürstenhäusern nicht brechen, aber er untergrub ihre Legitimität, indem er das ‚Volkstum' zum Kern von Staat und Gesellschaft erklärte.

Feste

Gemeinsame Sprache und gleiche Kleidung waren nur zwei, allerdings zentrale Ausdrucksformen des „Volksgefühls", wie Jahn es verwirklichen wollte. Eine wichtige Rolle wies er auch den Festen zu:

„Festlichkeit ist Erheben über das gemeine Leben, Herauskommen aus der Alltäglichkeit, Entfesselung des Geistes von leiblicher Unterdrückung, Abspannung des Körpers von der Frohnarbeit, Befreiung des Herzens von Daseinssorgen, Versuch, die Daseinsbürden abzulasten."[21]

Auch hier sollte man sich von der Sprache, die fremd klingt, nicht täuschen lassen. Feste galten überall als ein Mittel, Gemeinschaft zu stiften und zugleich in symbolischen Bildern Zukunft zu entwerfen. Das trifft auf die Revolutionsfeste Frankreichs ebenso zu wie auf die nationalen Feste im Deutschland des 19. Jahrhunderts oder auf die großen Feste, mit denen die Kultursozialisten der Weimarer Republik den Utopieverlust der sozialistischen Arbeiterbewegung überwinden wollten.[22] In Jahns Worten:

„Das Übersinnliche wird uns doch nur durch Bilder, Gedanken- und Wortbilder; aber es wird den schnellsten Eingang finden, die festeste Einwirkung behaupten, wo ein Sinnbild als Schattenriß höhere Ahnungen gewährt und unaussprechliche Sehnungen verdeutlicht."[23]

Jahn schlug einen umfangreichen Festkalender vor,[24] der sich zwar nicht durchsetzte, aber Feste spielten in der Turnbewegung eine wichtige Rolle. Zu ihrem Hauptfeiertag wurde in der ersten Hälfte des 19. Jahrhunderts der 18. Oktober, der Tag der Völkerschlacht bei Leipzig – ein Gedenktag also, mit dem sich die Turner zur deutschen Nation bekannten und ihren nationalstaatlichen Zukunftsträumen zugleich eine antifranzösische Wendung gaben.[25]

Der Franzosenhaß Jahns setzte sich innerhalb der Turnbewegung bis zur Mitte des 19. Jahrhunderts jedoch nicht durch, sondern trug dazu bei, Jahn mehr und mehr in die Position des Außenseiters zu rücken. Das Jahn-Bild, das sich die deutsche Öffentlichkeit vor der Reichsgründung machte, ist bislang allerdings nicht genauer erforscht.[26] Am Vorabend der Revolution war sein Ansehen bereits so tief gesunken, daß sich die Repräsentanten der 42 Turnvereine, die sich 1847 in Frankfurt zu einem Turnfest versammelten, nicht einmal auf eine Adresse zu seinem Geburtstag einigen konnten.[27] Die Veröffentlichungen der vierziger Jahre sind durchweg weit geringer von antifranzösischen Tiraden durchsetzt als die Publikationen der Frühphase. Dazu wird die Verbindung eines Teils der Turner mit der demokratischen Bewegung des vorrevolutionären Jahrzehnts erheblich beigetragen haben. Verschwunden ist das Feindbild Frankreich, das Jahn unermüdlich predigte, allerdings nicht. Als 1846 auf dem Heilbronner Turnfest eine „Francaise" angesagt wurde, erhob sich „ein scherzhafter Tumult", der jedoch verstummte, als „die Turner erfuhren, daß die Tanzordnung jenen Tanz verlange".[28] Drei Jahrzehnte zuvor hatten die Schüler auf dem Turnplatz zu Friedland in Mecklenburg noch die Pappeln als „Undeutsche Bäume" entfernt und statt dessen Eichen gepflanzt. Der Haß auf Frankreich stand auf diesem Turnplatz jedem vor Augen: „Man warf den Ger nach dem Kopfe Napoleons und stach mit dem Rappier nach dem Herzen eines französischen Grenadier's".[29] Derartiges ist aus den vierziger Jahren nicht überliefert. Ernst Moritz Arndts Schrift „Das Turnwesen" aus dem Jahre 1842 ist nicht typisch; aus ihr sprach die Haltung der Alten, die nicht mitbekommen hatten, daß die Turnbewegung nicht mehr aus Schülern bestand, sondern erwachsen geworden war und sich von dem Pathos der ‚Franzosenfresserei' und der deutschen ‚Volkstums'-Überlegenheit gelöst hatte. In Arndts Völkerpsychologie fiel dem Franzosen die „tragische Bestimmung [zu]: *keine Ruhe haben und keine Ruhe lassen.*"[30] Deutschland, das Land der Mitte, umringt von den „mächtigsten von gewaltiger Einheit des Lebens und Strebens zusammengehaltenen Monarchien", dürfe sich nicht damit zufrieden geben, als das Land der „Hellenen der Neu-Zeit" und der Denker und Träumer zu gelten: „an den östlichen wie an den westlichen Marken müssen wir immer mit gezücktem Eisen stehen, und können der Übungen nicht missen, welche die Arme für das Eisen tüchtig und die Herzen für den Sturz ins Eisen freudig machen." Diese Aufgabe falle dem „deutschen Turnwesen" zu als einer „Bildungsanstalt der edleren Wehrhaftigkeit der deutschen Leiber und Geister".[31]

Für das vorrevolutionäre Jahrzehnt und die Revolutionsjahre war diese Sicht, die Jahn teilte, nicht repräsentativ. Zur Jahn-Renaissance im Reichsgründungsjahrzehnt der sechziger Jahre dürfte hingegen der Franzosenhaß, der aus nahezu allen Schriften Jahns spricht, erheblich beigetragen haben. Jahns Leben ließ und läßt sich also in viele Richtungen ausbeuten, wenn man Details isoliert und aus dem Zeitkontext ihrer Entstehung löst, wie das so oft geschehen ist.[32]

Jugendbewegung

Nur sehr knapp kann die zweite politisch-gesellschaftliche Funktion der frühen Turnbewegung angesprochen werden: ihre Zugehörigkeit zur Jugendbewegung. Dieser wichtige Aspekt ist bislang noch nicht erforscht. Wolfgang Hardtwig hat mit guten Gründen die Burschenschaften, die in der gleichen Zeit wie die Turnbewegung entstanden, die „erste politische Jugendbewegung der europäischen Geschichte"[33] genannt. Damals begannen die Studenten, in einem Akt der Selbstdisziplinierung die bürgerlichen Verhaltensnormen zu übernehmen, die sich in der Schicht der Gebildeten am frühesten ausgeformt hatten: Verhaltensnormen und Leitbilder, mit denen die Gebildeten ein Zukunftsbild entwarfen, das sich nicht mehr mit dem überlieferten ständisch-korporativen Gesellschaftsgefüge zufriedengab. Insofern war diese studentische Bewegung ein Teil des säkularen Prozesses der ‚Verbürgerlichung', der die europäische Geschichte seit dem 18. Jahrhundert grundlegend prägte.

Die frühe Turnbewegung verbreitete die Reichweite dieses Verbürgerlichungsprozesses in zweifacher Weise: erstens sozial, indem auch schon Handwerker einbezogen wurden, wenngleich die Mehrheit der Turner eindeutig aus den Bildungsschichten stammte,[34] und zweitens hinsichtlich des Alters, denn die Turner kamen in der Anfangsphase vor allem aus dem Kreis der Gymnasiasten. Die frühe Turnbewegung ermöglichte es also jugendlichen Sozialkreisen, denen normalerweise noch keine Selbständigkeit zugestanden wurde, sich für nationalpolitische Ziele zu engagieren und zugleich bürgerliche Verhaltensleitbilder einzuüben. Die Mischung aus Selbstverantwortung und Zwang, die diese Verhaltensmodellierung kennzeichnete, wird die künftige Forschung näher zu erhellen haben. Bereits ein Weggenosse Jahns schildert dessen „Erziehungswerk" als einen Zweifrontenkampf: gegen die „Philisterhaftigkeit der Zeit" und für eine „edlere Zucht und Ordnung", an die er die „in polizeiloser Zeit ziemlich verwilderte Berliner Schuljugend" heranführen wollte.[35] Die Disziplinierung von außen scheint also schon in der von Jahn geprägten Jugendphase der Turnbewegung und nicht erst infolge der Vereinnahmung durch die Schule eine gewichtige Rolle gespielt zu haben.

Die vierziger Jahre: Demokratisierung und Grenzen der egalitären Utopien

Was wurde in der zweiten Entwicklungsphase der Turnbewegung, den vierziger Jahren, als eine Gründungswelle von Vereinen einsetzte, beibehalten und was verändert? Gefragt wird zunächst nach den gesellschaftlichen Verhaltensnormen, die den Turnern und dem Publikum vermittelt wurden – sei es bewußt oder unbewußt.

„Turnerische Tugend"

Ein durchgehendes Grundelement des turnerischen Tugendkatalogs hieß: Selbstdisziplinierung. Die Statuten der Turnvereine sprechen dies deutlich aus. Die „Turngemeinschaft", so hieß es schon in der „Deutschen Turnkunst" von Jahn und Ernst Eiselen aus dem Jahre 1816, müsse die „Turngesetze" als ein „Tugendgebot" verinnerlichen. Das „allgemeine Sittengesetz" sei auch des

Turners „höchste Richtschnur und Regel". Als „Hauptlehren"
nannten sie:

„nach der höchsten Gleichmäßigkeit in der Aus- und Durchbildung ringen;
fleißig sein; was Gründliches lernen; nichts Unmännliches machen; sich auch
durch keine Verführung hinreißen lassen, Genüsse, Vergnügungen und
Zeitvertreib zu suchen, die dem Jugendleben nicht geziemen."[36]

Selbstdisziplinierung, allerdings unter Androhung von Strafen,
die bis zum Ausschluß reichen konnten, kennzeichneten auch die
späteren Turnordnungen. Der Wormser Turnverein z. B. nannte
1846 als Aufnahmebedingungen: „unbescholtener Ruf", „sittli-
cher Lebenswandel", „anständiges Betragen" und „Alter über 18
Jahre".[37] Die gleichen Bedingungen enthielten auch die Statuten
des Hanauer Turnvereins von 1838, die Altersgrenze lag aber bei
14 Jahren. Darüber hinaus machten sie es jedem Turner zur Pflicht,
„überall in Geberden, Reden und Handlungen, den strengsten
Anstand zu wahren. Übertretungen dieser Regel sollen, als den
Turner entwürdigend und die Gesellschaft beschimpfend, auf das
Strengste und bis zur Ausstoßung geahndet werden."[38] Die Stuttgarter Turngesellschaft dekretierte 1846, wer ihr angehörte, „verzichtet durch seinen Beitritt auf die schwelgerischen Genüsse des
Lebens und widmet seine körperliche Kraft dem Erwerb der-
jenigen Eigenschaften, welche der Mann im umfassendsten Sinn
des Wortes haben soll."[39]
   Zwei Merkmale kennzeichnen die Statuten: Sie regelten das
Vereinsleben weit detaillierter, als das früher der Fall gewesen
war, und sie beruhten zugleich in stärkerem Maße auf demokratischen Grundlagen, wenngleich es weiterhin Vereine gab, deren
Ordnungen den Mitgliedern mehr Führung als Mitwirkungschancen versprachen.[40] Diese beiden Hauptentwicklungslinien – mehr
interne Differenzierungen und mehr interne Demokratie – sind
generelle Charakteristika des Vereinswesens im Vormärz und erst
recht in der Revolution von 1848/49. Sie erweisen die Turnbewegung erneut als ein Spiegelbild der allgemeinen politischen Entwicklung, die in den vierziger Jahren der Gesellschaft erheblich
größere politische Spielräume bot als in den beiden Jahrzehnten
zuvor. Bei den Turnvereinen kommt noch ein weiterer Grund
hinzu. Als sie ‚erwachsen' wurden – die Vereine entwickelten sich
von Schüler- und Jugendorganisationen zu einer Einrichtung für

Erwachsene –, wuchs die Bereitschaft, das Vereinsleben zu demo-
kratisieren.

Vereinsstatuten

In ihrem Anspruch, wie er sich in den Statuten fassen läßt, waren
die Turnvereine der vierziger Jahre dem Ideal einer egalitären Gesellschaft verpflichtet. Die Gesetze, die man sich gab, galten für
alle gleichermaßen; die Turnkleidung, die vorgeschrieben wurde,
schloß die sozialen Erkennungsmerkmale der bürgerlichen Welt
vom Turnplatz aus; und das Turner-Du ebnete ebenfalls gesellschaftliche Hierarchien ein. Jedenfalls war es so gedacht. In der
Realität nahm man Abstriche hin. Als 1846 Turner aus 32 Städten
in Heilbronn zusammenkamen, hieß es im Festbericht: „Lebhafte
Für- und Widerrede erregte der Wunsch, daß überall das brü-
derliche Du unter den Turnern eingeführt werde. Doch mußte
man bald zugestehen, es sei dies unter gewissen Verhältnissen
ganz unausführbar, und würde der Erfolg nicht überall der ge-
hoffte und gewünschte sein."[41]

Die schon zitierten Hanauer Statuten machten die Anrede Du
auf dem Turnplatz zwar zur Pflicht, befreiten die Ehrenmitglieder
jedoch von dieser Vorschrift. Vor allem außerhalb des Turnplat-
zes, wo es wünschenswert sei, sich ebenfalls zu duzen, können
„bürgerliche Verhältnisse (...) eine Änderung erheischen."[42]

Demokratisierung des Vereinslebens und Abbau sozialer
Schranken im Umgang miteinander standen im Selbstverständnis
der Turner nicht im Widerspruch zur Disziplinierung, die sie an
sich vollzogen. Kaum ein Festbericht, der nicht die Ordnung
rühmt, mit der die Turner auftraten, und wenn dies einmal nicht
der Fall war, wurde es ausdrücklich gerügt. Über ein Mainzer
Turnfest im Jahre 1842 hieß es, „daß es gar sehr an Ordnung
fehlte, weniger bei den Turnern selbst als bei den Zuschauern, die
die Schranken um den Turnplatz zu durchbrechen und so denselben anzufüllen sich nicht entblödeten." Ganz anders, so der Berichterstatter, verlief das übliche Sommerfest der Hanauer Turner:
„Was den Hauptmangel bei dem Mainzer Turnen bildete, war
hier die Hauptzierde, die *Ordnung,* die durch thätiges Ineinan-
dergreifen aller, besonders aber durch den Eifer des Turnwartes
und des ihn unterstützenden Vorstandes beständig aufrecht

erhalten wurde." Das Fest endete mit Gesang und einem Feuerwerk, dann wurde „in Reih und Glied in die Stadt zu einem Abendessen marschiert."

Das Heilbronner Turnfest 1846

Einen bildhaften Einblick in die politische und gesellschaftliche Bedeutung des damaligen Turnens bietet der Bericht über das Heilbronner Turnfest von 1846. Es wurde zwar nicht, wie geplant, zu einem gesamtdeutschen Ereignis, führte aber doch eine große Zahl vor allem süddeutscher Vereine zusammen.[43] Die Delegierten der Vereine nutzten das Treffen, Erfahrungen auszutauschen und gemeinsame Angelegenheiten zu besprechen; sie versuchten auch, einen schwäbischen Turnerbund zu gründen, doch das gelang nicht. Keine Zustimmung fanden auch die restlichen Anträge, etwa eine Turnzeitung zum Organ aller Vereine zu bestimmen, eine „Unterstützungskasse für bedürftige Turngemeinden" zu gründen, Schießübungen in den Turnvereinen verbindlich zu machen und sich auf ein gemeinsames Emblem zu einigen. Organisationspolitisch war das Treffen also ein Mißerfolg, nicht jedoch gesellschaftlich und politisch. Es wurde ein großes Volksfest, auf dem die nationale Verbundenheit nicht nur in Reden beschworen wurde – das auch; vor allem aber wurde sie durch Bürgerinitiative gewissermaßen punktuell vorweggenommen. Turner aus 32 Städten von Hamburg bis Basel hatten sich versammelt; Österreicher kamen nicht, wie generell die Turnbewegung eine kleindeutsche blieb. Österreich beteiligte sich an dieser nationalen Bewegung bis 1847 kaum – ein Symptom dafür, daß die 1866 militärisch erzwungene Trennung Österreichs von Deutschland in der Gesellschaft bereits vorbereitet war.

Die Bürger Heilbronns hatten ihre Stadt festlich geschmückt, Privatquartiere gab es in genügender Zahl, und die Gastgeber zeigten sich freigebig. Geturnt wurde natürlich auch, aber das war wohl nicht die Hauptsache. Im Vordergrund stand die festliche Verbundenheit. „Die Freude hatte Turner und Nichtturner, Männer und Frauen, Jünglinge und Jungfrauen in bunt gemischte Gruppen zusammengefügt", heißt es im Fest-Album. Man turnte und feierte, wie betont wurde, „ohne Unterschied des Standes und des Alters", Turner und Bürger bemühten sich um einfache

Kleidung, die Ständegrenzen verwischte. Modisches war verpönt. „Die steife Dame Etiquette blieb vor dem Saale stehen; war doch die Gefahr vorhanden, daß ihre nach neuestem Pariser Geschmack gefertigte Ballrobe zerknittert würde". Nur einmal wurde die bürgerliche Gleichheit des Turnfestes mit der Realität der noch nicht überwundenen Ständegesellschaft konfrontiert: „Eine hohe Person durchbrach mit ihrer Kutsche den Zug" der Turner.

Männerbünde?

Das Volksfest von Heilbronn war zugleich ein Ort der politischen Öffentlichkeit, zu dem auch Frauen Zugang hatten. Das war damals keineswegs selbstverständlich. Allerdings darf man sich den emanzipatorischen Schub nicht zu groß vorstellen. Frauen gehörten zwar zum Fest, sie erbauten sogar die Tribüne, stickten eine Fahne und stifteten Preise, manche „beinahe zu kostbar und nicht einfach genug für einen Turner-Kampfpreis", wie leicht gerügt wurde. Doch das Bild, das die Turner von sich und der Gesellschaft entwarfen, war durch und durch männlich. Die Anfänge des Schulturnens für Mädchen hatten daran noch nichts geändert. Noch 1895 schrieb ein Turnlehrer, der für das Frauenturnen warb, kein Verein werde daran denken, den „Damen wirkliche Mitgliedsrechte, Sitz und Stimme [...], einzuräumen".[44] Der Turnerbund war ein Männerbund, man hatte ‚Brüder‘, keine ‚Schwestern‘. „Noch ein ernstes Wort, meine Brüder!" hieß es in der Begrüßungsrede des Sprechers der Heilbronner Turngemeinde:

„Unsere Zeiten sind ernst. Das behauptet nicht allein der Grämliche, der immer des Lebens Getriebe bekrittelt, nein, das sagen auch die, so mit klarem Blicke die Erscheinungen der Gegenwart beurtheilen. Unsere Zeit fordert *Menschen, Männer, ganze Männer*. Brüder, da liegt sie vor Euch in drei Worten, Eure Aufgabe, über die Viele noch nicht in's Reine kommen wollen. Menschen, Männer, ganze Männer!"[45]

Frauen, so erklärte ein anderer Redner, finden ihren Anteil am männlichen Einsatz „für Wohl und Wehe unser(e)s Vaterlandes" in dem Stolz, „Mütter solcher Söhne, Schwestern solcher Brüder, Frauen solcher Männer zu sein."

Das Männlichkeitsideal, das selbst im Bericht über ein Volksfest noch greifbar ist, gehörte zu den Grundfesten der Turnbewegung. Daß Turnen der militärischen Erziehung zu dienen habe, darin stimmten alle überein. „Blücher erschlug die Franzosen auf dem Schlachtfelde, Jahn in der Schule; und die Turnkunst in den Freiheitskriegen wollte eigentlich nichts Anderes als diese zuschlagende Kraft erwecken."[46] So ist in einem Bericht von 1848 über das Turnen in Mecklenburg zu lesen. Immer wieder in Erinnerung gerufen wurde das turnerische Männerideal auch in den Liedern, die in den Turnvereinen gesungen wurden. Zwei kurze Kostproben aus den Liedern „Turnerwerth" und „Deutsches Gebet" mögen das illustrieren:[47]

> Der Turner ringt nach hohem Ziel:
> ein *Mann* zu sein, wie Gott ihn will,
> Er stählt des Leibes Kraft und Mark,
> Macht so die Seele frei und stark.
> (*Turnerwerth, von Dr. Herz*)

> Wer unterthänigst küssen kann
> Pantoffel oder Peitsche,
> der ist fürwahr kein deutscher Mann,
> Den säugte keine Deutsche.
> (*Deutsches Gebet, von Richard Glaß*)

Egalität

Mit ihren gesellschaftlichen Leitbildern war die deutsche Turnbewegung daran beteiligt, eine bürgerliche Gesellschaft entstehen zu lassen – verpflichtet auf die zentralen Normen Leistung und Ordnung, auf staatsbürgerliche Gleichheit für Männer und eine dienende, zugleich aber die Gesellschaft kultivierende Rolle der Frauen.[48] Auch die Forderung nach sozialer Egalität auf dem Turnplatz verstieß nicht gegen das Idealbild ‚bürgerliche Gesellschaft', wie es in der ersten Hälfte des 19. Jahrhunderts nicht nur in Deutschland weit verbreitet war und von den Liberalen, den wirkungsmächtigsten politischen Wortführern des Bürgertums, propagiert wurde. Dieses Ideal hieß nicht kapitalistische Klassengesellschaft, sondern eine Mittelstandsgesellschaft, in der die Besitzunterschiede nicht zu groß sein sollten, um die staatsbürgerliche Gleichheit nicht zu gefährden. Heinrich von Treitschke karikierte dieses frühbürgerliche Wunschbild, als er 1889 über die Männermode der dreißiger Jahre spottete:

„Der demokratische Charakter dieser Epoche spiegelt sich getreulich wider in ihrer Männerkleidung, der häßlichsten, aber auch zweckmäßigsten und bequemsten, welche je in Europa getragen wurde. Haar- und Barttracht bleiben dem persönlichen Belieben überlassen, im übrigen herrscht unverbrüchlich das demokratische Anstandsgesetz, das keinem erlaubt, sich von den anderen zu unterscheiden; jedermann trägt den nämlichen schmutz- und mischfarbigen, taschenreichen Sackrock, der dem beschäftigten Manne so viel Zeit erspart; das lange Beinkleid und die Stiefel dringen jetzt bis in den Salon, der demokratische Frack läßt auch hier alle, Gäste und Diener, vollkommen gleich erscheinen."[49]

Die Turner steigerten das Ideal der nivellierten Bürgergesellschaft bis zur Egalität der Kleidung und der Anrede; verwirklichen ließ sich dieses Extrem jedoch nur an einem Ort am Rande der Gesellschaft: auf dem Turnplatz, und auch dort nur im inneren Kreis, wo aktiv geturnt wurde. Hinter der Barriere, wo die Zuschauer und Ehrenmitglieder, die „Geistesturner"[50], standen, verlor die egalitäre Sozialutopie der Turner ihre Geltungskraft. Wie sehr sie männlich gefüllt und zugleich durch nationale Abgrenzungen nach außen durchwirkt war, lehrt unmißverständlich das unbeholfene Gedicht, mit dem Küferobermeister Ferdinand Lang 1846 die Gäste des Heilbronner Turnfestes ehrte:

Gut Heil! Euch Turnern nah und fern,
Aus allen deutschen Gauen
Ihr kämet. Alles sah Euch gern,
So Mädchen wie die Frauen,
Obgleich ihr nicht in Seide kamt,
Auch nicht im mod'schen Fracke,
So ziert Euch mehr denn Seid und Sammt
die ungebleichte Jacke.

Die deutsche Leinwand kleidet gut,
Vom deutschen Weib gesponnen;
Auch schützt der graue Turnerhut
Euch gegen Gluth der Sonnen.
Drum Heil dem schlichten Turngewand,
Das deutsche Kraft bedecket,
Ja selbst im ganzen Vaterland
Die Einfachheit erwecket.

Ja auch ihr Frauen, flieht den Tand
Der vielen fremden Länder,
Und spinnet selbst mit eigner Hand
Euch Röcke, Schürz' und Hemder.
Ja wißt, daß Ihr im reinen Kleid
von deutschem Lein gesponnen,
Dem deutschen Manne lieber seid
Als eitle Modetonnen.[51]

Noch in einer weiteren Hinsicht radikalisierte die Turnbewegung punktuell das bürgerliche Gesellschaftsbild der ersten Jahrhunderthälfte. Dieses Bild, nach dem man die Zukunft gestalten wollte, war im Kern mittelständisch geprägt, vorindustriell und in diesem Sinne vormodern. Die industriellen Ballungsräume, die in der zweiten Jahrhunderthälfte auch in Deutschland entstehen sollten, lagen noch nicht im Vorstellungshorizont der Bürger – oder allenfalls als negative Antizipation. Denn die Großstadtkritik, so hat man zu Recht gesagt, entstand in Deutschland *vor* den Großstädten. Dabei dachte man vor allem an Kritiker wie Wilhelm Heinrich Riehl. In der Turnbewegung der ersten Jahrhunderthälfte besaß diese der Entwicklung vorgreifende Großstadt- und Industrialisierungskritik einen Vorläufer. Er zehrte nicht von den Ideen intellektueller Wortführer, sondern drückte die Werthaltungen und Zukunftsängste breiterer Bevölkerungsschichten aus. Jahns Leben und sein Werk lassen sich *auch* als eine Form der Zivilisationskritik lesen. Es wäre aber verfehlt, diesen Aspekt im Leben Jahns und in der Geschichte der Turnbewegung zu isolieren und nun einen grünen Jahn und eine grüne Turnbewegung zu kreieren.[52] Doch diese Färbung gibt es auch.

Zivilisationskritik

Das Wunschbild, das sich Jahn von Staat und Gesellschaft machte, war auf die traditionelle Stadt bezogen – überschaubar klein, umgeben von „Ringmauern", innerhalb derer „alle Stände beisammen" wohnen.[53] Das Gegenbild meinte er in der französischen Juli-Monarchie vor Augen zu haben – eine Gesellschaft, die alles Neue kritiklos begrüße, ein Staat, der beherrscht werde vom „Geldadel": „Das gefährlichste Übel in jedem Staatswesen ist von jeher die Übermacht des Reichtums und seine Überschätzung gewesen." Jahn war nicht fortschrittsfeindlich – den Zollverein beispielsweise begrüßte er[54] –, aber der Moderne in Form des Industriekapitalismus, der sich auch in Deutschland ankündigte und viele in seiner englischen Gestalt bereits beunruhigte, entzog er sich gänzlich. Ihr ordnete er das zu, was er haßte: Frankreich, Weltbürgertum und, als einen gebündelten Ausdruck der Moderne, die Juden.[55] In dem Buch, das Karl August Varnhagen von Ense nach dem Tode seiner Frau herausgab – „Rahel, ein Buch des Andenkens für ihre Freunde" (3 Bände, Berlin 1834) – sah Jahn die schlechte Moderne wie in einem Konzentrat versammelt:

„Aus dem ganzen dickbogigen Buch weht der veilchenartige Leichenduft neuzeitiger fürnehmer Weltbürgerschaft. Es ist die Leichenbühne (Lustrum doloris) des neuen volkstumslosen, jüdelnden und junkernden Weltbürgertums."[56]

Seinem Haß auf jene, die „den Deutschen die Weltbürgerlichkeit einzureden" wünschten, ließ Jahn 1833 in den „Briefen an Auswanderer" ungezügelten Lauf:

„Ihr Ohioschreier und Missourimesser macht den Deutschen zum Überall und Nirgends, zum Obenhinaus und Nirgendsan und haltet dafür seinen wahren Beruf, daß er die Welt durchjude und durchnegere und mit Kopf, Hand und Fuß herzlos verzigeunere."[57]

Jahns Biograph Fritz Eckhardt hat 1931 von dessen „Kampf mit der Gegenwart"[58] gesprochen. Es war auch ein Kampf gegen die Moderne von Großstadt und Industrie. Daran hat sich die frühe Turnbewegung beteiligt, ohne allerdings Jahns Skurrilitäten zu übernehmen. Der Turner sollte sich den Städten entziehen, Orten der Bequemlichkeit und der Mode. Der Chronist der Mecklenburger Turnvereine meinte 1848:

„Meklenburg hat seine Gefahren der Üppigkeit in Städten und auf dem Lande so reichlich, wie nur irgend ein deutsches Land. [...] Tausend Menschen unter uns vergeuden ihre Kräfte durch Überladung in Speise und Trank, und werden in Folge dieser Lebensweise und mancher anderen Einflüsse starkleibig, schwerfällig und träge an Leib und Leben. [...] Wir sind im Ganzen nicht mehr das naturwüchsige Volk, für welches wir gehalten werden; unser schöne[r] Mannesstamm verfällt, weil die Kraft der Natur nicht mehr hinreicht, die schädlichen Einflüsse eines verfeinerten Lebens zu überwältigen."[59]

Turnen und die Turnfahrten sollten den Zivilisationsschäden, die man wahrzunehmen wähnte, entgegensteuern. Berichte und Fotos von Turnfahrten aus dem Kaiserreich erinnern an organisierte Wandertage von heute.[60] In Jahns Frühzeit ging es dagegen karger zu. Man wollte einfach leben und Härte und Ausdauer in der Natur einüben. Üblich war es, alles mitgenommene Geld in eine gemeinsame Kasse zu zahlen, „so daß der Reichere nicht mehr ausgeben konnte als der Ärmere."[61] So hielt es auch der Stuttgarter Turnverein noch in den vierziger Jahren, als sich die Härten, die Jahn verlangt hatte, aber schon abgemildert hatten:

„Die Turnfahrten sah man als wesentlichen Teil der turnerischen Thätigkeit an, und häufig zog die gesamte Turnerschaft und stets mit der Fahne an den Sonntagen hinaus, um in Gottes freier Natur sich seines Lebens zu freuen, tüchtig zu wandern und durch Besuch in näheren oder ferneren Städten für die Turnsache zu wirken. Bei aller Lust und Freude herrschte auch auf den Turnfahnen Einfachheit; es durfte nur ein geringer Aufwand gemacht werden. Besonders bezeichnend ist nach dieser Hinsicht eine Turnfahrt aus den ersten Jahren. Das Ziel war Leonberg. Jede Person durfte nur 6 kr. verbrauchen. Zwei Mann erhielten den Auftrag, für das zusammengelegte Geld Brot, Wurst und Käse aus der Stadt herbeizuholen. Vor ihrem Abgang durchsuchte man ihre Taschen, ob sie nicht etwa weiteres Geld bei sich trügen, um sich einen unerlaubten Genuß zu verschaffen. Die Vorräte wurden dann in Bergeshöhe in freier Luft gemeinsam verzehrt; das Getränk war Wasser; und nach Turnen, Spiel und Gesang zogen wieder alle frohgemut nach Stuttgart zurück, wo man sich alsdann noch bei einem Glase Bier des schön verbrachten Tages freute."[62]

Das Turnen, darauf verweist dieser Bericht, war eine Sache von Städtern, die sich in der Natur dem ‚Fortschritt' in der Gestalt von Eisenbahnen, Verstädterung und Industrialisierung wenigstens zeitweise entziehen wollten. „Die Stadt ist der Männlichkeit Grube!" hieß es in einem der vielen Wanderlieder der Turner.[63] Sie suchten einen Ausgleich zum städtischen Leben, das sie jedoch auch auf den Turnfahrten, diesen Expeditionen in die schon fremd gewordene ländliche Umwelt, immer wieder einholte. Denn aus der Stadt bezog man die Verpflegung, und dort erholte man sich abends vom einfachen Leben, das man zuvor mit einem Trunk Wasser symbolisch genossen hatte und nun mit einem Glas Bier wegspülte.

Diese gesellschaftlichen Funktionen der Turnbewegung treten in der wissenschaftlichen Literatur meist hinter die politischen zurück. Man würde jedoch die Bedeutung der Turnbewegung für die Formierung der bürgerlichen Gesellschaft nicht angemessen erfassen, wollte man ihre Rolle in der Öffentlichkeit nur auf das Politische verengen. In der Revolution von 1848/49 rückte die Politik dann allerdings ganz in den Vordergrund der Turnbewegung.[64]

Turner in der Revolution

Zwei Merkmale machen die Turnbewegung zu einem getreuen Spiegelbild der allgemeinen politischen Entwicklung in den Revolutionsjahren: Nun gelingt der Zusammenschluß der Einzelvereine zu einer nationalen Organisation, die alle Kräfte bündeln und auf die Neugestaltung Deutschlands einwirken soll, doch kurz darauf zerfällt die Turnbewegung in zwei politische Lager, die sich erbittert bekämpfen und dann getrennte Organisationen aufbauen. Auf dem 1. Hanauer Turntag am 2./3. April 1848 entstand der „Deutsche Turnerbund", auf dem 2. Hanauer Turntag am 2./3. Juli 1848 spaltete sich der „Demokratische Turnerbund" von diesem ab. Den Grund für die Auflösung der eben erst erreichten Einheit nennt der Paragraph 2 der Statuten, die sich die beiden Bünde gaben. Der „Deutsche Turnerbund" bezeichnet es als seinen „Zweck", „für die Einheit des deutschen Volkes thätig zu sein"; sein demokratischer Ableger ergänzt dies um eine Konkretisierung: das „freie und einige Vaterland" finde „in dem volksthümlichen Freistaat – der demokratischen Republik – seine entsprechende Form".[65]

Die Sprengkraft, die in dieser Ergänzung steckt, zerstörte damals nicht nur die gerade erst geschaffene nationale Organisation der Turner; sie spaltete vielmehr die gesamte Revolutionsbewegung. Wer damals für die Republik eintrat, verlangte die Entmachtung der Fürsten. Ein republikanischer Nationalstaat mit einem starken Parlament, hervorgegangen aus demokratischen (Männer-)Wahlen, hätte zwangsläufig die Machtverhältnisse in Deutschland völlig verändert. Die Forderung nach der Republik war also eine Kampfansage an die dynastische Legitimität, die seit alters her die Grundlage der deutschen Staaten bildete. Dies glaubte die Mehrheit der politisch Aktiven innerhalb und außerhalb der Parlamente nicht verantworten zu können. Selbst wenn sie die Republik als Staatsform in der Theorie akzeptierten, meinten sie doch, unter den Verhältnissen ihrer Gegenwart könne Republik nur bedeuten: Umsturz aller Verhältnisse, der politischen wie der sozialen, Herrschaft des Pöbels, Anarchie, Untergang aller bürgerlichen Gesittung.

Einen schnellen Einblick in die Ängste, welche das Wort Republik auslöste, vermitteln Jahns Reden und Schriften aus der Revolutionszeit. Denn so sehr sich die Turnbewegung von Jahn gelöst hatte, in seinen Republikängsten repräsentierte er den konstitutionell-monarchischen Teil der deutschen Revolutionsbewegung. Die Republik war für ihn ein „wahngeschaffenes Trugbild",[66] gepriesen von den „Roten" – „Die Leute der Nacht und des Nebels, deren Farbe darum die rote ist, weil sie überall den roten Hahn auf die Häuser setzen möchten",[67] und die am liebsten vor die Tore der Nationalversammlung die „Köpfmaschine" hinstellen würden.

Jahns Auftreten gab 1848/49 zwar Stoff für Karikaturen, und eine Zeitung nannte ihn gar einen „Rococokomiker mit ernstem Anstrich".[68] Es wäre aber völlig verfehlt, seine Tiraden gegen die ‚rote Republik' abzutun als Absonderlichkeit eines Außenseiters, der sich selber überlebt hatte. Jahn markierte hier vielmehr die fundamentale Bruchlinie, die 1848/49 die gesamte Revolutionsbewegung, nicht nur die Turner, zutiefst spaltete und damit erheblich zum Scheitern der Revolution beitrug.

Das Reichsgründungsjahrzehnt:
Zäsur in der Geschichte der politischen Turnbewegung

Nach der Revolution erlitt die Turnbewegung das gleiche Geschick wie die anderen Vereine, die sich politisch betätigt hatten. Zum Teil wurden sie verboten, zum kleineren Teil überlebten sie, aber mit einer erheblich verringerten Zahl an Mitgliedern. Viele von ihnen traten aus, weil sie den staatlichen Unterdrückungsmaßnahmen entgehen wollten oder weil sie sich angesichts der politischen Erschlaffung, die das gesamte nachrevolutionäre Leben ergriff, aus den Turnvereinen zurückzogen. Viele, vor allem viele der entschiedenen Demokraten, emigrierten in die USA.

Nationalpolitischer Aufbruch

Als ab 1858 das politische Leben wieder in Bewegung geriet, erhielt auch die Turnbewegung neue Spielräume, die sie sofort ausfüllte. Eine riesige Vereinsgründungswelle setzte ein, 1860 begannen die großen Turnfeste, nationale Gedenktage wurden gefeiert, und 1861 kam ein gemeinsamer Ausschuß der Turnvereine zustande, der die 1868 erfolgte Gründung der „Deutschen Turnerschaft" vorbereitete.[69]

Dieser Aufbruch war nationalpolitisch motiviert. Die Idee der Nation und der Ruf nach dem Nationalstaat waren immer noch zugleich Freiheitserwartungen. Wenn der Bürger in den sechziger

Jahren den lang ersehnten deutschen Nationalstaat einforderte, dann tat er es gewiß nicht mit revolutionären Erwartungen; denn seit 1849 gehörte Revolution nicht mehr zum bürgerlichen Handlungsrepertoire. Aber der Bürger verlangte den Nationalstaat doch aus einem Gefühl der Stärke heraus; denn der Lauf der Geschichte selber schien seine gesellschaftliche Position unaufhaltsam zu stärken. Und daraus, so meinte man, müsse zwangsläufig auch politische Macht im Staat erwachsen.

Diese bürgerliche Zukunftssicherheit spricht auch aus der Rede, die Heinrich von Treitschke 1863 auf dem großen Leipziger Turnfest hielt:

„Allüberall jubelt uns heute entgegen die kecke Wagelust des modernen Menschen, sie ruft ihr stolzes: ‚Es gibt keine Entfernungen mehr!‘ [...] Und wo der Staat vordem Leiter und Lehrer war, da steht er heute nur als bescheidener Mitbewerber neben der selbsttätigen Bürgerkraft. [...] Überall geebnete Wälle, gebrochene Mauern, öde Felder verwandelt in reiche Straßen, alle Schleusen geöffnet für die hochgehenden Wogen des modernen Verkehrs." Die „Vormundschaft einer allwissenden Staatsgewalt" sei gebrochen, doch es fehlt noch das Gehäuse für die mächtige „Bürgerkraft", der nationale Staat. Er werde, prophezeite Treitschke, ein Staat der Bürger sein, denn es „kann nicht sein, daß ein großes, reiches klarblickendes Volk auf ewig verzichtete auf die Leitung seines Staates." „Die Zeit ist dahin, für immer dahin, wo der Wille der Höfe allein die Geschicke dieses großen Landes bestimmte."[70]

Diese vielbejubelte Botschaft Treitschkes wiederholte sich in der Inszenierung, die Leipzig als einen Hort bürgerlicher Stärke und nationalen Gestaltungswillens auswies. Die Straßen und Gebäude, vor allem das Rathaus, waren reich geschmückt, die Farben schwarz-rot-gold bestimmten das Bild, das sich den rund 20 000 Besuchern bot, die überwiegend als Gäste in Privatquartieren untergebracht waren. Auch der sächsische Staatsminister von Beust zollte in seiner Rede dieser Demonstration bürgerlichen Machtanspruchs seinen Tribut. Er ordnete sich ein in die Reihe der „Patrioten", sprach von der „Einheit und Freiheit", die das deutsche Volk brauche, und huldigte der „deutschen Fahne", die als ein Freiheitsversprechen an das „freiheitsliebende, verfassungstreue Sachsenvolk" auch von dem „bescheidenen Palais des Königs" grüße.

Dieses machtbewußte, selbstsichere bürgerliche Nationalbewußtsein erlitt bis 1871 eine Reihe von Enttäuschungen, als die verfassungspolitischen Hoffnungen durch die Nationalstaatsgründung,
zunächst der Norddeutsche Bund und schließlich das Deutsche
Reich, nur höchst unvollständig eingelöst wurden. Der eigentliche
Einbruch erfolgte jedoch erst Ende der siebziger Jahre, als eine
neue, nun konservative Fundierung des Kaiserreichs die ‚liberale
Ära' beendete, die alle Aussichten der Liberalen auf eine Regie-
rungsbeteiligung zerschlug, und als der Hauptstrom des Nationalismus endgültig seine Liberalität einbüßte.

Angekündigt hatte sich der Rechtsruck des Nationalismus jedoch schon zuvor; besonders früh in der Turnbewegung. 1864
scheint ein Wendepunkt gewesen zu sein. Denn jetzt zerschlugen
sich die Hoffnungen der Turner, mit eigenen Freiwilligenverbän-
den in den Krieg mit Dänemark um Schleswig und Holstein ein-
greifen zu können.[71] Unumstritten war in den Turnvereinen das
Wehrturnen nie gewesen, doch das Ideal eines Volksheeres war
immer virulent geblieben. Dieses Ideal brach zusammen, als preußische und österreichische Heere ohne jede Beteiligung von Frei-
willigenverbänden den Krieg entschieden. Der nationale Ausschuß der Turnvereine hatte sich zwar auch gegen Freischaren
ausgesprochen, doch die Entscheidung fällte erst der Erfolg der
regulären Truppen. Die Zeit der theoretischen Erörterungen war
nun vorüber. Freischaren nach der Art Garibaldis wirkten an der
deutschen Einigung nicht mit. Und Vorschläge wie: „Theilen wir
die Arbeit. Wir liefern geturnte, fechtfähige Rekruten, die Armee
bildet den manövrirfähigen Soldaten",[72] faszinierte offensichtlich
die Turner ebensowenig wie das Gerede von der „Poesie des
Krieges", der Kampf mit dem Bajonett, den es im Turnverein einzuüben gelte.[73]

Der Einbruch bei den Mitgliederzahlen, den die Turnvereine
1864 erlitten – erst 1880 wurde der Stand von 1863 wieder erreicht –, und die Vereinsspaltungen, die sich in der gleichen Zeit
vollzogen, werden durch eine Reihe von Gründen motiviert gewesen sein.[74] Der Schock, den die Erfahrung von 1863 auslöste,
militärisch nicht gebraucht zu werden, spielte wohl die Hauptrolle. Mancher, der einem Turnverein beigetreten war, um natio-

nalpolitischen Druck auf die Regierungen auszuüben, mag jedoch auch erleichtert gewesen sein, als er keinen Grund für seine weitere Mitgliedschaft mehr hatte, sobald sich abzeichnete, daß die Staaten für die ersehnte Freiheit die regulären Truppen einsetzten. Andere werden enttäuscht gewesen sein, daß dieser Verlauf des Reichsgründungsprozesses den Turnvereinen keine politischen oder militärischen Mitwirkungschancen einräumte. In den Kriegen von 1866 und 1870 kamen Freischarenpläne dann nicht mehr auf; die Turnvereine beschränkten sich nun darauf, Sanitätsgruppen auszurüsten.[75]

Den politischen Bedeutungsverlust der Turnvereine wird man jedoch nicht nur auf die militärische Form der Reichsgründung zurückführen können. Als in den sechziger Jahren die Parlamente wieder Zentren der Politik wurden und Parteien entstanden, die das außerparlamentarische politische Leben organisierten, *mußte* die politische Attraktivität der Turnvereine zwangsläufig nachlassen. Ihr Hauptzweck, das Turnen und die Geselligkeit, trat in den Vordergrund, als die früheren politischen Ersatzfunktionen entfielen. Turnvereine, Gesangvereine, wissenschaftliche Vereinigungen oder konfessionelle Gruppen wie die Freireligiösen konnten in der ersten Hälfte des 19. Jahrhunderts zu Foren der politischen Öffentlichkeit werden, weil politische Parteien verboten waren und Parlamente auf nationaler Ebene und zum Teil auch in den einzelnen Staaten des Deutschen Bundes völlig fehlten oder nur über mehr oder weniger geringe politische Mitwirkungsrechte verfügten. Diesen Leerraum füllten die Vereine aus, indem sie politische Funktionen wahrnahmen – verhüllt oder unverhüllt, je nach der Situation der Zeit. Als jedoch in den sechziger Jahren Parlamente, Parteien und bald schon weitere spezialisierte Interessenorganisationen entstanden, war die große Zeit der politischen Turnbewegung vorbei.

Rechtsruck im Kaiserreich

Das bedeutet jedoch nicht, daß sich die Turnvereine aus der Politik völlig zurückgezogen hätten. Sie gehörten nun zu dem breiten Feld der Organisationen, die den Unterbau des nach rechts verschobenen Nationalismus im Deutschen Reich ausmachten. So erhoben sie den Sedanstag, den inoffiziellen Feiertag des deutschen Nationalstaats, der nie zum Feiertag aller Deutschen wurde, zu ihrem zentralen Turnfest, beteiligten sich an den deutschen Kriegerfesten, wirkten an der Vorbereitung und Einweihung nationaler Denkmäler mit.

Mit ihrem nach rechts verlagerten Nationalismus konnten die Turner durchaus an die Tradition der frühen Turnbewegung anknüpfen, blendeten jedoch zugleich die demokratischen Traditionslinien aus. In der Jahn-Renaissance des Reichsgründungsjahrzehnts fand diese Verengung ihren adäquaten Ausdruck.[76] Einen ersten Höhepunkt bildete die Einweihung des Jahndenkmals am 10./11. August 1872 auf der Hasenhaide. Die Hoffnung auf innere Reformen im eben gegründeten deutschen Nationalstaat hatte man nicht aufgegeben. Aber den Feind sah man nun woanders stehen. Die Schlußrede des Festes endete mit den Sätzen:

„Die *Einheit* ist endlich ruhmreich errungen, aber im Innern einstweilen nur mangelhaft durchgefühlt. Die Reaction wagt sich bereits wieder hervor, und es ist der Einfluß der reactionären Parteien, welche daran sind, wieder Spaltungen im Volke hervorzurufen, nicht gering zu erachten. Diesen heillosen Bestrebungen gegenüber gilt es, Stand zu halten und sie mit allen gesetzlichen Mitteln zu bekämpfen. Und vergessen darf niemals werden, daß die deutsche Einheit nur gesichert werden kann, wenn sie auf dem Felsengrunde der Volksfreiheit gegründet ist. Allen Anschein nach wird aber dem Kampf um die *Freiheit* noch ein weit heißerer sein, als es die Riesenschlachten um die äußere Freiheit waren."[77]

Die Freiheit wird hier zwar als Zukunftsaufgabe beschworen, doch Freiheit meinte nun vorrangig die Bewahrung der Einheit im Volke, die im Kampf mit dem äußeren Feind errungen worden sei. Deshalb galt der erste Toast dem Kaiser – er hatte die Einladung zum Fest allerdings nicht angenommen – als dem „Oberfeldherrn der deutschen Heere, der durch unsterbliche Siege seinen Namen neben den Namen Hannibal und Cäsar in die Geschichte eingegraben und nach langer, langer Erniedrigung dem deutschen Volke seine Kraft und Macht zum Bewußtsein gebracht und die gebührende Achtung in der Welt verschafft hat."

Daß im Kaiser emphatisch der Heerführer gewürdigt wurde, mag bereits auf das Fundament des nationalistischen Populismus des späten Kaiserreichs vorausweisen. Volk, Heer und Kaiser, Nation – eine Einheit. Wer sie störte, galt als Reaktionär. In die damalige Zeit übersetzt: Sozialdemokratie und katholisches Zentrum. Diese reagierten entsprechend. Die Sozialdemokraten schufen sich ihre eigenen Turn- und Sportvereine, und auch die Katholiken bildeten ein eigenständig organisiertes Milieu, das ihnen zunächst die protestantisch dominierte Nation auf Distanz hielt und sie dann schrittweise in diese integrierte. Ob die Turnbewegung bis 1871 überwiegend protestantisch war, ist bislang nicht untersucht, und auch die Quellen sind nicht beredt. In ihren norddeutschen Anfängen ist sie es gewiß gewesen. Jahns Abneigung gegen die „Päpstelei", seine Beschwörung Luthers als Nationalhelden sprechen eine deutliche Sprache,[78] ebenso die protestantisch getönten Lieder der Turner. Möglicherweise hat sich die Turnbewegung stärker für Katholiken geöffnet, als sie in den vierziger Jahren ihren Schwerpunkt nach Süddeutschland verlagerte. Luthers „Eine feste Burg ist unser Gott" gehörte aber weiterhin zum Liederkanon der Turner, wie die Lieder auch die antifranzösische Haltung konservierten.[79] Als Konrad Menzel, der Jahn noch auf Turnfahrten kennengelernt hatte, nach der Reichsgründung auf die Frühzeit zurückblickte, schrieb er ohne einen Anflug von Ironie:

„Im Anfang des Jahrhunderts war alles tolerant. Der Papst war gefangen, die katholische Kirche in Frankreich abgeschafft. Hatte schon der Josephinismus mit den römischen Ansprüchen aufgeräumt, so ging der Napoleonismus, den in Deutschland die Rheinbundfürsten nachahmten, noch viel schonungsloser mit den s.g. Pfaffen oder Schwarzen um. Sie durften damals, wie man zu sagen pflegt, nicht muksen."[80]

Falls es in den vierziger Jahren eine konfessionelle Öffnung gegeben haben sollte, dürfte die preußisch bestimmte Reichsgründungseuphorie erneut die Katholiken verschreckt haben. Im Kern und in ihren programmatischen nationalen Zielen blieb die Turnbewegung weiterhin eine protestantische Bewegung. Auch diese Grenze ihrer Wirkungsmöglichkeit macht sie zu einem getreuen Spiegelbild der deutschen Nationalbewegung des 19. Jahrhunderts.

6. Die schwäbische Sängerbewegung in der Gesellschaft des 19. Jahrhunderts – ein Beitrag zur kulturellen Nationsbildung

„Bildend, veredelnd wirkt der deutsche Gesang auf das deutsche Volksleben, gesellschaftlich hat er erfreuliche Folgen aufzuweisen, und in nationaler Beziehung ist er ein Träger deutschen Volksthums, deutscher Einheit."[1] Als Otto Elben dies 1855 in einer ersten, auch heute noch unverzichtbaren Rückschau auf die Frühgeschichte der deutschen Sängerbewegung schrieb, konnte er sich der Zustimmung aller Leser sicher sein. Denn die Männergesangvereine waren bis in das Reichsgründungsjahrzehnt hinein ein zentraler Teil der deutschen Nationalbewegung. Am Vorabend der Revolution von 1848/49 bildeten sie, gemeinsam mit den Turnern, deren organisatorisches Fundament.[2] Andere Organisationen ähnlicher Größe und vergleichbarer Stabilität gab es bis zur Revolution nicht, wenngleich sich die deutsche Nationalbewegung mit dem Philhellenismus und den Polenvereinen in den zwanziger und frühen dreißiger Jahren schon einmal weite Vereinsnetze geschaffen hatte.[3]

Der Wille zur Nation wuchs in diesen Vereinen zur organisierten Massenbewegung heran. Ihnen kommt deshalb in dem langfristigen Prozeß der Nationsbildung der gleiche historische Rang zu wie den anderen Kräften und Entwicklungen, die den deutschen Nationalstaat vorbereiteten und ermöglichten. Das Deutsche Reich ging zwischen 1864 und 1871 zwar aus drei Kriegen hervor, doch es war nicht lediglich ein Geschöpf preußischer Waffen und Wirtschaftskraft, gepaart mit der politischen Energie Bismarcks und seiner überlegenen diplomatischen Verhandlungskunst. Sein Einigungswerk konnte nur gelingen, weil die Deutschen zuvor bereits soziokulturell, wirtschaftlich und zum Teil auch schon politisch zu einer Nation zusammengewachsen waren. Keiner dieser drei Ebenen im Prozeß der Nationsbildung läßt sich ein Wirkungsvorrang zumessen. Sie legten gemeinsam die Fundamente, auf denen das nationalstaatliche Gehäuse errichtet wurde.

Die deutsche Sängerbewegung hat daran in vielfacher Weise mitgebaut. Sie führte Menschen zusammen – zunächst innerhalb eines Ortes, dann auch regional und schließlich sogar über die Grenzen der deutschen Einzelstaaten hinweg; sie trug dazu bei, Trennlinien in der Gesellschaft durchlässiger werden zu lassen – sozial, kulturell und auch konfessionell; und vor allem senkte sie das Leitbild ‚Nation' in das Denken und Fühlen vieler Menschen. Ihre Mitglieder waren ausschließlich Männer. Doch reine Männerbünde waren die Männergesangvereine nicht.[4] Auch Frauen wurden in ihre geselligen Kreise einbezogen, allerdings nicht als gleichberechtigt.

Wie die Sängerbewegung von ihren Anfängen bis zum Ersten Weltkrieg in der deutschen Gesellschaft wirkte, welche Funktionen sie wahrnahm, soll nun am Beispiel der schwäbischen Männergesangvereine skizziert werden.

Die Frühphase der Sängervereine bis zur Gründung des Schwäbischen Sängerbundes: Württemberg als gesamtdeutsches Vorbild

Die deutsche Sängerbewegung hat zwei historische Wurzeln. Im Norden, vor allem in Preußen, entstanden nach dem Vorbild der von Friedrich Zelter 1809 gegründeten Berliner *Liedertafel* Zusammenschlüsse, die zunächst sozial exklusiv waren, den Zutritt auch zahlenmäßig streng begrenzten und musikalisches Können voraussetzten. Sie waren preußisch-patriotisch gesinnt, nationale Ziele vertraten sie nicht, und vor allem wirkten sie nicht politisch in die Öffentlichkeit hinein. Erst im vorrevolutionären Jahrzehnt fanden der Norden und Westen Deutschlands Anschluß an die Sängerbewegung, die seit den zwanziger Jahren zunächst in Württemberg entstanden war und sich dann auch in Baden, Bayern, Hessen, Thüringen und Sachsen verbreitet hatte.[5] Diese Vereine zielten darauf, möglichst alle Bevölkerungsschichten zu ‚kultivieren' und durch öffentliche Auftritte mit Gesang und Reden, durch große und kleine Feste eine breite politische Öffentlichkeit zu schaffen, zugleich jedoch die politischen Spaltungen zu vermeiden, die sich innerhalb der bürgerlichen Reformbewegung bereits abzuzeichnen begannen. Gemeinsam war den ästhetisch

elitären und deshalb auch sozial exklusiven norddeutschen Liedertafeln und den Männergesangvereinen, die das sozial offene
„schwäbische Kommunikations- und Aktionsmodell"[6] übernahmen, der Wille zur Selbstbildung, zur kulturellen ‚Veredelung'.

Gesang als Nationsbildung durch Volksbildung

Diese Gemeinsamkeit ist beachtenswert, denn es wäre verfehlt,
die Männergesangvereine ausschließlich auf ihre nationalpolitischen Ziele festlegen zu wollen. Es ist kein Zufall, daß Otto Elben, herausragender Kenner der deutschen Sängerbewegung und
eine ihrer schwäbischen Leitfiguren, in seinem grundlegenden
Buch über den Männergesang dessen nationale Bedeutung erst
an dritter Stelle nennt – nach dessen Rolle als „volksbildendes
Mittel"[7] und als gesellschaftliche Integrationskraft. „Nationalbewußtsein", so diagnostizierte er, ist niemandem angeboren. Es
entsteht vielmehr in einem kommunikativen Prozeß, in dem die
„Stammesabneigungen, das Einzel- und Kleinstaatsbewußtsein"
schwinden und die verschiedenen Sozialkreise sich kulturell so
weit annähern, daß sie die „Einheitsidee" als ihr gemeinsames Zukunftsprogramm, als die „Zukunftsbedingung" der Nation und
jedes Einzelnen verinnerlichen. Nationalbewußtsein muß im geselligen Umgang miteinander erworben werden, was voraussetzt,
daß die Menschen kulturell miteinander verkehren können. Das
ist die Kernaussage von Otto Elbens gewichtigem Werk, mit dem
er 1855 als Zeithistoriker der schwäbisch geprägten Frühphase
deutscher Sängerbewegung zentrale Einsichten der modernen
Nationalismusforschung vorwegnahm.

Weil Elben die Sängerbewegung als einen bedeutenden Beitrag
würdigte, die Deutschen kulturell zur Nation zu formen, stellte er
sie zunächst als ein Instrument der Volksbildung vor. „Volkslieder", „Volksgesang" und „Volksfeste" sollten nicht das Leben
des „Volkes" widerspiegeln, sondern es erziehen. Die Gebildeten,
die auch in der sozial offenen schwäbischen Sängerbewegung in
jeder Hinsicht den Ton angaben, verstanden „Volk" als eine Er-
ziehungsnorm. Die unterbürgerlichen Sozialschichten sollten ihr
angenähert werden. Elbens Erfolgsbilanz fiel stolz aus: Man ver-
gleiche nur „das frühere, wüste Treiben, die in den unteren Kreisen sonst beliebten Zotenlieder und die rohe, tolle Lust gegen den

einfachgeordneten Volksgesang, gegen die erhebenden Klänge und die heitere, freigegliederte und sich selbst bestimmende Ordnung bei einem Sängerfeste."[8]

An der ,Kultivierung des Volkes', auch an der Volksbildung im engeren Sinn, wirkten viele Kräfte mit. Der konkrete Anteil der Sängerbewegung daran läßt sich nicht empirisch messen. Eindeutig nachweisbar ist jedoch ihr Wille, das ,Volk' zum ,Volkslied' fähig zu machen, es zu bilden und zu disziplinieren. Die „Verdrängung schlechter Lieder und Melodien", die sich der Stuttgarter Liederkranz gemäß seinen Statuten von 1825 vorgenommen hatte,[9] gehörte zu den Aufgaben, denen sich alle schwäbischen Sängervereine verpflichtet wußten.

Weil sie – im Gegensatz zu den frühen norddeutschen Liedertafeln – Volksbildung zu einem ihrer zentralen Ziele erklärten, waren die schwäbischen Sängervereine bestrebt, alle Bevölkerungsschichten anzusprechen. In welchem Ausmaß ihnen dies gelungen ist, läßt sich nicht quantitativ belegen, denn bislang sind keine Mitgliederlisten aufgefunden worden, und über die schwäbischen Sängerfeste scheinen keine Teilnehmerverzeichnisse mit Berufsangaben geführt worden zu sein. Die erzählenden Quellen fließen dagegen reichlich. Sie bieten zwar kein eindeutiges Bild, lassen aber die Schwerpunkte erkennen.

Die Gebildeten, Akademiker zumeist, dominierten in den Vereinsvorständen und auf den Festen. Sie wählten die Lieder aus, hielten die Reden und repräsentierten den Verein, dessen Gründung meistens von ihnen ausgegangen war.[10] Von den 28 Gründungsmitgliedern (1827) des Reutlinger Liederkranzes z. B. wird berichtet, sie seien die „angesehensten Männer aus dem Beamten-, Kaufmanns- und Gewerbestande"[11] gewesen. Auch die ca. 150 Mitglieder, die der Stuttgarter Liederkranz bald nach seiner Gründung im Jahre 1824 vereinte, stammten überwiegend aus den „gebildeten Kreisen".[12] Mit der Ausweitung der schwäbischen Sängerbewegung, die sich an der steigenden Zahl der Sänger, die an den Liederfesten teilnahmen, ablesen läßt, muß sich auch ihr soziales Einzugsfeld ausgeweitet haben. Wie überall in Deutschland dürften auch in Württemberg die weitaus meisten Sänger in Handel und Gewerbe tätig gewesen sein. Viele waren Handwerksmeister.[13]

Gesellschaftsbild

Das Gesellschaftsbild der schwäbischen Sängerbewegung, zumindest ihrer Wortführer, entsprach dem des deutschen Frühliberalismus, der ebenfalls seinen Schwerpunkt in Südwestdeutschland hatte. Man wollte die sozialen Zerklüftungen in der Gesellschaft überbrücken. Die ‚klassenlose Bürgergesellschaft' (L. Gall), von der die Frühliberalen träumten, sollte in den Sängervereinen und ihren Festen verwirklicht werden. Die Reden der Sänger und ihre Schilderungen der Feste sind voll des Glaubens an diese liberale Gesellschaftsutopie. Karl Pfaff, der „Sängervater", wie er genannt wurde, hatte den Traum, die sozialharmonische Gesellschaft der Zukunft in der Sängerbewegung antizipieren zu können, auf dem ersten schwäbischen Sängerfest 1827 in Plochingen in emphatische Worte gekleidet. Seitdem wurden sie immer wieder nachgesprochen: Der Sänger „wird emporgehoben aus dem gemeinen Leben, er schwebt hoch über dem kleinlichen Streben, den ängstlichen Sorgen der Alltagswelt, er wird seinem Mitmenschen näher gerückt, und *niedersinken vor des Gesanges Macht der Stände lächerliche Schranken*, Eine Familie, vereint in Eintracht, Freude und Begeisterung, bildet der ganze Chor."[14]

Um sich diesem Ideal einer Bürgergesellschaft ohne rigide Kulturschwellen zwischen den Ständen und Klassen anzunähern und niemanden, sofern er ein Mann war, aus sozialen oder kulturellen Gründen aus der bürgerlichen Kulturgemeinschaft auszuschließen, unterzogen die schwäbischen Sängervereine im Unterschied zu den norddeutschen Liedertafeln die Beitrittswilligen keiner musikalischen Eignungsprüfung. Sie hielten auch die Mitgliedsbeiträge niedrig. Für unterbürgerliche Sozialkreise bildeten sie gleichwohl eine hohe Schwelle. Strafgelder, die zahlen mußte, wer ohne hinreichenden Grund fehlte, werden sie noch erhöht haben.

Feste

Am ehesten konnte sich die schwäbische Sängerbewegung ihrem Gesellschaftsmodell auf ihren Festen annähern.[15] Es kamen, wie Zeitzeugen übereinstimmend berichteten, Menschen aus allen Ständen. Die niedrigen Eintrittsgelder dürften für den größten

Teil der Bevölkerung erschwinglich gewesen sein. Aber auch hier zeigten sich die Organisatoren aus dem gebildeten Bürgertum ihrem normativen Volksbegriff verpflichtet. Um ein „Volksfest im ächten Sinne des Wortes" zu ermöglichen, gestattete man zum Esslinger Liederfest von 1828 „jeder anständig gekleideten Person den Zutritt".[16] Das ‚Volk', das zum Fest gerufen wurde, sollte nicht seine „früheren häßlichen, ebenso geschmacklosen als gemeinen Lieder"[17] einschleppen, sondern zu bürgerlichen Verhaltensformen erzogen werden. Dazu dienten die Eintrittsgelder und Ordner ebenso wie die gesamte Festinszenierung, die allen vor Augen führte, daß die Bürger selbstverantwortlich eine kultivierte Öffentlichkeit gestalten konnten, ohne die etablierte Ordnung im mindesten zu gefährden. „Hier waren alle Stände vereinigt, aber nirgends wurde die Ordnung gestört, ungetrübte Heiterkeit und anständige Fröhlichkeit herrschten überall", hieß es über das Esslinger Liederfest von 1828.[18] Als auf dem Ulmer Sängerfest von 1836 während des Feuerwerks „eine Menge der arbeitenden Klasse, trotz dem Widerstand der Polizeibediensteten, eindrang, und Bäume und Hecken ruinierte,"[19] brach die gesellschaftliche Realität mit ihren großen sozialen und kulturellen Gegensätzen für einen Moment in die Festharmonie. Sie lebte wohl davon, daß jene unterbürgerlichen Schichten, die als nicht oder noch nicht kulturfähig galten, aus dem Volk „im ächten Sinne des Wortes" herausgefiltert wurden. Erwünscht zum Fest der Gesellschaftsharmonie waren nur die Sozialkreise, die sich diesem Ideal einfügten. Darin erweisen sich die schwäbischen Sängervereine als Glieder der frühliberalen Emanzipationsbewegung, deren Ideal einer Bürgergesellschaft ohne Klassen ein Erziehungsprogramm war, das die Realität einer bürgerlichen Klassengesellschaft auf Zeit hinnahm und auch verteidigte.

‚Veredelung' des Bauern

Diese soziale Abgrenzung nach unten war deutlich, gleichwohl dürfte die schwäbische Sängerbewegung an sozialer Integrationskraft alle anderen Organisationen übertroffen haben, in denen sich im Vormärz die liberale und demokratische Emanzipations- und Oppositionsbewegung formierte. Denn im Gegensatz zu den Turnern und auch den Freireligiösen, den Philhellenen und den

Polenfreunden gelang es den württembergischen Männergesang-vereinen, in beträchtlichem Umfang auch die Landbevölkerung einzubeziehen. Das ist deshalb bedeutsam, weil ansonsten die Bereitschaft, in liberalen und demokratischen Vereinen mitzuwirken oder sich in anderer Weise an der nationalen Bewegung zu beteiligen, in der ersten Hälfte des 19. Jahrhunderts noch weitestgehend auf die städtische Bevölkerung begrenzt war. Erst in der Revolution von 1848/49 begann sich dies zu ändern, wenngleich Stadt und Land hinsichtlich ihrer politischen Aktionsformen und Ziele weiterhin getrennte Welten blieben. Diese Trennlinie wollte die schwäbische Sängerbewegung durchlässiger machen. Sie tat es mit bemerkenswertem Erfolg.

Schon vor der Gründung des Schwäbischen Sängerbundes entstanden in beträchtlicher Zahl ländliche Männergesangvereine, die sich rege an den Liederfesten beteiligten. 1841 kamen von den 74 Liederkränzen, die mit ca. 2300 Sängern das Fest in Ludwigsburg besuchten, 39 vom Lande, 1845 stellten sie in Herrenberg 50 % (s. Tabelle). Die frühen Chronisten der schwäbischen Sängerbewegung vergaßen nie zu vermerken, daß sich Stadt und Land auf ihren Festen in Eintracht zusammenfanden. Das war nicht selbstverständlich. Deshalb würdigten sie es zu Recht als ihre soziale Integrationsleistung. Auf dem Fest hat jedoch keineswegs „der Landmann mit dem Herrn aus der Stadt gleichberechtigt Antheil an einer gemeinsamen Sache" genommen, wie Karl Pfaff im Rückblick meinte.[20] Schon seine Sprache deutet das soziale Gefälle an. Der Landmann begegnet dem Herrn, der ihm Leitbilder vermittelt, um das Dorfleben zu kultivieren. Die ländlichen Liederkränze, konstatierte Pfaff 1866, erreichten zwar keine „bedeutende Höhe der Kunstfertigkeit", aber sie verdrängten „die schlechten, abgeschmackten, oft geradezu verderblichen Lieder, welche sich häufig bei der Dorfjugend fanden, durch bessere Gesänge".

Welches Wunschbild durch Gesang ,veredelter' Bauern den städtischen Herren vorschwebte, lehrt die Feier, mit der Ludwigsburger Bürger die Sänger von Schönaich ehrten. 1841 hatten auf dem Sängerfest zu Ludwigsburg 46 Männer aus Schönaich die Städter durch ihr gesittetes Betragen erfreut, aber auch überrascht. „Schon ihr Einzug, ihr gut ausgeführter Gesang, ihr geordnetes, anständiges Benehmen während des Festes, und selbst ihr zeitiger, in aller Ordnung, wie ihr Einzug erfolgter Abzug zwischen 6 und 7 Uhr abends erregte besonderes Wohlgefallen."[21] Zum Dank und Ansporn sammelten die Ludwigsburger Geld für eine Fahne, die dem Schönaicher Gesangverein feierlich überreicht wurde. Reallehrer Gruner hielt die Festrede, die das sozialharmonische Gesellschaftsbild der schwäbischen Sängerbewegung und den Ort, der den Bauern darin zugedacht war, plastisch werden läßt:

„Wir haben erkannt, daß beim Gesang der Mensch mehr als irgendwo heraustritt, der Unterschied des Standes und Ranges keine schroffe, abstoßende Scheidewand bildet, sondern wie hier die Stimmen zum harmonischen Klange sich vermählen, so nähern sich auch die Herzen und verbinden sich in schöner Harmonie zu einem edlen beglückenden Bunde. Dieses Fest hat uns gezeigt, daß die drei Hauptklassen des bürgerlichen Lebens, der Nähr-, Wehr- und Lehrstand, nicht blos die äusseren, materiellen Träger desselben sind, sondern daß die fortschreitende Bildung für immer mehr auch zu einem geistigen Ganzen verbindet, daß ihre Vereinigung einen Dreiklang im edelsten Sinn bildet."
„Mag auch die Scheidung der Stände, mögen die verschiedenen Berufsarten eine notwendige Bedingung zum Bestehen und zur Förderung des materiellen Wohls sein, so verschmilzt dafür im Gesang diese Ungleichheit zur harmonischen Einheit: der Hohe wie der Niedrige, der Gelehrte wie der Ungelehrte, der Reiche wie der Arme können gleich gut, gleich erhebend und lieblich im Liede zusammenstimmen; der Bruder spricht hier zum Bruder, der Freund zum Freunde, der Mensch zum Mensch."

Die Stadtbürger blickten mit Wohlgefallen auf die Landleute, die dank der musikalischen Volksbildung „dem denkenden aufgeklärteren Teil der Gesellschaft näher gerückt" worden seien. Der Erzieher, der dies in Schönaich erreicht habe, war der Schullehrer. Er hatte, wie es vielfach auf dem Lande gewesen sein dürfte, den Männergesangverein Schönaich gegründet und leitete ihn. Als sein Ziel nannte er, den Kirchengesang anspruchsvoller zu gestalten, den „Volksgesang durch Mehrstimmigkeit und durch Verdrängung schlechter Lieder und Melodien zu veredeln" und generell „die religiös-sittliche Fortbildung des Landvolkes" zu fördern.

Der Männergesangverein sollte den Landmann dem ‚aufgeklärten' Städter kulturell näherbringen, nicht aber seinen ererbten Sitten entfremden – oder was man dafür hielt. Zur bewahrenswerten ländlichen Sitte rechneten die Ludwigsburger das Brauchtum, das ihnen die Schönaicher Sänger folkloristisch darboten. Als der Gesangverein die gespendete Fahne in Empfang nahm, kam er in seiner Tracht: weißer Kittel, rotes Brusttuch, Hirschlederhose, weiße Strümpfe und Pelzmütze, geschmückt mit goldener Quast und Eichenlaub.[22] Der Festredner war entzückt und stiftete eine lange Ahnenreihe: „Ihr seid erschienen, nicht im neumodischen, feingeschnittenen Gewande, sondern in treuer, heimischer Tracht, wie wohl schon vor Jahrhunderten Eure Väter einherwandelten, und darin des Tages Mühen in gewohnter Weise ertragen."[23] Den Kultivierungserfolg des Schullehrers und die Tracht der Bauern, die ‚Veredelung' also und die dennoch bewahrte Tradition, pries ein anderer Betrachter in selbstverfaßten Reimen, die er der Öffentlichkeit übergab:

> Und so hat dieser wackre Mann,
> ganz faktisch es bewiesen,
> Daß auch der Bauer singen kann,
> Daß es keine Herren seyn müssen.
> Er zieht mit seinem Gesangverein,
> Und zwar mit lauter Bauern ein.

> Weil nun des heil'gen Gesanges Macht
> Auch zu Bauern ist durchgedrungen,
> Weil sie mit Eifer angefacht,
> Das Vorurtheil bezwungen.
> So muß der Schöneicher Gesangverein
> Auch glorreich ausgezeichnet seyn.

> Mit stattlicher Haube auf dem Kopf,
> Von der Großmama geerbet
> Die Haare geflochten im doppelten Zopf
> Und die Wangen *natürlich* gefärbet?
> So holen den Schöneicher Gesangverein
> Im Walde ihre Lieben ein.[24]

Rückversicherung an der Vergangenheit

Der im Liederkranz singende Bauer galt dem städtischen Sänger als ein lebender Beweis, daß es möglich sein wird, alle Glieder der Gesellschaft zu aufgeklärten Bürgern zu bilden, und gleichwohl die Ursprünglichkeit, die der Städter in den bäuerlichen Bräuchen und Trachten wahrzunehmen wähnte, gegen die heraufziehende Moderne und ihre gesellschaftlichen Umbrüche zu behaupten. Die schwäbische Sängerbewegung sah in ihren Vereinen und Festen Pflanzstätten „einer liberalen Gestaltung der gesellschaftlichen Verhältnisse", da sie jeder „Bevorzugung des Standes, der Abkunft, des Reichtums"[25] entgegenzuwirken suchten. Diese Bereitschaft, Neues zu wagen, ging einher mit der Rückversicherung an der Vergangenheit. Das zeigte sich nicht nur in der Haltung gegenüber ländlichen Sitten. Auch städtisches Brauchtum wurde dargestellt, vermischt mit historisierenden Inszenierungen vielfältiger Art. 1836 arrangierte man für das Sängerfest zu Ulm neben dem „Fischerstechen" einen „Umzug der jungen Schiffleute in den buntesten Gewändern". Dann folgten „Türken, Mohren, Tyroler, alte Männer und Weiber in Bauerntrachten, Bajazzo's, Ritter, Fischer etc. – alles entzückte die Zuschauer; zuletzt kam ein Zug von Fischermädchen, aufs geschmackvollste gekleidet."[26] Zahlreiche Kostüme müssen neu gewesen sein, denn Zuschauer beteiligten sich mit Spenden an den Anschaffungskosten. Ähnliche Festinszenierungen finden sich seit den dreißiger Jahren in vielen deutschen Städten. Bräuche wurden verstärkt gepflegt oder neu aufgenommen, bestehende verändert, wenn sie den Vorstellungen von veredelter Geselligkeit nicht entsprachen. Vor allem Trachten fanden großen Zuspruch, die Produktion von Trachtenbildern blühte auf und bot Vorbilder für die „Historisierung von Lebensformen" auf den städtischen Festen.[27]

Die Feste der schwäbischen Sängerbewegung reihten sich in eine Entwicklung ein, die zwar in die Vergangenheit blickte, jedoch keineswegs bloß nostalgisch war. Historisierende Selbstdarstellung wurde auch genutzt, die eigene berufliche Fähigkeit anzupreisen und mit Neuerungen bekanntzumachen. So schmückten z.B. Heilbronner Gewerbetreibende zum Sängerfest von 1840 ihre Häuser mit ihren Produkten, was dann oft nachgeahmt wurde,[28] und als 1848 das landwirtschaftliche Fest zu Cannstatt zu einer umfassenderen wirtschaftlichen Leistungsschau erweitert wurde, nahmen auch Sänger, Turner und Schützen daran teil. Die Feste boten überhaupt dem Gewerbe einen Auftragsschub. Er blieb zwar kurzfristig begrenzt, aber in einer Zeit der Krise war auch das eine Hilfe. Über das Ulmer Sängerfest von 1836 wurde berichtet, die Gasthäuser seien Wochen zuvor schon ausgebucht gewesen, und „Zimmerleute, Schmiede, Schreiner, Schlosser etc. hatten Arbeit zur Genüge."[29] Handwerker, die dem örtlichen Liederkranz angehörten, werden wohl nicht leer ausgegangen sein.

Männerbewegung

Die deutsche Sängerbewegung feierte sich zwar als ein Instrument zur kulturellen „Durchdringung der Massen"[30], des sozialen Ausgleichs und der gesellschaftlichen Integration, doch mehr als die Hälfte der Deutschen schloß sie von ihren Vereinen prinzipiell aus. Warum sie als eine Männerbewegung entstand, ist auch von der jüngeren Forschung nicht untersucht worden. Frauen hatten zwar zu den meisten Vereinen keinen Zugang, egal welchem Zweck sie dienten, und insofern entsprach ihr Ausschluß aus der Sängerbewegung der gesellschaftlichen Normalität. Gleichwohl bedarf ihre Ausgrenzung hier einer zusätzlichen Erklärung, denn es gab bereits vor der Entstehung der Männergesangvereine und auch weiterhin Frauenchöre und gemischte Chöre. Vor allem aber hätte eine Mitgliedschaft von Frauen angesichts des Selbstverständnisses der Sängerbewegung als eine Kulturbewegung durchaus mit dem bürgerlichen Frauenbild der ersten Hälfte des 19. Jahrhunderts harmonieren können. Denn die Bereiche Kultur und Religion ebneten generell in der Gesellschaft des 19. Jahrhunderts den Frauen am frühesten den Weg in die Öffentlichkeit. Deshalb konnten sich die freireligiösen Gemeinden mit einem Frauenanteil von etwa 40 % zu der großen Ausnahme im Vereinswesen um die Jahrhundertmitte entwickeln.[31] Die Sängerbewegung verengte dagegen die bereits bestehenden Möglichkeiten von Frauen, an Chören mitzuwirken, obwohl sie nicht müde wurde, ihre Kulturmission, nicht selten kulturreligiös gesteigert, zu betonen. Schon Hans Georg Nägeli, der große Anreger nicht nur der Schweizer, sondern auch der schwäbischen Sängerbewegung, hatte die Sängervereine als Kern eines „musikalischen Kirchenthums" gepriesen, dessen die „an Cultusmitteln so arme protestantische Kirche" dringend bedürfe.[32] Gesang kultiviere das Volk und stimme es damit religiös. Die ästhetische Bildung des Volkes lasse eine „Kunst*geselligkeit*", „Kunst*gesittung*" und „Kunst*liebe*" entstehen, in der „Menschlichkeit" heranreife. Dieser Entwicklungsprozeß werde es ermöglichen, daß „die Menschheit auch auf diesem von dem Herrn selbst angebahnten Wege sich in das *Reich Gottes* hineinlebt."[33] Diese kulturreligiöse Haltung prägte auch die frühe schwäbische Sängerbewegung. Ein „tausendstimmiger Männerchor", so pries Otto Elben dessen

„religiöse und sittliche Wirksamkeit", stimme „die Herzen der Hörer zur Andacht." „Der Volksgesang wendet sich der Weihe der Religion zu", und es sei deshalb kein bloß „äußerer Anstand", der die „Sänger bei den Liederfesten zuerst in das Gotteshaus führte".[34] Kirchenlieder und Gebete gehörten zum Ritual ihrer Feste, die meist in einer Kirche stattfanden, bevor sich der Schwäbische Sängerbund mit einer transportablen Festhalle, die 1879 erstmals eingesetzt wurde,[35] räumlich unabhängig machte. Die Kirche zählte zu den Öffentlichkeitsräumen, zu denen die Frauen auch im 19. Jahrhundert der Tradition gemäß uneingeschränkt Zugang hatten.[36] Die kirchlichen Bindungen der Sängervereine waren aber offensichtlich nicht so stark, daß sie ausgereicht hätten, die Mitgliedschaft von Frauen zu ermöglichen.

Die Quellen äußern sich nicht dazu, warum Frauen von vornherein aus den Männergesangvereinen ausgeschlossen und sie wohl auch in gemischten Chören in ihren Mitgliedsrechten zurückgestuft wurden[37]. Dies galt augenscheinlich als so selbstverständlich, daß man darüber kein Wort verlieren mußte. Nur Otto Elben unternahm den Versuch einer Erklärung. Der Mann besitze „von Natur die schärfere Lautirkraft". Deshalb könne die „Kunstgattung des deklamatorischen Gesangs [...] vorzugsweise die männliche heißen. Der Text wird durch den Mund des Mannes eindringlicher als durch den weiblichen, und auf diesem Wege wird die Dichtkunst mehr ins Leben gebracht, als bisher möglich war."[38] Ob er an diese Begründung selber so recht glaubte, wird man bezweifeln dürfen. Sein Vorbild Nägeli pflegte neben dem Männergesang weiterhin den gemischten Chor, wie Elben betonte, der darüber hinaus mit Zustimmung notierte: „Häufig werden in das gesellige Leben der Singvereine auch die Frauen mit hereingezogen; manche Vereine haben gemischten Chor, andere ziehen wenigstens zu ihren Aufführungen im geselligen Kreise die Familien bei."[39] Es gab auch reine Frauenchöre. Einer von ihnen nahm 1853 am 5. Sängerfest des Schwäbischen Sängerbundes teil.[40] Als der Stuttgarter Liederkranz 1849 sein 25jähriges Jubiläum beging, ernannte er sogar die Leiterin des Frauenchors zum Ehrenmitglied[41], doch die normale Mitgliedschaft blieb Frauen weiterhin verwehrt.

Zwei Gründe bieten sich als Erklärung an, warum die Männer ihre Ehefrauen und Töchter zwar bei ihren Vereinsfesten gerne sahen und nicht bei allen Musikaufführungen auf sie verzichten konnten, sie aber nicht als Vereinsmitglieder aufnahmen, obwohl das bürgerliche Gesellschaftsbild bei der kulturreligiös geprägten Sängerbewegung leichter als etwa bei den Turnern oder gar den Schützen ein Zusammenwirken der Geschlechter hätte erlauben können:

1. Die Mitgliedschaft von Frauen hätte die von gesellschaftlichen Zwängen befreite, ungezwungene Geselligkeit in den Männergesangvereinen nicht zugelassen. In ihnen sei „etwas von der Frische, Natürlichkeit und Vertraulichkeit des geselligen Lebens der Studenten" erhalten geblieben, rühmte Elben. Auch „das in unserem immer vornehmer werdenden Leben mehr und mehr seltene zutrauliche ‚Du'" sei in den Männergesangvereinen noch zu hören.[42] Ehrbare Frauen davor zu schützen, verlangten die Moralvorstellungen des Bürgertums.

2. Der nationalpolitische Anspruch der Sängerbewegung schloß die gleichberechtigte Mitwirkung von Frauen grundsätzlich aus. Frauen griffen zwar auch in der ersten Hälfte des 19. Jahrhunderts durchaus ins politische Leben ein, wie insbesondere die neuere Forschung zur Revolution 1848/49 gezeigt hat, doch generell blieb Politik Männersache. Um politisch wirken zu können, *mußte* sich die Sängerbewegung als eine Bewegung von Männern konstituieren. Diesen Preis hatte jeder Verein zu zahlen, der politisch ernst genommen werden wollte. Ob ihn die Mitglieder der schwäbischen und der deutschen Sängerbewegung gerne entrichteten oder als Verlust empfanden, sprechen die Quellen nicht aus. Ihr Schweigen mag als Zustimmung gedeutet werden können. Andererseits wird zustimmend berichtet, wenn Frauen an Vereinsgeselligkeiten teilnahmen.

Von der frühen Sängerbewegung, so läßt sich resümieren, ging eine starke gesellschaftliche Integrationskraft aus, die aber dreifach gebrochen bzw. begrenzt blieb. Die am schärfsten ausgeprägte Trennlinie verlief zwischen den Geschlechtern. Mehr erreicht wurde bei der Überbrückung sozialer Hierarchien, wenngleich die Abstufungen weiterhin deutlich sichtbar waren. An vielen Orten entstanden mehrere Männergesangvereine, von denen jeder wußte, daß sie die unterschiedlichen sozialen Ranghöhen der Mitglieder widerspiegelten. In Tübingen z.B. gründeten 1845 Weingärtner einen eigenen Liederkranz, weniger ‚vornehm' als die Akademische Liedertafel von 1829 und der Oratorienverein von 1839.[43] Auch in Ulm bestanden 1836, als das Sängerfest dort stattfand, mehrere Männergesangvereine, die der Berichterstatter sozial eindeutig zuordnen konnte. Nach der Sozialhöhe sei auch die Kunstfertigkeit abgestuft gewesen.[44] In Esslingen schloß sich zwar der „Gesang-Verein", dessen 36 „vorzugsweise dem Gewerbestand angehörige Mitglieder [...] meistens des Singens und vor allem der Noten ganz und gar unkundig"[45] waren, dem Liederkranz an, doch in den vierziger Jahren existierten neben diesem noch ein Bürgergesangverein, ein Weingärtner-Liederkranz und der Männergesangverein Vulkania. 1848 schlossen sie sich zum „Esslinger Sängerbund" zusammen.[46] Daß auch die Sängerfeste noch keine „Volksfeste" seien, hielt Otto Elben mit dem Blick des Soziologen fest. Die „Voraussetzungen eines wahren Volksfestes mangeln unserer Zeit" angesichts der „staatlich, konfessionell, gesellschaftlich so zerrissenen Zustände".[47] Elben sprach hier mit der Konfession eine dritte Brechung der Integrationskraft an, die für die Sängerbewegung noch gänzlich unerforscht ist und deren Bedeutung nur durch eine größere Zahl vergleichender Studien zu einzelnen Vereinen aufgedeckt werden könnte.

Protestantismus und Überkonfessionalität

Zweifellos traten auch Katholiken der frühen Sängerbewegung bei oder unterstützten sie. So fand 1845 das deutsche Sängerfest zu Würzburg Rückhalt bei der bayerischen Regierung und den Bischöfen von Würzburg und Augsburg.[48] In katholischen Gegenden breitete sich die Sängerbewegung ebenfalls aus, doch unbekannt ist bislang, ob es in konfessionell gemischten Gebieten üblich war, daß Katholiken und Protestanten gemeinsam in einem Verein sangen.[49] Es müßte auch untersucht werden, ob die Männergesangvereine in katholischen Gebieten für ihre Feste andere Symbole wählten und vor allem ob sie andere Lieder bevorzugten als die Vereine mit protestantischen Mitgliedern.

Die frühe schwäbische Sängerbewegung war im Selbstverständnis ihrer führenden Repräsentanten ohne Zweifel eine protestantische Kraft. In Otto Elbens Geschichtsbild z.B. hatte „der blinde Fanatismus der Geistlichkeit" die „deutschen Volkslieder aus der Zeit der Karolinger"[50] zerstört, dann erstanden in den „protestantischen deutschen Städten" die Meistersänger, und der Männergesang seiner Gegenwart habe sich schließlich nach dem Vorbild des von „Luthers Kern- und Kraftsprüchen begeisterten Nägeli" die Aufgabe gestellt, „das Populäre und das Ideale in demselben Kunstwerk zu vereinigen." Elben beteuerte zwar, der „Volksgesang einigt die Konfessionen, die hehren Gefühle, die er preist, sind nicht abhängig von dem Bekenntnisse. Protestanten und Katholiken können das Schöne, Hohe, Heilige in denselben Tönen eines Händel und Mozart bekennen. Unsere Liedervereine umschließen denn auch Katholiken und Protestanten im innigsten Verein, beide wirken in demselben begeisterten Chore bei unsern Liederfesten zusammen." Doch ob eine solche überkonfessionelle Gemeinsamkeit in den Männergesangvereinen zur Normalität gehörte, läßt sich bislang nicht empirisch überprüfen. Die evangelischen Lieder, die gesungen wurden, und die bildungsreligiösen Gemeinschaftsappelle der Redner lassen Zweifel angemessen erscheinen.

Das Esslinger Liederfest von 1830 wurde mit dem Choral „Eine feste Burg ist unser Gott" eröffnet, und drei Jahre zuvor hatte Karl Pfaff in seiner Rede auf dem ersten schwäbischen Liederfest zu Plochingen den Lobpreis Gottes im Lied gegen „des Frömmlers dumpfes Heuchlergebet" gestellt. Auch bei ihm fehlte nicht die religiöse Beglaubigung des Liederkranzes durch den Verweis auf Luthers Freude an „Gesang und Saitenspiel".[51] Das dürfte Katholiken ebenso wenig erfreut haben wie die Assoziationen, die Pfaff ein Jahr später auf dem Esslinger Sängerfest zwischen dem „Ungeheuer der Feudalherrschaft", der „Klosterglocke dumpfes Getöne" und dem „bösen Nebel" von „Unwissenheit und Aberglauben" herstellte.[52] In Ulm hatte es 1836 offensichtlich Proteste gegen die Sängerfeier in der Kirche gegeben, die durch Fahnen und weltlichen Gesang entweiht werde.[53] In der Festrede verteidigte Gymnasialprofessor Haßler die Wahl des Ortes gegen „die Heuchler, die Buchstabenmenschen und die Mückenseiger" und entfaltete eine Theologie, die kirchentreue Katholiken wohl kaum billigen konnten: „Alles, ja alles Leben und Regen ist Gesang zur Ehre Gottes". Die Formen allerdings seien „wandelbar und eben darum unwesentlich". Den „unsterblichen Melodien" der „alten katholischen Kirche" folgten die Gesänge der „wiederhergestellten evangelischen Kirche, in welcher der Stifter des deutschen Kirchengesangs Allen zurückgab, was Allen gehörte". „Ja, meine Freunde, *unser Gesang ist Religion, wie jedes gottselige Wirken Religion ist*", und jeder, der hier versammelt ist, könnte „ein Priester Gottes" sein.[54] Die Eintracht der Konfessionen, die auf dieser Grundlage schwerlich zu erreichen war, sollte wohl dadurch verbürgt werden, daß auch ein katholisches Lied gesungen wurde. „Wozu ein solch katholisches Gewäsche? Haben wir nicht auch schöne protestantische Gesänge?" Der Berichterstatter verurteilte diese Protestäußerungen: „Hätte wahrlich nie geglaubt, daß es unter den Protestanten noch so kurzsichtige, engherzige Seelen gäbe, die uns wegen ihrer religiösen Intoleranz vor dem Katholiken erröten machen."[55]

Die schwäbische Sängerbewegung wollte zweifellos konfessionell ausgleichen, aber sie versuchte es auf einer protestantischen Grundlage, die bildungsreligiös imprägniert war. Möglicherweise stieß dies unter den Katholiken in der ersten Jahrhunderthälfte auf geringere Abwehr als seit den sechziger Jahren, als die nationalpolitischen Optionen für oder gegen Preußen auch zu konfessionellen Gräben wurden und der Kulturkampf sich ankündigte. 1862 mußte das im katholischen Schwäbisch Gmünd geplante 11. Liederfest des Schwäbischen Sängerbundes ausfallen, weil der Klerus die Stadtkirche nur zur Verfügung stellen wollte, wenn ausschließlich Lieder gesungen würden, die zur Messe zugelassen waren. Weltliche oder evangelische Lieder wollte er in einer katholischen Kirche nicht mehr tolerieren. Der Vorstand des Sängerbundes lehnte ab und begnügte sich mit einem Gau-Liederfest in Kirchheim unter Teck.[56] Diese Erfahrung trug dazu bei, daß der Schwäbische Sängerbund eine transportable Halle bauen ließ, die ca. 2000 Sänger und 3000 Zuhörer faßte.[57]

Überregionalität

Auf ihren Festen lernten die Sänger, sich als eine Bewegung mit gemeinsamen Zielen zu begreifen. In Württemberg fanden seit 1827 mit nur einer Unterbrechung (1833) bis 1845 jedes Jahr Liederfeste statt, zu denen seit 1836 gelegentlich auch Vereine aus Bayern kamen.[58] In den dreißiger Jahren setzten dann auch in anderen Staaten des Deutschen Bundes Landes- und Regionalfeste ein, und im vorrevolutionären Jahrzehnt, als in Nord- und Mitteldeutschland eine Reihe von Sängerbünden entstanden, begann 1845 in Würzburg die Tradition des deutschen Sängerfestes. 1846 wurde es in Köln, 1847 in Lübeck gefeiert.[59]

Deutsche Sängerfeste	1845	1847	Regionalfeste 1843/44 %	
Berufsbereiche	Würzburg 1845	Lübeck 1847	Stade 1843	Lübeck 1844
Handel, Gewerbe	9,3	25,2	31,5	27,6
Handwerker	21,2	14,7	13,2	12
Fabrikanten	2,6	2,5	3,8	3,2
Staat, Kirche, Stadt	14,2	11,8	9,1	10,1
Akademiker	8,7	15,5	10,2	12
Studenten, Oberschüler	4,6	4,4	6,8	6,2
Volksschullehrer	26	8,9	9,1	7,5
Musiker	7,9	7,7	10,2	8,1
Bauern	0,9			
Hofbesitzer	2,2			
Arbeiter	0,5	0,5	1,9	0,3
Sonstige	5	5,7	4,2	13,3
Teilnehmer	1626	1127	264	400
Mit Berufsangabe	1468	789	264	308

Quelle: Zusammengestellt nach den Angaben bei Düding, Nationalismus (1984), 253 ff. Handwerker: überwiegend Meister.

Die Teilnehmer bestätigen das breite soziale Einzugsfeld der Männergesangvereine. Die meisten waren in den Bereichen Handel und Gewerbe beschäftigt, arbeiteten als Handwerker, überwiegend als Meister, oder waren in den Verwaltungen von Staat, Kirche und Städten tätig. Akademiker und Volksschullehrer stellten überdurchschnittlich hohe Anteile. Nur wenige Bauern und Städter aus unterbürgerlichen Schichten reisten zu den zentralen Festen – ein weiteres Indiz, daß sie noch kaum in den kommunikativen Prozeß der Nationsbildung einbezogen waren. Aber auch die bürgerlichen Vereinsmitglieder kamen überwiegend aus der näheren und weiteren Umgebung, während nur wenige Süddeutsche zu den Sängerfesten im Norden reisten und umgekehrt. Die schwierigen Verkehrsverhältnisse dürften dazu erheblich beigetragen haben. Das Zusammenwirken über die Staatsgrenzen blieb also noch begrenzt. Gleichwohl muß betont werden, daß seit den späten zwanziger und vor allem den dreißiger Jahren keine andere Bewegung so kontinuierlich und weit-räumig Jahr für Jahr ihre Mitglieder zusammenführte und sozial so integrativ wirkte wie die Sänger. Sie bildeten deshalb bis zum Vorabend der Revolution von 1848/49 den Hauptpfeiler der deut-schen Nationalbewegung.

Reichsnation, nicht Nationalstaat

Die schwäbische Sängerbewegung und ihre Feste bahnten dieser Entwicklung den Weg, die sich in unterschiedlicher Intensität in allen deutschen Staaten vollzog, am wenigsten in Österreich. Sie wurden zu Pionieren eines Nationalismus als organisierter Mas-senbewegung, aber das bedeutete keineswegs, daß sie die Existenz Württembergs als selbständigen Staat abgelehnt hätten oder grund-sätzlich in Opposition zum Monarchen und seiner Regierung ge-treten wären. Sie bekannten sich vielmehr zu Württemberg, denn sie hatten als staatsübergreifende Klammer die Reichsnation, nicht einen zentralisierenden Nationalstaat vor Augen. Damit vertraten sie eine bislang wenig untersuchte Linie im deutschen Früh-nationalismus, die sich klar unterschied vom Nationalismus, wie ihn etwa die frühe auf Preußen fixierte Turnbewegung unter dem Einfluß Friedrich Ludwig Jahns verfocht.

In Karl Pfaffs programmatischer Rede auf dem ersten schwäbi-schen Liederfest 1827 in Plochingen rangierte „Vaterland" in dem Ensemble höchster Werte nach „Glauben, Freiheit, Fürst" erst an vierter Stelle.[60] Was die Zeitgenossen mit diesem in Gedichten, Liedern und Reden vielgehörten Wort konkret meinten, ist nicht leicht zu erkennen. In Württemberg, und nicht nur dort, zielte es keinesfalls auf einen deutschen Nationalstaat, sei er staatenbündi-scher oder bundesstaatlicher Art, ganz zu schweigen von einem zentralistischen Staat. Ihn konnten sich ohnehin nur revolutionäre Republikaner vorstellen, die es in der schwäbischen Sängerbewe-gung nicht gab. In seinen Liedern, die Pfaff zum Ruhme der anti-napoleonischen Erhebungen schrieb – sie waren ihm Befreiungs- und Freiheitskriege zugleich –, stand „Vaterland" für jenes Deutschland, das aus dem Zusammenbruch des Alten Reichs her-vorgegangen war, und dem nun aufgegeben sei, seine Freiheit nach außen, aber auch im Innern zu erreichen. Dieses Deutsch-land, „Des Sängers Vaterland", wie ein vielgesungenes Lied Pfaffs hieß, war nichts Gegenwärtiges, ein ideales Ziel, unerreichbar vielleicht: „Es ist das Zauberland der Lieder, Der Sänger trägt's in seiner Brust."[61]

„Vaterland" konnte aber auch auf den einzelnen Staat gemünzt sein. Als 1828 „die Liederkränze unseres Vaterlandes" zum Sängerfest in Esslingen geladen wurden, war Württemberg gemeint.[62] Der gereimte Prolog, mit dem Professor Schwab die Reden eröffnete, verwob die Geschichte Schwabens und des Reichs mit der Esslingens. Reichsstädtischer Bürgerstolz, geschöpft aus der Vergangenheit, in der die Reformation einen hervorragenden Platz zugewiesen erhielt,[63] verband sich mit dem Bekenntnis zum Hause Württemberg und der Hoffnung auf eine gesicherte industrielle Zukunft. Pfaff, der als Redner folgte, pries als geschichtliche Höhepunkte die Zeit der Staufer und die „schöne Zeit des Bürgerlebens", die mit dem Dreißigjährigen Krieg endete. Erst die Gegenwart verspreche aus den Tiefen zu führen, in die der große Krieg Deutschland gestürzt habe. Dieses Geschichtsbild, das die gelehrten Redner ihrem Publikum in hochgestimmter, z.T. gereimter Sprache boten, gehörte zum Festritual, das sich in der Frühphase der schwäbischen Sängerbewegung einschliff.[64] Die Forderung nach einem Nationalstaat hatte darin noch keinen Platz. Als 1829 in Esslingen erneut ein Sängerfest gefeiert wurde, schmückte man die Säulen der Kirche mit neun Schilden, die den bürgerlichen Wertekatalog in Erinnerung riefen: Religion und Tugend, Geselligkeit, Freude und Freundschaft, Kunst und Natur; daneben nannten zwei mit Eichenkränzen gezierte Schilde Vaterland und Freiheit. Konkrete Forderungen verband Pfaff – er hielt wieder die Rede – mit diesen Worten nicht. Er präsentierte sie eher als allgemeine Menschheitsziele,[65] die nicht die Eigenstaatlichkeit Württembergs bedrohten. 1830 beteiligte sich sogar die Kapelle der Esslinger Militärgarnison an dem Fest. Im folgenden Jahr nahm das Sängerfest dann jedoch unter dem Eindruck der Vorgänge in Frankreich und angesichts „der allgemein herrschenden Stimmung" erstmals „eine politische Färbung" an.[66] 1832 wurde es von den staatlichen Behörden streng beaufsichtigt, und Rudolf Lohbauer, den Redakteur des Organs der liberalen Opposition, hinderte „man" an der Festrede.[67] 1833 versammelte sich schließlich nur ein kleiner Kreis von Vertrauten in Plochingen. Das gewohnte Fest entfiel.

Diese Politisierung im Umkreis der Französischen Julirevolution blieb verhalten, und sie war auch nicht typisch für die schwäbische Sängerbewegung. Das ‚Volk' sollte gebildet werden, um es kulturell zur ‚bürgerlichen Gesellschaft' fähig zu machen. Erziehung zur „Vaterlandsliebe" gehörte auch zu diesem Programm, hingegen wollte man nicht die Mitglieder auf eine bestimmte politische Haltung festlegen. Jeder wußte, daß die führenden Repräsentanten der schwäbischen Sängervereine Liberale waren, doch sie versuchten nicht, die Männergesangvereine zu einer Art liberaler Parteiorganisation umzufunktionieren. Karl Pfaff z. B. gehörte zu den Philhellenen und half flüchtigen Polen,[68] er hielt auf den Sängerfesten die Reden und engagierte sich bei den Schillerfeiern. Solche Aktivitäten, die seine liberale Gesinnung bezeugten, ließen ihn in Esslingen, wo er 1841 zum Ehrenbürger ernannt wurde, wie selbstverständlich zum „Mittelpunkt öffentlicher Bestrebungen" werden.[69] Die Sängervereine und ihre Liederfeste schufen Liberalen wie Pfaff oder Albert Schott, Vorsitzender des Stuttgarter Liederkranzes, Foren, auf denen sie sich einer breiteren Öffentlichkeit vorstellen und für ihre Idee einer aufgeklärten Bürgergesellschaft werben konnten. Die Sängerbewegung gehörte damit zu dem Netzwerk, in dem der Frühliberalismus verankert war, aber sie war keine Organisation der Liberalen. Sie verschrieb sich Bildungswerten, die sie als überparteilich und als unpolitisch verstand. Deshalb schwiegen die Sänger in der Revolution von 1848/49, als die vermeintlich überparteilich-unpolitischen Werte „Vaterland" und „Nation" zu heftig umstrittenen Fragen wurden. „Denn alle Welt trieb damals Politik und vor dem Lärmen der politischen Schreier verstummte der Gesang." Mit dieser unfreundlichen Charakterisierung derer, die 1848 politisch etwas bewegen wollten, entsprach Karl Pfaff durchaus dem Selbstverständnis der deutschen Sängerbewegung. Es bestimmte auch ihre Haltung in der Revolution: Die Turner griffen ein und spalteten sich wie die gesamte bürgerliche Revolutionsbewegung in Demokraten und Liberale; die Sängervereine hielten sich heraus und blieben vereint. Über gelegentliche Konzerte zugunsten der lokalen Bürgerwehr scheint man nicht hinausgegangen zu sein.

Die schwäbischen Sängervereine sangen Freiheits- und Vaterlandslieder, und als einige ihrer Mitglieder 1845 ein badisches Liederfest besuchten, ehrten sie das Haupt der badischen Liberalen, Karl Adam von Itzstein, mit einem Ständchen.[70] Die Repräsentanten von 70 Männergesangvereinen reihten sich aber auch in den Festzug ein, mit dem mehr als 10 000 Menschen 1841 in Stuttgart das 25jährige Regierungsjubiläum des Königs feierten.[71] Es wurde also nicht als Widerspruch empfunden, sich als liberal zu bekennen und gleichwohl die staatliche Obrigkeit zu preisen. Dazu paßt auch, daß Militärkapellen bei Sängerfesten aufspielten und 1843 das Tübinger Fest mit Geschützsalven eröffnet wurde.[72] Bei der erwähnten Fahnenstiftung für die dörflichen Sänger von Schönaich schloß der Dank ausdrücklich die „beglückende Regierung eines weisen, geliebten Landesvaters" ein.[73] Die schwäbische Sängerbewegung trat also nicht als politische Oppositionskraft auf. Ihr Streben nach gesellschaftlicher Harmonie schloß die Repräsentanten des Staates ein.

Man war königstreu, nicht aber obrigkeitsfromm. Die Legitimität der Monarchie stand nie zur Debatte, aber man feierte bürgerliche Helden als Vorboten einer künftigen Bürgergesellschaft. Im Zentrum des bürgerlichen Heroenkultus stand Schiller, der seit 1825 in Stuttgart durch jährliche Feste gefeiert wurde als Künder einer besseren Zukunft, in der die Menschheit in rechtlich gezügelter Freiheit leben wird. Initiiert durch den Stuttgarter Liederkranz und mit diesem verbunden, entstand ein Verein, der seine Aufgabe 1839 mit der Einweihung des Stuttgarter Schillerdenkmals vollendete. Es war ein Verein von Bürgern, aber er sammelte auch an den deutschen Höfen. Weil der schwäbische Schillerkultus Humanität einforderte, konnten auch der Adel angesprochen und sogar „deutsche Frauen und Jungfrauen" durch 1 000 Briefe, wie berichtet wird, in die Geldsammlung einbezogen werden. Die gesamte Gesellschaft sollte also dem „Genius [...] der Menschheit" huldigen, aber unter bürgerlicher Leitung und bürgerlichen Kulturnormen verpflichtet.[74] Offen politisiert wurde auf den schwäbischen Schillerfeiern nicht, auch nicht im Umfeld der Julirevolution.[75] Doch der kulturelle Führungswille der Bürger war zugleich ein latent politischer Anspruch, der auf den Schillerfeiern und ebenso auf den Sängerfesten im Gewande allgemeiner Freiheits-, Humanitäts- und Vaterlandsappelle auftrat, die als unpolitisch galten, von den einzelnen Mitgliedern bei anderen Anlässen jedoch politisch umgemünzt werden konnten. Kollektiv beteiligten sich die Sängerbewegung oder einzelne Männergesangvereine an dieser politischen Instrumentalisierung aber nicht. Sie bereiteten einer bürgerlich-liberalen Politik vielmehr gesellschaftlich den Boden, indem sie ihre Kulturwerte als verbindlich setzten und damit Gegenwart und Vergangenheit kulturell zu ‚verbürgerlichen‘ suchten. Die Lieder trugen dazu ebenso bei wie die Reden und Symbole auf den Sängerfesten oder die Denkmäler, mit denen sie die Bürgerkultur als gleichberechtigt neben die Zeugnisse monarchisch-adliger Herrschaft stellten. Schwäbische Sängervereine feierten nicht nur Schiller und Luther, sie beteiligten sich 1840 auch an den Säkularfesten zu Ehren Gutenbergs, sammelten 1848 für einen Beselerfonds und errichteten später u.a. Denkmäler für Friedrich Silcher und Ludwig Uhland.[76] Daß hier Bürger Bürgern Denkmäler stifteten und Feste organisierten, denen sie bürgerliche Symbole gaben, unterschied diese Feiern klar von den Festen, die zu Beginn des Jahrhunderts von der staatlichen Obrigkeit arrangiert wurden, um Loyalität zu erzeugen oder zu festigen. Der Erziehungswille gegenüber dem ‚Volk‘ dagegen war beiden gemeinsam.

Die kulturelle Fundierung der schwäbischen Sängerbewegung dürfte erheblich dazu beigetragen haben, daß sie über die Jahrhundertmitte hinaus einem kulturnationalen Reichsbewußtsein verbunden blieb. Auch auf schwäbischen Sängerfesten wurden Freiheits- und Vaterlandsbekenntnisse nicht selten antifranzösisch unterlegt, doch die xenophoben Tiraden eines Jahn und der frühen Turnbewegung waren ihnen fremd. Das norddeutsche Unterjochungserlebnis, das insbesondere den preußischen Nationalismus gegen Frankreich fixierte, ließ den südwestdeutschen Nationalismus, wie er in der Sängerbewegung seinen Ausdruck fand, nicht unberührt, färbte ihn aber nur schwach. Karl Pfaffs „Freiheitsgesang“ von 1813 z.B. sprach vom „Raubgeschlechte“, „Zwingherrn“ und „Welteroberer“, doch Frankreich wurde nicht genannt, geschweige denn verdammt.[77] Frankreich und die Franzosen machte er offensichtlich nicht verantwortlich für die Gewaltpolitik Napoleons. „Welsch“ trat in den Geschichtsreden auf den schwäbischen Sängerfesten der zwanziger Jahre als Negativwort zwar den guten „teutschen“ Sitten entgegen, doch es war nicht mehr als eine gelegentlich benutzte Vergangenheitsfloskel, die nicht auf die Gegenwart ausgedehnt wurde.[78] Die Beschwörungen von „Freiheit“ und „Vaterland“ richteten sich vornehmlich nach innen, kaum gegen außen. Auch 1840, als die Rheinkrise in vielen Teilen Deutschlands antifranzösische Emotionen hochschlagen ließ, scheinen sich die württembergischen Männergesangvereine davon frei gehalten zu haben. Im „Turnier-Banquett", das 1843 das Sängerfest in Tübingen abschloß, streckte zwar zur Musik Carl Maria von Webers „die deutsche Faust" den „wälschen Ritter" zur Ehre „deutscher Frauen" nieder,[79] doch Frankreich geriet nie auch nur annähernd in die Rolle des „Erbfeindes", die es in der preußischen Turnbewegung einnahm. Während der ‚Turnvater' Jahn nicht müde wurde, die französische Julirevolution als die „große Hundswoche" zu verspotten und den nach Frankreich blickenden deutschen Liberalismus als „Freiheitelei" abzuwerten,[80] feierten die Lieder des ‚Sängervaters' Pfaff diese Revolution und ihre deutschen Sympathisanten. 1831 wurden zum schwäbischen Sängerfest in Esslingen die Kirchenfenster mit Blumen in den „französischen, polnischen und englischen Farben"[81] geschmückt, und im nächsten Jahr versuchte man an einem Fenster die „deutsche Tricolore" zu zeigen – ein Ehrentitel, der den Repräsentanten des preußisch-deutschen Nationalismus nicht über die Lippen gekommen wäre.

Wie tief eingeschliffen in der schwäbischen Sängerbewegung der nach außen offene Kultur- und Reichsnationalismus bis über die Jahrhundertmitte hinaus war, läßt sich an niemandem besser als an Otto Elben ablesen. Im Reichsgründungsjahrzehnt wurde er zu einem der engagiertesten Kleindeutschen Württembergs. 1855 hingegen präsentierte er sich in seinem Buch über den deutschen Männergesang noch als ein Liberaler, der zwar gegen das „haltlose Weltbürgertum"[82] polemisierte und den deutschen vom „französischen Nationalkarakter" abgrenzte, gleichwohl weiterhin der am Alten Reich orientierten überstaatlichen Idee einer deutschen Kulturnation verpflichtet blieb. Der „*deutsch-nationale* Gehalt des deutschen Sängerwesens", der sich durch dessen Geschichte ziehe, binde alle Deutschen an das „Vaterland", auch wenn sie im Ausland leben. Er nannte die Flamen in Belgien, die Elsässer in Frankreich und auch die Schweizer. Alle diese „dem deutschen Reiche seit Jahrhunderten politisch entfremdeten" Stämme hätten im „Sängerwesen zur Einheit und [...] Zusammengehörigkeit" gedrängt. Politisch erstrebte Elben zwar einen deutschen Nationalstaat, der selbstverständlich Österreich einschließen sollte, doch seine Vorstellung vom deutschen „Vaterland" war noch nicht nationalstaatlich geschlossen. Kulturimperialistische Ansprüche verband er damit nicht. Sonst wäre nicht zu verstehen, daß man sich im Lied zu diesem weitgespannten deutschen „Vaterland", das jedes denkbare Ausmaß eines künftigen deutschen Nationalstaates weit überschritt, bekennen konnte, ohne auf deutsch-flämischen und niederrheinisch-niederländischen Sängerfesten Anstoß zu erregen und die guten Beziehungen zu den Schweizer Sänger zu beeinträchtigen. Noch behinderte die „drastische nationale Einfärbung" der Lieder nicht den internationalen Erfolg. „Universalität sollte durch Nationalität, nicht gegen sie erreicht werden."[83] Zumindest in der Musik galt dies noch als möglich.

Der Schwäbische Sängerbund in der Reichsgründungsära und im Deutschen Reich – eine Skizze

Die württembergischen Männergesangvereine hatten im Vormärz zwar als Pioniere der deutschen Sängerbewegung gewirkt, doch als sie 1849/50 den Schwäbischen Sängerbund gründeten,[84] holten sie eine Entwicklung nach, die in anderen Teilen des Deutschen Bundes schon in den vierziger Jahren vollzogen worden war. Die politische Abstinenz, welche die Männergesangvereine in der Revolution gezeigt hatten, wurde nun honoriert. Während die politischen Vereine in der Reaktionsdekade den Verboten der einzelnen Staaten und des Deutschen Bundes, z. T. aber auch der politischen Ermattung in großen Teilen der Bevölkerung zum Opfer fielen, konnten sich die Sängervereine als Organisationen der Volksbildung von den staatlichen Behörden unbelästigt entfalten. In Württemberg zeigte sich auch die evangelische Kirche aufgeschlossen. 1855 hatte ein Synodal-Erlaß verboten, den Hauptteil eines Sängerfestes auf einen Feiertag zu legen. Ab 1858 wurde dies bei „besonderen Gründen" stets erlaubt.[85]

Nach der Revolution begann die große Zeit der schwäbischen Sängerbewegung. Dies gilt zumindest quantitativ. Die Zahl der Männergesangvereine und ihrer Mitglieder wuchs sprunghaft. Von November 1849, als der Schwäbische Sängerbund von 27 Vereinen gegründet wurde, bis November 1865 traten insgesamt

694 Vereine dem Bund bei. 273 verlor er in dieser Zeit, meist weil sie sich wieder auflösten.[86] Das Binnenleben wurde stärker als zuvor durch Statuten und Beschlüsse über den Festablauf geregelt, man fing an, Liedersammlungen anzulegen, und führte auf den Sängerfesten das Wettsingen der Vereine ein. Damit entstand eines der wirksamsten Instrumente, um die aktiven Sänger, aber auch die Zuhörer musikalisch zu erziehen.

In der nationalpolitischen Begrifflichkeit scheint die Revolutionserfahrung eine Zäsur bewirkt zu haben. Während zuvor in der schwäbischen Sängerbewegung meist das Wort „Vaterland" die Sehnsucht nach einer wie auch immer gearteten Einheit der Deutschen ausgedrückt hatte, sprach man nun häufiger von „Nation". Die Tradition des Reichsnationalismus, gekoppelt mit dem Bekenntnis zu Württemberg, blieb aber noch bestimmend. Als der Schwäbische Sängerbund 1855 einen Wettbewerb für die Gestaltung einer Bundesfahne ausschrieb, forderte er ein Motiv „aus der deutschen, womöglich auch schwäbischen Geschichte, namentlich aus dem Zeitalter der Hohenstaufen". Die 1857 eingeweihte Fahne zeigte schließlich den Spruch „Noch blüht im Schwabenlande heut das Lied wie einst zur Stauferzeit". Wie ungebrochen die Idee einer deutschen Kulturnation, die weit über die Grenzen eines potentiellen deutschen Nationalstaates hinausreichte, in den fünfziger Jahren noch fortlebte, lehrt das schwäbische Sängerfest zu Ravensburg von 1855. Ein Mitglied des Zentralkomitees des eidgenössischen Sängerbundes pries den technischen Fortschritt, der die räumliche Distanz zwischen den Gliedern der deutschen Kulturnation aufheben werde: „Bald wird die Zeit kommen, wo es keine Entfernungen mehr gibt und man überall auf den Flügeln des Dampfes gelangt, dann wird man auch keine Partikular-Feste, kein schwäbisches, kein eidgenössisches Sängerfest mehr feiern, sondern Ein Fest, ein gemeinsames deutsches Liederfest." Der Pokal, den er übergab, bekräftigte mit seiner Inschrift diese Hoffnung auf eine deutsche Kulturnation ohne nationalstaatliche Grenzen: „Weit über enge Marken zieht den trauten Kreis das deutsche Lied!"

Erst als 1859 der nationalpolitische Aufbruch in Italien auch in Deutschland das politische Leben in Bewegung brachte, wurden in der schwäbischen Sängerbewegung die Appelle zugunsten eines deutschen Nationalstaates deutlicher und dringlicher. Für das

1859 wegen der politischen Lage ausgefallene Sängerfest mag die große Schillerfeier einen Ausgleich geboten haben, an der sich die Sänger intensiv beteiligten. Für Karl Pfaff kannte die „Weltgeschichte [...] wohl kaum eine zweite Feier so hohen idealen und nationalen Schwungs".[87] Auch das Liederfest des nächsten Jahres war erfüllt von nationalen Reden, die zur „Abwehr fremder Zwingherrschaft" einen „heiligen Bund der Fürsten und Völker, gegründet auf Freiheit und Recht", forderten, in ihren nationalpolitischen Aussagen aber bei der vertrauten Linie blieben.[88] Man beschwor „unverbrüchliche Treue und Opferfreudigkeit für die heilige Sache des Vaterlands", vermied aber sorgfältig, sich festzulegen, wie dessen Vereinigung aussehen sollte. Die schwäbische Sängerbewegung mußte sich nationalpolitisch so unverbindlich äußern, weil die gesamte württembergische Nationalbewegung, der sie angehörte, noch unentschieden war. Als sich schließlich die liberal-demokratische Opposition, die sich seit 1859 zur Partei formierte, 1864 offen in einen kleindeutschen und einen großdeutschen Flügel spaltete, versuchten die Vereine des Schwäbischen Sängerbundes neutral zu bleiben. Das entsprach ihrem Verständnis von Nation als überparteilichem Wert und ihrem Selbstverständnis als unpolitische Bildungsbewegung. Außerdem war es notwendig, um nicht in den Sog der Parteispaltung entlang der nationalpolitischen Trennlinie gezogen zu werden. Ob dies gelang, ist noch unerforscht. Es könnte nur in Detailstudien zu einzelnen Männergesangvereinen geklärt werden. Von der Esslinger Liedertafel wird berichtet, daß „selbst das lustige Weinjahr 1865" die „Gereiztheit" nicht zu dämpfen vermochte: „man sang wenig und politisierte viel. Der Liederkranz war ein kleines Spiegelbild der sich bekämpfenden Stämme."[89] Diese Kämpfe zerrissen sogar alte Freundschaften, die erst in dem Jahrzehnt nach der Reichsgründung dank gemeinsamer Zugehörigkeit zur Burschenschaft wieder notdürftig gekittet werden konnten.[90] Die Männergesangvereine haben es offensichtlich geschafft, diesen schweren politischen Spannungen standzuhalten.

Sängerfest Dresden 1862

Einen Eindruck dieser enormen politischen, aber auch sozialen und kulturellen Integrationsleistung vermittelt das ausführlich dokumentierte deutsche Sängerfest, das der am 21. September 1862 gegründete Deutsche Sängerbund 1865 in Dresden abhielt.[91] Daß zwei Württemberger, Otto Elben und Wilhelm Wiedemann, zur Einweihung der Bundesfahne sprechen durften, zeigt die dominierende Rolle, die der Schwäbische Sängerbund noch immer innehatte. Elben gehörte zu den Mitbegründern der nationalliberalen Deutschen Partei, der Stuttgarter Kaufmann Wiedemann schloß sich der strikt antipreußischen Volkspartei an, brach aber mit ihr, als sie nach der Reichsgründung ihre reservierte Haltung zum Deutschen Reich nicht aufgab. Auf dem neutralen Boden der Sängerbewegung konnten sie zusammenwirken. Voraussetzung dafür war, daß in Dresden ein „Nationalfest" inszeniert wurde, das keine Stellung für oder gegen Preußen oder Österreich bezog. Das „hohe Lied vom Vaterlande" schafft Eintracht, „so himmelweit verschieden auch die Ansichten über die Wege zum Ziel sein mögen" – mit diesen Begrüßungsworten sprach der Vorsitzende des Engeren Ausschusses die Erwartungen aus, die sich mit dem von ca. 16 000 Sängern besuchten Fest verbanden. Die reichlich beschworene Reichsmetaphorik war der Hoffnung auf politische Harmonie ebenso verpflichtet wie die meisten Reden und Lieder, der Schmuck der Straßen und die Sprüche, mit denen Bürger an ihren Häusern Bekenntnisse ablegten – etwa: „Wo die Lieder streu'n die Saat, / Keimt die Eintracht, reift die Tat." Unter den Bildern, die in der eigens gebauten Festhalle die Vielfalt der deutschen Nation und die Größe ihrer Kultur symbolisierten, drückte das vierzigste und letzte am stärksten die Hoffnung der Veranstalter aus. Es trug den Vers:

> Fliess stark und rein
> du Liederstrom
> jed' Lied ein Stein
> zum Einheitsdom!

Die Herausgeber des Gedenkbuches erläuterten: Das „Bild zeigt uns in der Gestalt der *Harmonie* die beseligende und kultivirende Macht der Künste und namentlich der Musik. Sie bändigt Löwen und macht sie unter Rosen mit Tauben spielen."

Die nationale Eintracht im Lied, die der Deutsche Sängerbund in Dresden als mächtige vaterländische „Tat" – ein ständig wiederkehrendes Wort – mit großer symbolischer Geste zelebrierte, zeige jedoch bereits an vielen Stellen Risse, die auf die künftigen Spaltungen in der Nationalbewegung und auch auf ihre Grenzen und Niederlagen vorauswiesen. So beschworen manche Redner mit Formulierungen wie „Sangesarmee" und „deutscher Trias" aus Sängern, Schützen und Turnern Assoziationen politischer oder gar militärischer Tatkraft der Bürger beim Bau des „Einheitsdomes": „Ihr selbst müßt ihn schaffen." Andere rechneten mit einem unabsehbar langen Weg, der nur vollendet werden könne, wenn „alle Stände und Bildungsgrade" und die „sonst oft so bitter getrennten Konfessionen" kulturell vereint werden. „An jedem wahrhaft gemeinsam gesungenen Liede zerbröckelt ein Mauthstein der Entfremdung mehr, die deutschen Stamm trennten von deutschem Stamme." Wieder andere beteuerten die völkerversöhnende Kraft des Gesangs, und man druckte im Festbericht Auszüge aus einem Buch ab, in dem ein französischer Teilnehmer anerkennend das Sängerfest gewürdigt hatte. Otto Elben dagegen sprach vom französischen „Erbfeind", der vor 50 Jahren in „der letzten blutigen Völkerschlacht" geschlagen worden sei und von dem noch „schlimmeren Erbfeind" im Innern, der erst nach „dem geistigen Ringen von Generationen" bezwungen werden könne. Daß die beanspruchte Zugehörigkeit zur deutschen Kulturnation umschlagen könnte in die Forderung, Gebiete von anderen Staaten zugunsten eines deutschen Nationalstaates abzutrennen, ließ der Kommentar zu dem Bild der „Alsatia" deutlich werden. Die Frauengestalt, die das Elsaß personifizierte, sei so gestaltet, „als ob sie mit der rechten Hand auf Frankreich deutete, die linke aber wie bittend Deutschland entgegenhielte, gleichsam als solle dieses sie nicht ganz vergessen."

„Alldeutschland"

1865 schien die deutsche Sängerbewegung noch auf die national-politische Einigungskraft des „dritten Deutschland" zu hoffen. Der sächsische Minister Freiherr von Beust hielt in Dresden eine kurze Rede, und das Militär Sachsens half organisatorisch, während einige preußische Zeitungen sich kritisch über die Festschwärmerei äußerten[92] und österreichisches Militär zwar Decken für die in Massenquartieren untergebrachten Festgäste auslieh, die Regierung der Habsburgermonarchie den österreichischen Männergesangvereinen jedoch noch nicht erlaubte, dem Deutschen Sängerbund beizutreten.[93] Daß der Schwäbische Sängerbund Ende 1862 Herzog Ernst von Sachsen-Coburg zum Ehrenmitglied ernannt hatte, verweist ebenfalls auf den Wunsch, zwischen den rivalisierenden Führungsansprüchen Preußens und Österreichs einen Weg zur nationalen Einheit zu finden.[94] „Alldeutschland" nannte das Gedenkbuch zum Dresdener Sängerfest das Ziel, das als Motto in die dort eingeweihte Bundesfahne gestickt war: „Das ganze Deutschland soll es sein!"[95]

Die nationalpolitischen Entwicklungen im Reichsgründungsjahrzehnt trieben die Politisierung der schwäbischen wie der deutschen Sängerbewegung voran, doch es wäre verfehlt, sie auf ihre nun offen hervortretende Rolle als überparteiliches Sammelbecken für die sich spaltende bürgerliche Nationalbewegung zu verkürzen. Sie konnte diese einheitswahrende Rolle auf dem nationalpolitischen Kampfplatz nur übernehmen, weil sie sich weiterhin vorrangig als eine Kulturbewegung verstand. Die „Bildungs- und Kunstreligion des 19. Jahrhunderts", die mit der Sängerbewegung auch in klein-, rand- und unterbürgerliche Schichten vordrang,[96] wurde von allen Seiten als politisch neutrales Terrain anerkannt. Erst die sozialdemokratisch orientierte Arbeitersängerbewegung, die sich ab den neunziger Jahren herausbildete und sich 1908 zum Deutschen Arbeiter-Sängerbund zusammenschloß, sprengte diese Grundüberzeugung. Doch soweit war es noch nicht. Ende 1866 wurde am Grabe Karl Pfaffs, dessen Name wie kein anderer mit der Geschichte der schwäbischen Sängerbewegung verbunden war, die Überzeugung, die Einheit über allen politischen Gräben zu verkörpern, der neuen politischen Realität, dem deutsch-deutschen ‚Bruderkampf', beschwörend entgegengesetzt. Die dritte und letzte Strophe des Abschiedsgedichts, das sein Sohn Siegfried bei der Beerdigung am 8. Dezember 1866 sprach, lautete:

> Im Sturm der Zeit ward er von uns genommen,
> Als rings das Land von Brüderwaffen klang:
> Das Werk, das ganz die Seel ihm eingenommen,
> Das Volk zu bilden durch den Männergesang,
> Wird es in solchen Zeiten auch noch frommen?
> Wird es erliegen nicht dem wilden Drang?
> Nein. Will Parteiwuth gänzlich uns zertrennen,
> Laut, künd', o Sang, daß wir uns Brüder nennen.[97]

Reichsgründung – Sieg des ‚protestantischen Gottes‘

Wie in der Öffentlichkeit Württembergs wünschte auch in der schwäbischen Sängerbewegung die Mehrheit einen Nationalstaat unter Einschluß Österreichs.[98] Hier wie dort brach jedoch die Stimmung 1870/71 gänzlich um. Den aus dem Krieg gegen Frankreich hervorgegangenen Nationalstaat bejubelten die Sänger nun als die Erfüllung ihrer Sehnsüchte, obwohl er völlig jener Idee von deutscher Nation widersprach, die sie in den Jahrzehnten zuvor in ihren Liedern, Reden und Symbolen, auf ihren Festen und in ihren Vereinen geformt hatten. Das „Lied ward Tat"[99] – in diesem stolzen Selbstbewußtsein gesellten sie sich jetzt zu den Baumeistern eines Staates, der den allermeisten von ihnen wenige Jahre zuvor noch als eine verkrüppelte Gestalt der historisch verbürgten, wenn auch nur kulturell fortlebenden Nation erschienen wäre. Die schwäbische Sängerbewegung hatte „die Gemüter [...] für die Stunde der Entscheidung"[100] vorbereiten wollen. Als diese Entscheidung fiel, nahm man sie in geradezu religiöser Ergriffenheit hin, auch wenn sie anders ausfiel als erwartet. Mit den Chorälen „Nun danket alle Gott" und „Eine feste Burg ist unser Gott", die der Stuttgarter Liederkranz auf der dortigen Friedensfeier im März 1871 sang, verlieh er der nationalen Einigung eine religiöse Weihe, die viele empfanden.[101] Das Hohelied des Protestantismus, das die Sänger in Stuttgart anstimmten, rief allen das protestantische Fundament des preußisch-kleindeutschen Nationalstaates ins Bewußtsein. Es wirkte zugleich als protestantisch-deutsches Trutzlied gegen das katholische Frankreich. Ob es auch als Siegeslied über den Katholizismus empfunden wurde, der mit Österreich seinen stärksten staatlichen Rückhalt in Deutschland verlor und bald schon als ultramontan und damit national unzuverlässig diffamiert und bekämpft wurde, muß die künftige Forschung zeigen. Bisher ist darauf nicht geachtet worden.

Nach ihrer Entstehung und in ihrem religiösen Liedgut war die schwäbische Sängerbewegung zweifellos protestantisch geprägt. Daß sie gleichwohl auf konfessionellen Ausgleich bedacht war, beteuern nicht nur die Erinnerungsschriften. Auch die Ortswahl für die Sängerfeste deutet darauf hin. Nur in der Frühphase bis 1832 fanden ihre sechs Sängerfeste ausschließlich in nahezu rein evangelischen Orten (Plochingen und fünfmal in Esslingen) statt.

Die 21 Wanderfeste, die bis 1845 folgten, wurden viermal in zwei Städten mit überwiegend katholischer Bevölkerung gefeiert, und der Schwäbische Sängerbund legte die 30 Liederfeste, die er seit seiner Gründung bis 1913 abhielt, achtmal in vier Städte, die mehrheitlich katholisch waren, und zweimal in das gemischtkonfessionelle Biberach.[102] Diese Verteilung entsprach durchaus den Konfessionsanteilen in Württemberg (1910 ca. 69 % evangelisch, ca. 31 % katholisch).

Zur Dämpfung konfessioneller Konflikte in den Reihen der organisierten Sänger mag auch beigetragen haben, daß die österreichischen Sängerbünde unmittelbar nach der Gründung des Deutschen Reiches dem Deutschen Sängerbund beitreten durften.[103] Zuvor hatte ihnen dies ihre Regierung verwehrt. Auch der im Vergleich zu Preußen oder Baden gedämpfte Verlauf des Kulturkampfes und die späte, erst 1894 erfolgte Gründung einer Zentrumspartei in Württemberg werden die Bemühungen der schwäbischen Sänger, die konfessionellen Gräben zu überbrücken, begünstigt haben. Es gab aber auch Stimmen, die nicht nach Versöhnung klangen. Der Präsident des Schwäbischen Sängerbundes, Dr. Otto Elben, wurde 1872 auf dem Liederfest zu Schwäbisch Hall in seiner Rede zweimal von „begeistertem nicht enden wollendem Jubel" unterbrochen: als er den so oft besungenen Kaiser Rotbart bildhaft in Kaiser Wilhelm I. wiedererstanden sah und als er auf den „Kampf gegen die Mächte der Finsternis", den der Reichstag aufgenommen habe, verwies.[104] Die Religiosität, die den Männergesang schon nach dem Urteil der frühen schwäbischen Sängerbewegung über das Profane hinaushob, wurde 1870 national-deutsch eingefärbt: Der Sieg über Frankreich erhielt eine sakrale Weihe, indem man ihn zum Gottesurteil erhob. Der von Carl Weitbrecht gedichtete und von Immanuel Faißt, dem Hauptdirigenten des Schwäbischen Sängerbundes, vertonte „Siegespsalm"[105] ließ diese Vergöttlichung des deutschen Waffensieges zum Massenerlebnis werden:

> Herr Gott, dich loben wir!
> Der du im Wetter einher bist gefahren,
> Herr des Himmels und seiner Schaaren,
> Gott unsrer Väter und unser Gott,
> Gott Zebaoth!

Herr Gott, dich loben wir!
Der du lenkest der Schlachten Blitze,
Niederschmetterst die Stolzen vom Size,
Aber dem Volk, das dich sucht auf den Knieen,
Sieg und herrlichen Ruhm verliehen -
Gott unsrer Väter und unser Gott,
Gott Zebaoth!

Herr Gott dich loben wir!
Nicht durch Reiter allein und Rosse,
Nicht durch Schwerter allein und Geschosse
Warfen den Feind wir in den Staub:
Dein Arm, ewiger Herr der Welten,
Schlug ihn zu Boden, vor deinem Schelten
Ließ der Räuber den blutigen Raub!
Mehr als wir baten, als wir dachten,
Tatest du, furchtbarer Gott der Schlachten,
Gott unsrer Väter und unser Gott,
Gott Zebaoth!

Herr Gott dich loben wir!
Du hast gewogen, du hast gerichtet,
Du hast den prahlenden Feind vernichtet -
Wir sind das Schwert nur in deiner Hand!
Jegliches Volk in jeglichem Land
Soll dich erkennen,
Dich König nennen,
Gott unsrer Väter und unser Gott,
Gott Zebaoth!

Weitbrechts „Siegespsalm" wurde zu einem der meistgesungenen Lieder auf schwäbischen Sängerfesten. Als er auf dem Liederfest von 1872 erstmals in Faißts Vertonung gesungen wurde, hielt der Berichterstatter die Begeisterung fest, die dieses Werk, das „unter den unzähligen in den Kriegsjahren entstandenen und dem Heldengreise zugeeigneten Werken gewiß einen Ehrenrang" einnehme, erweckt hatte: „im prächtigen Es-dur schreiten die markigen Rhythmen einher, fromm und doch triumphierend, in einfachem und doch höchst kunstvollem Satze bald in majestätischem, von der Begleitung getragenen Unisono, bald in wichtigen Akkorden, welche den Hörer unwiderstehlich mit sich nehmen. Und so war denn der Eindruck tief ergreifend; hätte die Aufführung nicht in kirchlichen Räumen stattgefunden, so wäre die Begeisterung der ganzen Hörermasse in stürmischen Beifall losgebrochen."[106]

Vom Reichsnationalismus zum föderativen Nationalismus

Mit der Gründung des Deutschen Reiches verlor der deutsche Nationalismus sein Ziel und sein politisches Fundament verschob sich nach rechts. Das gilt auch für den Schwäbischen – und ebenso für den Deutschen – Sängerbund, der sich weiterhin als ein kultureller Repräsentant der deutschen Nation begriff. Nun ging es ihm um die Verteidigung des Erreichten gegen Gefahren von innen und außen und darüber hinaus um den Erhalt der Kulturnation, die man nicht an den neuen Grenzen der Staatsnation enden sah. Schon 1871 hatte der unter dem Vorsitz Otto Elbens tagende Ausschuß des Deutschen Sängerbundes als seine Aufgaben bezeichnet: „die Erhaltung unserer nationalen Errungenschaften den heimlichen Widersachern gegenüber, ihre Pflege bei den Deutschen im Ausland, wie bei den Deutschen, welche dem deutschen Reiche nicht angehören".[107]

Als sich Teile des alten Deutschland zu einer Staatsnation vereinigten, mußte sich zwangsläufig das überkommene Ideal einer deutschen Kulturnation in seiner Außenwirkung ändern. Es verlor seine staatspolitische Unschuld, die zuvor nicht zuletzt dadurch bezeugt worden war, daß sich auf Liederfesten Niederländer, Flamen und Schweizer zur deutschen Kulturnation bekannt hatten, ohne sich damit von ihren Staaten in irgendeiner Weise distanzieren zu wollen. Wenn hingegen der Deutsche Sängerbund 1871 in einem Aufruf „die deutschen Sänger in Elsaß und Deutsch-Lothringen" zum Beitritt aufforderte, um „die nationale Zusammengehörigkeit der deutschen Stämme [zu] stärken und an der Einheit und Macht des deutschen Vaterlandes mit[zu]arbeiten"[108], so hatte das Wort „Vaterland" seine frühere schillernde Mehrdeutigkeit zwischen Reichsnation und Einzelstaat abgelegt. Gemeint war nun der neue Staat, der auch im Schwäbischen Sängerbund die alten kultur- und reichsnationalen Ideale aufsog. Auch aus dem Geschichtsbild wurden sie langsam verdrängt, indem die Festredner dazu übergingen, die schwäbische Sängerbewegung bruchlos zum Künder des kleindeutschen Nationalstaates zu stilisieren. Während 1874 zum 25jährigen Jubiläum des Schwäbischen Sängerbundes und 1875 zum 50jährigen der Stuttgarter Schillerfeste der fundamentale Wandel in der Idee Nation noch offen nachgezeichnet wurde,[109] avancierte schon wenige Jahre später, auf dem Sängerfest von 1879 zu Sigmaringen, die Reichsgründung zum überzeitlichen „Lieblingstraum des deutschen Volkes".[110]

Diese Umwertung blieb aber unter den württembergischen Sängern maßvoll begrenzt. Die Festredner haben sich nicht den in anderen Teilen Deutschlands seit 1870 wuchernden kleindeutschen Geschichtslegenden angeschlossen, in denen die kulturnationale Phase der deutschen Nationalbewegung diskreditiert wurde zur „weltbürgerlichen Überschwänglichkeit", mit der das „klein- und südstaatliche Bewußtsein" einen „kleindeutschen Liberalismus" hervorgebracht habe, der mit der „gehässigsten Bitterkeit gegen Preußen" vorgegangen sei.[111] Sie hielten auch daran fest, die kulturelle Leistung der Sängerbewegung im nationalen Einigungswerk neben den Anteil der Fürsten zu stellen. Sie rückten den Kaiser als „Verkörperung des ganzen Vaterlands" zwar stärker in den Vordergrund, doch sie beharrten zugleich darauf, der Männergesang sei nach wie vor „dasjenige Gebiet des menschlichen Lebens [...], auf dem alle Stände, alle Anschauungen, alle wirtschaftlichen Richtungen sich friedlich und harmonisch zusammenfinden und vertragen lernen."[112]

Ihr Nationalismus behielt auch eine betont föderative Färbung. Der erste Toast auf den schwäbischen Sängerfesten galt zwar stets dem Kaiser, doch der zweite gebührte dem König. Wenn Mitglieder aus dem Königshaus ein Fest mit ihrem Besuch ehrten, wurden sie begeistert begrüßt. Die Wende zum „weltpolitischen" Nationalismus, der über Deutschland hinaus zielte und dem die Eigenheiten der deutschen Länder nichts bedeuteten, vollzogen die württembergischen Sänger nicht mehr mit. Denn so sehr sich die schwäbische Sängerbewegung von ihren kulturnationalen Anfängen entfernte, sie machte sich nicht gemein mit dem populistischen Nationalismus, der seit den neunziger Jahren dem deutschen Imperialismus eine Massenbasis schuf und das politische Leben tiefgreifend veränderte.

Geselligkeit, Frauenbild, Bildung

Als der Nationalstaat erreicht war, traten die ursprünglichen Schwerpunkte der schwäbischen Sängerbewegung, Geselligkeit und musikalische Volksbildung, mit denen sie wirksam zur kulturellen Nationsbildung beigetragen hatten, verstärkt hervor. Sie mußten auch deshalb wieder betont gepflegt werden, weil die Politisierung der Männergesangvereine im Reichsgründungsjahrzehnt zunächst in eine Erschlaffung des Vereinslebens umschlug. Darauf verweist auch der Rückgang der Vereinszahlen in den siebziger und achtziger Jahren. Um dem Mitgliederverlust entgegenzusteuern, engagierte der traditionsreiche Esslinger Liederkranz auswärtige Künstler und führte „besondere Scherzkränze mit Tanz" ein. Dennoch sank die Zahl der aktiven Sänger bis 1875 so tief, daß man ernstlich überlegen mußte, „ob man als Chor oder aber bloß als Doppelquartett weitersingen wolle."[113] Um die Attraktivität zu steigern, tat man zumindest einige Schritte über den reinen Männergesangverein hinaus. Kinderfeste sollten die gesamte Familie ansprechen, und vor allem wurde ein gemischter Chor eingerichtet. Auch auf Sängerfesten traten nun wohl vermehrt Solistinnen und gemischte Chöre auf, ohne daß sich in der schwäbischen Sängerbewegung bereits das Frauenbild verändert hätte.

Als Emilie Pfaff, die Witwe des ‚Sängervaters', 1898 starb, ehrte der Esslinger Liederkranz sie als eine „geistig bedeutende Frau", denn sie „teilte in vollem Maße das Streben ihres Gatten [...] nach den höchsten Idealen, besonders im Gebiet des deutschen Männergesangs." Als „treubesorgte, liebevolle Gattin" wußte sie „seine geistigen Bedürfnisse [...] zu ihren eigenen zu machen". Ihren geistigen Rang sah man darin, „das lebhafteste Interesse an den Arbeiten, Leistungen und Ehrungen ihres Gatten, an Volk, Kirche und Vaterland" gezeigt, gleichwohl „in echter Weiblichkeit ein anspruchsloses, demütiges Wesen" bewahrt und „wie für ihre Familie so auch für allerlei Werke edler Frauentätigkeit ganz im Stillen mit mütterlicher Sorgfalt" gewirkt zu haben.[114]

Änderungen vollzogen sich langsam, aber es gab sie. So wurde 1896 im Stuttgarter Liederkranz ein Frauenchor gegründet, der 1910 auf dem Sängerfest zu Heilbronn auftrat,[115] und 1896 boten zum Deutschen Sängerfest in Stuttgart zwei Pensionen für Frauen und Mädchen Unterkünfte an.[116] Offensichtlich konnten nun auch allein reisende Frauen an den Festen teilnehmen, wenn auch nur wenige. Die billigen Massenquartiere scheinen weiterhin nur für Männer angeboten worden zu sein. Das Gemeinschaftserlebnis, das auf den Sängerfesten nicht zuletzt von diesen Massenquartieren ausging, blieb Frauen also versperrt. Daß die meisten Teilnehmer in solchen Quartieren oder bei Privatleuten, die sich in großer Zahl zur Verfügung stellten, untergebracht wurden, dürfte ein wichtiger Grund gewesen sein, warum die Sänger allein anreisten. Denn Frauen, die am Ort wohnten, besuchten durchaus in großer Zahl die Feste.[117] Ob Frauen an den zahlreichen Sängerfahrten teilnehmen konnten, die wohl zu den Höhepunkten des geselligen Vereinslebens gehörten, müßte geprüft werden.[118]

Der Schwäbische Sängerbund sah auch und gerade nach der Reichsgründung eine seiner Hauptaufgaben in der musikalischen Volksbildung. Denn heute, hieß es 1899 auf dem Fest zum 50jährigen Bestehen des Schwäbischen Sängerbundes, „hat sich die moralische Betonung unserer Vereinigung etwas verschoben. Neben der Pflege des Vaterlandsliedes dürfen wir jetzt den Nachdruck auf die Veredlung und die Vertiefung der Volksbildung durch den Gesang legen."[119] Dazu diente das mit den Sängerfesten verbundene Wettsingen. Es stieß oft auf Kritik, nahm aber an Umfang ständig zu. Die Ziele hatten sich seit der Frühphase der Sängerbewegung nicht verändert. Es ging um die „wohldisziplinierte Volkskunst", aus der allein „künstlerischer Genuß" erwachse, wie das Preisgericht 1874 urteilte.[120] Es bemängelte, „daß insbesondere bei den ländlichen Vereinen der ungesunde verdorbene Ton nur zu sehr an den Wirtshausgesang in der tabaksqualmenden Bierstube erinnert". Die Landbevölkerung, deren „äußerst schwache Beteiligung" am Liederfest von 1895 zu Biberach gerügt wurde – zum Fest des Kriegerbundes sei sie weitaus zahlreicher erschienen –, war nach wie vor das bevorzugte Erziehungsobjekt der städtischen Sängerhonoratioren. Der „ländliche Volksgesang" bildete eine eigene Klasse beim Wettsingen, neben dem „höheren Volksgesang", dem „Kunstgesang" und den Einzelvorträgen, für die jeweils separat Preise vergeben wurden. Wenn die Erwartungen der Jury kräftig verfehlt wurden, gab es scharfe Kritik, die dann jeder Sängerfreund in der Zeitung lesen konnte. Als das Sängerfest zu Schwäbisch Gmünd 1907 beendet war, mußte sich z.B. der Männergesangverein Gaisburg sagen lassen, er sei „übel beraten" gewesen, daß er „sich an den schwierigen Rheinchor von Max Bruch machte. Es war ein Reinfall. Sie kamen an die Aufgabe mit unzulänglichen Stimmen und unzulänglicher Kunst, so daß sie an der zu hoch gegriffenen Aufgabe scheitern mußten. Schade um die Zeit und Kraft und verderbte Lust am Singen."

Ständig angemahnt wurde auch, beim Singen den „schwäbischen Dialekt" zu vermeiden. „Wir haben ein Recht darauf, unsere Eigenart zu pflegen", sagte ein Redner auf dem Liederfest zu Heilbronn von 1910, doch durch schwäbische Sprachgewohnheiten, die vor allem ländliche Sänger hören ließen, fühlte man sich im Kunstgenuß gestört. Die Sängerbewegung trug also im 19. Jahrhundert dazu bei, die Fähigkeit, hochdeutsch zu verstehen und auch zu sprechen, zu verbreiten. Wer über das Lied in den Kreis des ‚aufgeklärten Volkes' eintreten wollte, mußte zusätzlich zu seinem heimatlichen Idiom die hochdeutsche Aussprache erlernen. Auch dies war ein Beitrag zur kulturellen Nationsbildung, wenngleich in Deutschland – im Gegensatz etwa zu Italien – die Zurückdrängung der landschaftlichen Alltagssprachen durch die längst etablierte Hochsprache der Eliten im 19. Jahrhundert nicht zu einem nationalen Politikum wurde. In den Quellen, die die deutsche Nationalbewegung hinterließ, taucht dies jedenfalls nicht als gravierendes Problem auf. Darin wird erneut erkennbar, daß die Eliten nationalpolitisch den Ton angaben. Ihn mußte jeder übernehmen, der politisch und kulturell von der Nation gehört werden wollte.

Als 1913 anläßlich des Sängerfestes zu Tübingen eine Bilanz der langjährigen Erziehungsarbeit gezogen wurde, fiel sie positiv aus: „Die immer wieder von der Bundesleitung gegebenen Winke, Weisungen, Mahnungen und Ausstellungen haben die Arbeit in den Vereinen in andere Bahnen gelenkt, den Geschmack der Dirigenten in der Auswahl der Lieder geleitet und geläutert und so die Geschmacksrichtung der Vereine umgebildet. Das spezifisch ‚Liederkränzlerische' der alten Zeit ist ganz verschwunden, wenn auch Geschmacksverirrungen anderer Art nicht ganz ausgeschlossen sind." Insgesamt sei aber ein „Aufsteigen der allgemeinen Leistungsfähigkeit" festzustellen. Selbst beim „Alkoholverbrauch habe sich „entschieden eine Wandlung vollzogen". Man sah weniger „Angeheiterte" als früher, obwohl es „‚durstiges' Wetter" war.[121]

1910 definierte auf dem Sängerfest zu Heilbronn ein Redner den „Begriff des deutschen Liedes" als „dasjenige Gebiet [...], auf dem alle Volksgenossen ohne Unterschied von Rang und Stand zusammenarbeiten und sich als Brüder zu fühlen vermögen." Die Arbeiter wurden ausdrücklich eingeschlossen. Der Schwäbische Sängerbund umfaßte etliche Arbeitervereine, und zahlreiche Männergesangvereine werden Arbeiter als Mitglieder gehabt haben. Der Aufstieg der Sozialdemokratie und der Aufbau eines weit verästelten Netzes an sozialdemokratischen Kulturorganisationen führte jedoch auch in Württemberg zur Gründung von Arbeitergesangvereinen, die sich der sozialdemokratischen Arbeiterbewegung zurechneten. Der Schwäbische Sängerbund grenzte sich gegen diese Vereine entschieden ab, da sie politische Organisationen seien, während er „nicht nach der politischen Überzeugung der Mitglieder unserer Bundesvereine" frage.[122]

Erster Weltkrieg

Im Ersten Weltkrieg wurde dieser politisch-weltanschauliche Gegensatz, der erstmals das sozialkulturelle Integrationskonzept der schwäbischen Sängerbewegung prinzipiell durchbrach, auf Zeit still gestellt. Denn auch in der Sängerbewegung kam es zum ‚Burgfrieden‘. Vereine des Schwäbischen Sängerbundes und des Arbeitersängerbundes veranstalteten gemeinsame Wohltätigkeitskonzerte.[123] Mit diesem Krieg – bis 1917 waren mehr als 70 % aller Mitglieder des Schwäbischen Sängerbundes als Soldaten eingezogen worden und über 1800 Sänger gefallen[124] – endete die große Zeit der schwäbischen Sängerbewegung als eine der bestimmenden Kräfte im Prozeß der Nationsbildung. Nur wenige vermochten es, über fast ein Jahrhundert hinweg die kulturelle Breitenentwicklung so kontinuierlich und sozial umfassend mitzuformen wie sie.

III. Entstehung von Nationen und Nationalstaaten

7. Deutschland und Österreich:
Nationswerdung und Staatsbildung in Mitteleuropa im 19. Jahrhundert

Der Titel umschreibt ein Dauerthema der Geschichtswissenschaft, das stets hochgradig politisch aufgeladen war. Es historiographisch wiederaufzunehmen könnte helfen, die gegenwärtigen Diskussionen um das ‚Haus Europa‘ und die Position, die Deutschland in ihm einnehmen sollte, historisch zu fundieren. Zu fragen ist: Was hieß ‚deutsche Nation‘? Wie wurde sie durch die Staatsbildungen in Mitteleuropa umgeformt?

Hier kann es nur darum gehen, einige Perspektiven zu entwikkeln, wie dieses Thema mit den Fragestellungen, Methoden und Theorien der heutigen Geschichtswissenschaft so behandelt werden könnte, daß wir die politischen und weltanschaulichen Schlachten unserer Großväter und Urgroßväter nicht noch einmal schlagen. Dies zu vermeiden ist offensichtlich sehr schwierig, denn die gemeinsame deutsch-österreichische Vergangenheit endete nicht zwischen 1866 und 1871. Sie lebte nach dem Ersten Weltkrieg als aktuelle Forderung wieder auf. 1938 erschien deshalb vielen zunächst als die Erfüllung dessen, was im 19. Jahrhundert mißlungen war.

Retrospektive Siege Kleindeutschlands

Dieses Ende des gemeinsamen nationalen Weges belastet bis heute das Nachdenken über die deutsch-österreichische Geschichte. Wie politisch sensibel dieses Thema noch immer ist, zeigen die heftigen öffentlichen Debatten, die das geplante Berliner Museum zur deutschen Geschichte in Österreich ausgelöst hatte.[1] In der Bundesrepublik war dieses Museum zwar auch sehr umstritten, aber doch aus anderen innenpolitischen Gründen. Denn anders als in Österreich gilt in der Öffentlichkeit der Bundesrepublik die Erinnerung an die gemeinsame Vergangenheit nicht als ein Anschlag auf die nationale Identität des heutigen Staates. Die jüngsten Entwicklungen seit 1990 haben die öffentlichen Debatten über die ‚deutsche Nation' zwar erneut entfacht, doch niemand kam auf die abwegige Idee, sie auf Österreich auszudehnen. Soweit von der Idee ‚deutsche Nation' heute noch eine politische Gestaltungskraft ausgeht, reichen die historischen Wurzeln dieses Leitbildes nur bis 1871 zurück. Die kleindeutsche Nation, die sich damals als Staat konstituiert hat, scheint also trotz des Untergangs dieses Staates zu triumphieren. Das gilt auch für den größten Teil der heutigen Geschichtswissenschaft, soweit sie sich mit dem 19. Jahrhundert beschäftigt. Es genügt ein Blick auf die großen Gesamtdarstellungen, mit denen das Fach eine Bilanz der Forschung zieht und in die Öffentlichkeit zu wirken sucht. Historiker Ost- und Westdeutschlands stimmten darin in bemerkenswerter Weise überein: Der Nationalstaat, der sich seit 1866 zu bilden begann, bestimmt die Perspektive, auf die sie die Entwicklungen des 19. Jahrhunderts zulaufen sehen. Zwei Beispiele:

In der repräsentativen, auf 12 Bände angelegten Gesamtdarstellung, mit der die DDR-Geschichtswissenschaft ihr Bild von der deutschen Geschichte der Öffentlichkeit vorlegte, wird der Krieg von 1866 als die zentrale historische Weichenstellung bezeichnet, die sich schon vorher abgezeichnet habe. „Nachdem mit der Niederlage der Revolution von 1848/49 bereits eine Vorentscheidung in der Frage der großdeutschen oder kleindeutschen Lösung der nationalstaatlichen Einigung Deutschlands gefallen war, schlugen von nun an die Deutschen in der Habsburgermonarchie endgültig den Weg einer nationalen Sonderentwicklung ein, die zur Herausbildung einer eigenständigen kapitalistischen österreichischen Nation führte."[2] Den tieferen Grund für die Abspaltung Österreichs von der deutschen Nation sehen die Autoren in der ökonomischen Überlegenheit Preußens, der Österreich nichts entgegenzusetzen hatte.

Ganz ähnlich urteilte von bundesrepublikanischer Seite aus Thomas Nipperdey. 1866 „war der Sieg der modernen Armee eines modernen Staatswesens über die altmodische Armee eines altmodischen Staatswesens." Alternativen habe es nicht gegeben. „Es sind postnationale Träumereien zu meinen, der nationaldemokratische Wille der Deutschen hätte sich durch ein föderalistisches Mitteleuropa beruhigen und befriedigen lassen."[3]

Diese beiden Positionen waren repräsentativ für die Geschichtswissenschaft in der DDR und der Bundesrepublik – eine deutsch-deutsche Gemeinsamkeit. Diese Gemeinsamkeit erstreckte sich aber auch darauf, daß man die Jahrzehnte seit der Auflösung des Alten Reichs, vor allem seit der Revolution von 1848/49, gewissermaßen zum Vorhof der Entscheidungen von 1866 und 1870 machte. Hier konnte man sogar von einer Art gesamtdeutsch-österreichischen Allianz der Historiker sprechen. Denn in den Darstellungen der deutschen Historiker geriet der Anteil Österreichs an der deutschen Geschichte dieser Jahrzehnte zu einem Randphänomen, dem man nicht viel Aufmerksamkeit widmen muß. Das ist bei Nipperdey so und noch stärker in Hans-Ulrich Wehlers Gesellschaftsgeschichte, um die andere der bedeutenden Gesamtdarstellungen der letzten Jahrzehnte zu nennen.[4] In den Arbeiten österreichischer Kollegen ist es umgekehrt. Ein Leser, der sein Wissen nur aus dem großen Werk „Die Habsburgermonarchie 1848–1918" bezöge, käme wohl nicht auf die Idee, daß diese Monarchie bis 1866 ein zentraler Teil der deutschen Geschichte gewesen ist. Beide Perspektiven halte ich für unangemessen: die kleindeutsche und die habsburgische, denn beide marginalisieren Österreichs Rolle in der deutschen Geschichte des 19. Jahrhunderts. Vor allem aber marginalisieren sie die damaligen Möglichkeiten, ein föderalistisches Mitteleuropa zu schaffen, das die nationalstaatlichen Wünsche in anderer Weise zu befriedigen suchte als durch einen einheitlichen kleindeutschen Nationalstaat und eine multinationale Habsburgermonarchie. Diese Kombination hat einer föderalistischen und zugleich nationalen Ordnung Mitteleuropas offensichtlich keinen Raum gewährt. Was bei den selektiven, auf 1866/71 ausgerichteten Rückblicken verlorengeht, hat auch der früh verstorbene Heinrich Lutz[5] demonstriert.

Abkehr von der zentralistischen Perspektive

Wie müßte ein Forschungsprogramm aussehen, mit dem die Frage nach der Entwicklung Deutschlands und Österreichs im 19. Jahrhundert neu gestellt werden könnte, ohne die Geschichte auf einen vorgegebenen Zielpunkt hin zu schreiben? Damit wird an einen sehr anregenden Aufsatz von James Sheehan[6] angeknüpft, in dem dieser amerikanische Kenner der deutschen und europäischen Geschichte entschieden für eine Abkehr von der zentralistischen Perspektive plädiert. Nicht die Nation, wie immer sie auch definiert werde, sei der angemessene Fokus in der deutschen Geschichte, sondern die Vielfalt der lokalen und regionalen Lebenswelten. Erst wenn man wisse, wie z.B. die Schulbildung, die ökonomische Entwicklung, der Militärdienst oder politische Institutionen in die Lebenswelt von Menschen einwirkten, diese umformten und die Erfahrungen und Verhaltensweisen der Menschen veränderten, könne man erkennen, was deutsche Geschichte sei und welche Rolle in ihr die Nation spiele. Weg von den Zentren, lautet also der Appell Sheehans. Sonst stülpe man über die Vielfalt der Geschichte eine zentralistische Sicht, die möglicherweise das verfehle, was im Leben der Menschen wichtig war.

Dieses Plädoyer Sheehans fügt sich ein in einen Trend der internationalen Geschichtswissenschaft, den man grob so umschreiben kann: von der Strukturgeschichte zur Erfahrungshistorie. Aus diesen Ansätzen wird aber, das ist schon jetzt abzusehen, nicht von selber ein neues Gesamtbild entstehen. Bezogen auf das Thema „Deutschland und Österreich im 19. Jahrhundert" heißt das: Politische, soziale, ökonomische und kulturelle Entwicklungsprozesse auf den unterschiedlichen Ebenen – zentrale, regionale und lokale – müssen analytisch so gebündelt werden, daß erkennbar wird, wo und wie sich neuartige nationale Handlungs- und Erfahrungsräume herausbildeten und welche Bereiche sie nicht erfaßten. Zu fragen ist also nach Nationsbildungsprozessen und nach deren Grenzen. Wo und warum führten sie nicht zur Entstehung von Nationalstaaten?

Einen wichtigen Versuch in diese Richtung hat der amerikanische Historiker Peter Katzenstein unternommen[7], indem er die sozialwissenschaftliche Theorie der Nationsbildung, wie sie vor allem von Karl W. Deutsch entwickelt worden ist, auf die deutsch-österreichische Geschichte anwendet. Diese Theorie liegt auch meinen Überlegungen zu Grunde, ohne daß dies näher ausgeführt wird. Für den Zeitraum von 1815 bis 1848 spricht Katzenstein vom „Aristocratic pattern" in den Beziehungen zwischen Österreich und dem außerösterreichischen Teil des Deutschen Bundes. „Aristokratisches Muster" bedeutet: Zusammenarbeit auf der Ebene der Führungselite mit dem Ziel, liberale und nationale Bewegungen zu unterdrücken, ansonsten aber Isolation zwischen, so sagt er, Österreich und Deutschland.

Damit dürfte Katzenstein ein Grundmuster der Entwicklung durchaus zutreffend beschreiben, aber ein gravierender Mangel seiner Studie besteht darin, daß er Österreich und Deutschland als Einheiten betrachtet und sie als Blöcke gegenüberstellt. So verstellt er sich die beiden wichtigsten Fragen:

1. War damals die Nationsbildung schon so weit vorangeschritten, daß man die nicht-österreichischen Staaten des Deutschen Bundes unter dem Namen Deutschland zusammenfassen und von Österreich abgrenzen kann?

2. Was heißt denn Österreich in dieser Zeit? Katzenstein definiert als Österreich den nicht-ungarischen Teil Habsburgs. Das ist eine politisch-rechtliche Definition, die keineswegs ausreicht, um die Frage nach der Reichweite und den Grenzen der Nationsbildungsprozesse zu beantworten. Katzenstein ist deshalb von seinem Ansatz her gar nicht in der Lage, sozialgeschichtlich den Verlauf der Nationsbildungen in Mitteleuropa zu untersuchen, weil er im Vorgriff unterstellt, Österreich und die anderen Staaten des Deutschen Bundes hätten bereits seit 1815 zwei nationale Einheiten gebildet, zumindest zwei große Blöcke, die sich als Einheiten fassen und gegenüberstellen lassen.

Nationalgeschichte in mitteleuropäischer Perspektive

Will man diese grundlegende Vorentscheidung vermeiden, um das Ergebnis nicht im Vorgriff festzulegen, dann bedeutet das: Die deutsche Geschichte kann als Nationalgeschichte zumindest bis 1866 nur aus einer weiten mitteleuropäischen Perspektive geschrieben werden. Denn ein großer Teil dessen, was damals den Zeitgenossen als Deutschland galt, gehörte eben zugleich der multinationalen Habsburgermonarchie an. Wer die Nationsbildung in der deutschen Staatenwelt untersuchen will, muß deshalb immer auch die Nationsbildungen in der Habsburgermonarchie einbeziehen. Das ist die Voraussetzung, um erkennen zu können, warum 1866 eine militärische Niederlage, die zwar schwer, aber keineswegs vernichtend war, dazu führte, daß sich Österreich plötzlich aus Deutschland zurückzog, obwohl doch alle großen deutschen Staaten militärisch auf seiner Seite standen, nicht auf preußischer, und obwohl die Diplomatie der europäischen Großmächte sich wohl bald zugunsten Österreichs ausgewirkt hätte.

Der abrupte Entschluß der Habsburger Staatsspitze, sich nach dem bloßen Verlust einer Schlacht vor Preußen aus Deutschland zurückzuziehen, verhinderte alle Möglichkeiten, den politischen Schaden der militärischen Niederlage zu begrenzen. Dieses Verhalten Habsburgs wird in der geschichtswissenschaftlichen Literatur in aller Regel als völlig selbstverständlich dargestellt, so daß man darüber kein Wort mehr verlieren muß. Preußen siegte und Österreich verschwand aus Deutschland – obwohl es doch bis dahin alles daran gesetzt hatte, seine Position im Deutschen Bund gegen Preußen zu behaupten. Dieser gänzlich unvorbereitete Wechsel in der österreichischen Deutschlandpolitik war alles andere als selbstverständlich. Man wird diese plötzliche Bereitschaft, aus Deutschland auszuscheiden und damit aus der eigenen Geschichte auszusteigen, sozialgeschichtlich nur dann erklären können, wenn es zu zeigen gelingt, in welchem Maße sie durch die Nationsbildungsprozesse im Deutschen Bund *und* in der Habsburgermonarchie vorbereitet gewesen ist. Denn diese Prozesse zielten alle in die gleiche Richtung: Auflösung der Habsburgermonarchie durch Staatsbildung der Nationalitäten. Die Entstehung des deutschen Nationalstaats und ebenso des italienischen waren nur erste Schritte auf diesem Wege. Warum diese Schritte als erste getan wurden und das restliche Habsburg länger Bestand hatte, ist keine müßige Frage. Sie sozialgeschichtlich beantworten zu wollen würde bedeuten, die Nationsbildungsprozesse im Dreieck Habsburg, Deutscher Bund und italienische Staatenwelt in ihrer Wechselwirkung analysieren zu müssen.

Damit wird ein Forschungsprogramm umrissen, das hier nicht einmal andeutungsweise ausgefüllt werden kann. Dazu fehlen die notwendigen Vorarbeiten. Es sollte aber zumindest angedeutet werden, in welchen europäischen Gesamtrahmen jene Nationsbildungsprozesse im deutsch-österreichischen Raum eingeordnet werden müßten, die nun skizziert werden. Zunächst werden einige Hinweise für die erste Hälfte des 19. Jahrhunderts bis zum Ende der europäischen Revolutionswelle von 1848 gegeben, und dann wird im zweiten Schritt die Entwicklung bis zur kleindeutschen Nationalstaatsgründung und zum österreichisch-ungarischen Ausgleich verfolgt. Dabei sind jeweils die Entwicklungen in drei Bereichen zu betrachten: dem politischen, dem wirtschaftlichen und dem soziokulturellen.

Nationsbildung im Deutschen Bund

Zunächst zum politischen Bereich: Die deutschen Staaten haben seit der staatlichen Neuordnung auf dem Wiener Kongreß bis zum Ausbruch der Revolution im März 1848 institutionell kaum etwas zur Nationsbildung beigetragen. Sie machten im Gegenteil den Deutschen Bund zu einer Einrichtung, die völlig auf Erhalt des 1815 Geschaffenen eingestellt war. Nach außen, in der europäischen Politik, bedeutete das: Der Deutsche Bund wirkte friedensbewahrend. Nach innen hieß Erhalt des Bestehenden: Abwehr von Reformbestrebungen. Deshalb konnte der Deutsche Bund nie zu einem Instrument nationaler Hoffnungen werden. Gleichwohl trugen auch die deutschen Staaten, die den Deutschen Bund als Bollwerk gegen liberale und nationale Bewegungen nutzten, ungewollt zur politischen Nationsbildung bei. Denn die Reformen, die ein Teil der deutschen Staaten unter dem Druck der napoleonischen Herrschaft durchführten, dienten zwar in erster Linie dem staatlichen Selbsterhalt oder der Konsolidierung dessen, was man territorial hinzu gewonnen hatte. Doch diese Reformen leiteten eine Mobilisierung der Gesellschaft ein, die trotz aller staatlichen Repressionsmaßnahmen nicht mehr aufzuhalten war und zu einem zentralen Teil der Nationsbildung im deutschen Vormärz wurde, ja, diese erst ermöglichte.

Als genereller Trend läßt sich erkennen: Je stärker die Herausforderung der napoleonischen Ära auf die deutschen Staaten wirkte, um so stärker deren Bereitschaft zur Reform und um so besser die Voraussetzungen für Nationsbildungsprozesse. An zwei Beispielen sei das kurz erläutert:

Zu den preußischen Reformen gehörte, daß im Unterschied zu den meisten anderen deutschen Staaten ohne Einschränkung die Gewerbefreiheit und die Niederlassungsfreiheit eingeführt wurden. Diese waren gegen den Willen der Zünfte und der Kommunen staatlich erzwungene Modernisierungsakte, die einen wichtigen Beitrag zur Nationsbildung leisteten. Denn Gewerbefreiheit und Niederlassungsfreiheit stießen die betroffenen Menschen aus alten Bindungen und verwiesen sie auf größere Einheiten – in diesem Fall ökonomisch auf den expandierenden Markt und sozial auf den Gesamtstaat Preußen. Denn für die soziale Fürsorge in Notzeiten war nun nicht mehr wie früher die Heimatgemeinde zuständig, in der Regel also der Geburtsort, sondern der Wohnort, in dem sich der Einzelne niedergelassen hatte. Anders gesagt: Die Lebenswelt vieler Menschen wurde durch diesen staatlichen Reformakt aufgebrochen und ausgeweitet, indem jeder das Recht erhielt, ein Gewerbe ohne Erlaubnis von Zünften zu betreiben, sich an einem Ort der eigenen freien Wahl niederzulassen und ohne Zustimmung seines Heimatortes heiraten zu dürfen. Die Menschen wurden mobiler, indem staatliche Reformen sie nötigten, über alte Grenzen und lokale Bindungen hinauszugehen. Damit erfüllten diese Reformen eine grundlegende Voraussetzung für jede Form der gesellschaftlichen Nationsbildung: Sie erweiterten den Denkhorizont und die Handlungsräume von Menschen.

Als zweites Beispiel seien die frühparlamentarischen Institutionen genannt. Die süddeutschen Staaten hatten sie geschaffen, um ihre neu erworbenen Gebiete mit den alten zu einem Gesamtstaat zu verschmelzen und zugleich die Staatsfinanzen auf eine gesicherte Grundlage zu stellen. Diese beiden Ziele ging in Erfüllung. Was die staatlichen Reformer nicht vorausgesehen hatten: Die neuen Parlamente wurden trotz ihrer eingeschränkten Mitwirkungsmöglichkeiten und trotz ihrer zum Teil ständischen Zusammensetzung zu gesamtstaatlichen Repräsentativorganen, die zu Zentren einer politischen Öffentlichkeit heranwuchsen, die schließlich in den vierziger Jahren immer entschiedener über die Grenzen der Einzelstaaten hinausgriff. Die einzelstaatlichen Landtage entwickelten sich also zu Institutionen, in denen sich eine politische Elite schulte, die im letzten Schritt nach einem deutschen Nationalstaat verlangte.

Wie eine solche Entwicklung individuell verlaufen konnte, läßt sich an dem Urschwaben Ludwig Uhland beispielhaft verfolgen. Angetreten war er als ein entschiedener Verfechter des „alten guten Rechts", das die ständische Ordnung wiederherstellen sollte. Vom Gegner eines bürokratischen Zentralstaates entwickelte er sich dann bald zum Liberalen, der den Obrigkeitsstaat ablehnte und seit den dreißiger Jahren schließlich in dem Maße, in dem der Staat Württemberg Reformen verweigerte, seine Hoffnungen auf einen deutschen Nationalstaat setzte. Dieser politische Weg Uhlands vom Altrechtler zum Liberalen führte ihn 1848 räumlich und geistig von Altwürttemberg in die politische Mitte Deutsch-

lands, zur Frankfurter Paulskirche, in der Uhland für einen großdeutschen Nationalstaat warb – ein Musterbeispiel also für den
Prozeß der Nationsbildung im Leben eines Einzelnen.[8]

Ähnliche Entwicklungen vollzogen viele Menschen, aber keineswegs alle, denn nicht für alle waren die gesellschaftlichen und
politischen Voraussetzungen für eine solche Entwicklung gegeben. Uhland lebte in einem Staat, in dem es eine lebendige altständische Tradition gab – offensichtlich eine gute Vorbedingung
für die Entstehung einer politischen Öffentlichkeit, in der sich
nationale Zielvorstellungen entwickeln konnten. Vor allem lebte
Uhland in einem Staat, der sich eine Verfassung und einen Landtag schuf, um die Gebiete, die er aus der Konkursmasse des Alten
Reichs erworben hatte, zu einem Gesamtstaat integrieren zu
können und die Bevölkerung durch begrenzte Reformen und
begrenzte Partizipationschancen zu einem württembergischen
Staatsbewußtsein zu erziehen. Auch damit erweiterte der Staat
den Horizont der Menschen – ein weiterer wichtiger Schritt auf
dem Weg der Nationsbildung.

Nicht alle Staaten beschritten diesen Weg, denn nicht alle sahen
sich dazu genötigt. Am stärksten reformierten die Staaten, die
unter der napoleonischen Herrschaft umgestaltet oder in ihrer
Existenz gefährdet worden waren. Das verband zum Beispiel die
süddeutschen Staaten mit Preußen und grenzte sie von Österreich
ab. Österreich stand außerhalb des Reformwirbels zu Beginn des
19. Jahrhunderts, und an ihm gingen auch die revolutionären Erschütterungen im Gefolge der französischen Julirevolution von
1830 vorüber. Diese Stabilität hob Österreich von den meisten
anderen Staaten des Deutschen Bundes ab. Pointiert gesagt: Der
größte Teil des außerösterreichischen Deutschland wurde durch
den Zwang zur staatlichen Reform in den Prozeß der deutschen
Nationsbildung hineingestoßen; nicht hingegen Österreich, das
sich eine Politik der Stabilität und der Reformverweigerung leisten konnte.[9] Dieser Erfolg verwandelte sich aber schon in der
Revolution von 1848/49 und dann erst recht in den beiden folgenden Jahrzehnten in eine nationalpolitische Schwäche Österreichs. Denn mit seiner erfolgreichen Politik der Abwehr liberaler
und nationaler Reformkräfte untergrub Österreich ungewollt seine Position in Deutschland, sobald dieses nationalpolitisch in
Bewegung geriet.

Bis dahin wurden Nationsbildungsprozesse auf einer hohen staatlichen Ebene skizziert: Reformen, die von der Staatsspitze durchgesetzt oder erlaubt wurden, Parlamente, in denen eine schmale gesellschaftliche Elite aktiv wurde. Auch wirtschaftspolitische Reformen wie der schrittweise erweiterte Zollverein gehören zur hohen Ebene der Nationsbildung. Aber diese Entwicklungen griffen weit nach unten in die Gesellschaft durch, und überall, wo bisher schon Forschungsergebnisse vorliegen, zeigt sich der gleiche generelle Trend wie auf der Spitzenebene: Österreich wurde von diesen Entwicklungen kaum oder gar nicht erfaßt. Österreich besaß die Kraft, die gesellschaftliche Dynamik der Nationsbildungsprozesse im Gebiet des Deutschen Bundes an seinen Grenzen mit Erfolg abzuwehren und damit – in einer nicht vorausgesehenen Dialektik – seine eigene nationalpolitische Position zu schwächen. Schwächung durch erfolgreiche Abwehr von Reform und Bewegung. Dafür ein Beispiel:

In den vierziger Jahren entstanden im Deutschen Bund drei Massenbewegungen mit jeweils annähernd hunderttausend Mitgliedern: die Turnbewegung, die Sängerbewegung und die Freireligiösen Gemeinden.[10] Diese Bewegungen waren wichtige Organisationen im Prozeß der Nationsbildung, der nun viel stärker als zuvor breite Schichten der Bevölkerung erfaßte und mobilisierte. Es waren nationale Bewegungen. Turner und Sänger forderten programmatisch die nationale Einheit Deutschlands – nicht gleichzusetzen mit einem zentralisierten Nationalstaat! – und wichtiger noch: Diese Bewegungen schufen nationale Verbindungen, weil sie ihr Organisationsnetz über die Grenzen der Einzelstaaten hinweg ausbauten. Sie hielten Verbindungen untereinander, tauschten Erfahrungen und Organisationsstatuten aus, trafen sich zu großen und kleinen Versammlungen und Festen. In ihrem Wirken und auch in ihrem Selbstverständnis nahmen sie also den Nationalstaat schon vorweg. Ihr Wirkungsraum endete aber in der ersten Hälfte des 19. Jahrhunderts an den Grenzen Österreichs. Diese drei Massenbewegungen hatten Österreich nationalpolitisch nicht aufgegeben, aber Österreichs Abwehrpolitik war stark genug, sich von ihnen abzuschirmen. Das war ein Erfolg, der Österreich nationalpolitisch schwächte; ein Selbstausschluß von diesem wichtigen Teil der Nationsbildung und der nationalen Bewegung.

Diese drei Massenbewegungen wirkten sozial integrativ, denn ihre Wortführer stammten zwar aus dem Bildungsbürgertum, doch ihre Mitgliedschaft setzte sich mehrheitlich aus kleinbürgerlichen Kreisen zusammen und reichte bis in unterbürgerliche Sozialschichten. Bei den Freireligiösen wurden sogar schon Frauen in großem Umfang einbezogen. Sylvia Paletschek konnte zeigen, daß die frühe deutsche Frauenbewegung im Umkreis der Freireligiösen Gemeinden entstand. Auch dies war ein Beitrag zur politisch-gesellschaftlichen Nationsbildung, und auch hier vollzog er sich unter Ausschluß Österreichs.

An diesen drei Massenbewegungen läßt sich nicht nur der Fortschritt der Nationsbildung erkennen, sondern auch dessen Grenzen. Damit ist nicht nur der politische Selbstausschluß Österreichs gemeint. Eine weitere Grenze verlief zwischen Stadt und Land. Denn alle drei Massenbewegungen waren vornehmlich städtische Bewegungen. Sie versuchten zwar auch das Land zu erfassen, doch dies gelang nur in sehr begrenztem Umfang. Die Grenzlinie zwischen Land und Stadt verweist auf *die* zentrale Grundvoraussetzung für den Prozeß der Nationsbildung: Er war gebunden an eine Kommunikation, die über die kleinräumige Lebenswelt hinausführte und deshalb erst fähig machte, die Nation als neues zukunftsgerichtetes Leitbild zu akzeptieren.

Diese Ausweitung der Kommunikationsräume verlief schichtgestuft. Die Gebildeten hatten sie am frühesten vollzogen. Deshalb hatte die Nationalbewegung als eine Bewegung kultureller Eliten begonnen. In der ersten Hälfte des 19. Jahrhunderts dehnte sie sich jedoch auf immer weitere Sozialschichten in der Stadt aus, kaum hingegen auf die Landbevölkerung, jedenfalls nicht in den deutschen Staaten. In den Revolutionsjahren 1848/49 sollte sich die politische Bedeutung dieser Grenzlinie zwischen Stadt und Land im Nationsbildungsprozeß erneut zeigen, aber es zeigte sich auch, daß sie durchlässig zu werden begann.

Nur unter diesem Aspekt Nationsbildung und deren Grenzen soll das Revolutionsgeschehen kurz betrachtet werden. Die Revolution von 1848/49 läßt sich unter diesem Blickwinkel als eine Art Großexperiment studieren, das demonstrieren kann, wie weit die deutsche Nationsbildung politisch, sozial und kulturell vorangeschritten war und in welchem Maße Österreich einbezogen wurde oder nicht.

Mit Blick auf unsere Fragestellung lassen sich 1848/49 zwei große Revolutionsbereiche unterscheiden: die institutionalisierte Revolution und die spontane Revolution. Beide Revolutionsbereiche unterschieden sich strikt in ihren Zielperspektiven, in ihren Aktionsformen und in ihren Handlungsräumen.[11]

Institutionalisierte Revolution – das soll heißen: Politik durch Organisation, Beteiligung an politischen Vereinen, an Interessengruppen vielfacher Art, an Petitionen; eine Politik, die fähig war, gesamtnationale Ziele zu entwickeln und vor allem über die Zeitungen eine nationale, also nicht mehr lokal oder einzelstaatlich begrenzte Öffentlichkeit zu formieren; und – sehr wichtig – eine Politik, die ihre Ziele durch das Parlament verwirklichen wollte, durch parlamentarische Mehrheitsbeschlüsse, die für alle gültig zu sein hatten. Die Revolution sollte also möglichst schnell in legale Bahnen gelenkt werden: Legalisierung durch Institutionalisierung.

Diese Form der institutionalisierten Revolution wies ein breites Spektrum an konkreten Zielen auf, und die Gruppen und Parteien, die sich bildeten, bekämpften sich zum Teil heftig. Aber in ihren Aktionsformen und in ihren Handlungsräumen bildeten sie einen Block, der sich scharf von der spontanen Revolution abgrenzte. Die spontane Revolution war nicht auf Dauer berechnet, nicht oder kaum organisiert, sie setzte vielfach Gewalt oder Androhung von Gewalt als ein Mittel des kollektiven Verhandelns ein, und vor allem war sie begrenzt in ihrer Perspektive auf den lokalen oder allenfalls den einzelstaatlichen Raum. Die Nation und der Nationalstaat gehörten nicht zu ihren Zielen, denn die spontane Revolution dachte nicht abstrakt in Verfassungsnormen, nicht in nationalen Zusammenhängen, sondern sie hatte ihre konkreten Forderungen vor Ort, die kurzfristig erfüllt werden sollten. Auch die spontane Revolution folgte rationalen Handlungsmustern, geboren aus den konkreten Lebenssituationen, zu denen die Idee ,Nation' zunächst nicht gehörte.

Es gab 1848/49 eine Vielzahl solcher spontaner, lokal begrenzter Proteste, z. B. die großen Bauernunruhen vom März und April 1848. Sie hatten ihre eigene Rationalität, die mit der Rationalität der organisierten und institutionalisierten Revolution nicht übereinstimmte, aber nicht weniger effizient sein mußte. Es kenn-

zeichnet den schnellen Fortschritt, den der Prozeß der Nationsbildung in den Revolutionsjahren machte, daß die spontane Revolution schon im Laufe des ersten Jahres stark zurückging zugunsten der organisierten Revolutionsbewegung. Die Zahl der
Vereine zum Beispiel nahm 1849 auf dem Land und in kleinen
Landstädten dramatisch zu – ein Symptom für die in schnellen
Schüben voranschreitende politische Nationsbildung. Denn über
diese Vereine fanden auch Landbewohner Anschluß an die nationale Revolutionsbewegung, an ihre spezifischen Aktionsformen
und an ihre Ziele.

Natürlich kam diese Fähigkeit von Teilen der Landbevölkerung, die Nation als Handlungsrahmen für eigene Ziele anzunehmen, nicht über Nacht. Es gab Vorbereitungen darauf, nicht
zuletzt auf Grund wirtschaftlicher Entwicklungen. Ein Beispiel
bietet der Ort Kiebingen bei Tübingen, das besterforschte Dorf
Deutschlands.[12] In einem der Bücher über dieses Dorf wird dargestellt, wie ein Mann, der während der Hungersnot von 1817
nach Ungarn ausgewandert war und 1843 zurückkehrte, zum
wirtschaftlichen Innovator wurde. Er baute nämlich in Kiebingen
Hopfen an. „Damit begann eine Art Goldrausch, der das bäuerli-
che Denken vielleicht stärker revolutionierte als die Einführung
der Kartoffel. Der Hopfen sprengte den Fruchtwechselrhythmus
der Dreifelderwirtschaft, für Geld gab man die alte Ordnung
auf." Neue Verhaltensweisen mußten eingeübt werden, indem
man nun ökonomisch genötigt wurde, über den alten Horizont
hinaus zu blicken. „Man beobachtete den Markt wie vordem die
Natur".[13]

Auch dies läßt sich als ein Beitrag zur Nationsbildung verste-
hen, weil man gezwungen wurde, auf anonyme wirtschaftliche
Zusammenhänge zu achten, die früher im Leben der Bewohner
Kiebingens nicht sichtbar geworden waren. Ein Teil der Bauern
war also schon aus alten Lebensgewohnheiten herausgetreten.
Das erleichterte ihnen, in der Revolution neuartige politische
Verhaltensweisen zu erlernen.

Die skizzierte soziale und räumliche Ausweitung der organisierten, in nationalen Dimensionen denkenden Revolutionsbewegung blieb auch 1848/49 noch weitestgehend auf den nichtöster-
reichischen Teil des Deutschen Bundes beschränkt. Schon im
ersten Revolutionsjahr beschränkte sich im deutschsprachigen

Teil Österreichs die revolutionäre Bewegung vornehmlich auf wenige Städte, und die große Revolutionswelle im Deutschen Bund seit April 1849 war ein rein außerösterreichisches Phänomen, da die außerparlamentarische Revolutionsbewegung in Deutschösterreich bereits im Oktober 1848 mit dem blutigen Ende der Wiener Revolution erlosch.

Wie läßt sich der gesamte Revolutionsverlauf für die Fragen nach der Entwicklung der Nationsbildung im Deutschen Bund verstehen? Meine Deutung fasse ich in drei Punkten zusammen:

1. Die knappe Entscheidung in der Frankfurter Nationalversammlung für einen kleindeutschen Nationalstaat ohne Österreich zeigt, daß die politische Elite, die in Frankfurt versammelt war, Österreich nach wie vor zur deutschen Nation zählte. Denn zum Verzicht auf einen großdeutschen Nationalstaat rangen sich die meisten nur notgedrungen durch, und viele hofften, daß dieser Verzicht kein endgültiger sein würde.[14]

2. Die Tatsache, daß die breite außerparlamentarische Revolutionsbewegung ihren Schwerpunkt eindeutig im nicht-österreichischen Teil des Deutschen Bundes besaß und alle Organisationsnetze, die demokratischen ebenso wie die liberalen, Österreich weitestgehend aussparten, zeigt, daß die soziale Ausweitung der deutschen Nationsbildung in der ersten Hälfte des 19. Jahrhunderts an den Grenzen Österreichs haltgemacht hatte. Überspitzt gesagt: In den Köpfen der Bildungselite existierte noch die deutsche Nation unter Einschluß Österreichs, in der Praxis der nationalen Massenbewegungen war Österreich dagegen 1848 bereits aus der deutschen Nation ausgeschieden.

3. Beide Teile der deutschen Nationalbewegung, die politischen Eliten in der Nationalversammlung und die Massenbewegungen außerhalb der Parlamente, hatten die Kraft und den Willen der politischen Spitzen der Habsburgermonarchie unterschätzt, den ungeschmälerten Bestand der Monarchie und zugleich deren Verklammerung mit dem Deutschen Bund zu verteidigen. Nach der Revolution mußte sich dann zeigen, ob die Habsburgermonarchie einen Weg finden könnte, sich in den Prozeß der deutschen Nationsbildung doch noch zu integrieren, ohne die Staatlichkeit der Monarchie zu gefährden.

Natürlich hat diese Frage etwas Rhetorisches an sich, denn wir kennen die Antwort. Aber wie es zu dieser Antwort kam, zum

Ausscheiden Österreichs aus Deutschland, ist sozialgeschichtlich noch keineswegs angemessen erforscht. Es sind wieder nur einige Andeutungen möglich.

Im Rückblick läßt sich die habsburgische Politik im Jahrzehnt nach der Revolution als eine Doppelstrategie beschreiben.[15] Im Deutschen Bund setzte sich Österreich wieder an die Spitze der Reaktion, um Reformbewegungen abzublocken. In der Monarchie hingegen war die Ära des Neoabsolutismus charakterisiert durch eine Kombination von Zentralisierung, die sich gegen die Nationalitäten richtete, und von Reformen, mit denen nachgeholt werden sollte, was andere deutsche Staaten ein halbes Jahrhundert zuvor schon realisiert oder eingeleitet hatten. Das Verbindende zwischen der deutschen und der innerhabsburgischen Politik bestand darin, daß in beiden Bereichen ohne Parlament und Verfassung operiert wurde. Diesen Kampfkurs gegen das Partizipationsverlangen der Gesellschaft konnte die Habsburgermonarchie nicht durchhalten. Als die militärische Schwäche erst im Krimkrieg, dann in Italien offenbar wurde, mußte der Kampf abgebrochen werden. In der Monarchie begannen die Verfassungsexperimente, die niemanden zufriedenstellten, und im Deutschen Bund setzte 1859 eine nationalpolitische Dynamik ein, auf die Österreich in keiner Weise vorbereitet war. Daß beides zeitlich zusammenfiel, der Fehlschlag der neoabsolutistischen Reformen im Innern und der Fehlschlag der Reformblockade im Deutschen Bund, schwächte die Position der Habsburger politischen Führung in beiden Bereichen. Diesen Zusammenhang gilt es zu beachten, wenn die Darstellung nun auf die deutsche Entwicklung beschränkt wird. Denn ohne die Probleme in der Habsburgermonarchie wäre deren Schwäche in der deutschen Nationalpolitik nicht voll zu verstehen. Wie sah nun die nationalpolitische Position Österreichs im Kampf um die künftige Gestalt Mitteleuropas in den sechziger Jahren aus?

Das wirtschaftliche Fundament der deutschen Nationsbildung hat sich noch stärker als zuvor zuungunsten Österreichs verschoben, denn die wirtschaftliche Verflechtung des kleindeutschen Raumes war seit der Jahrhundertmitte stark vorangeschritten. Preußen dominierte ökonomisch und setzte seit Beginn der sechziger Jahre resolut den Freihandel als handelspolitische Waffe gegen Österreich ein. Österreich konnte dem wirtschaftlich nichts entgegensetzen oder versuchte es nicht in entschiedener Weise.

Der Zollverein, von Preußen beherrscht, war für die deutschen Staaten längst zu wichtig geworden, als daß sie ihn zugunsten Österreichs aufs Spiel gesetzt hätten. Der Zollverein verband die Mitgliedsstaaten auch bürokratisch, denn die Staaten tauschten Beamte in der Zollverwaltung aus. Österreich nahm an diesem deutschen Bürokratieverbund über die Staatsgrenzen hinweg nicht teil.

Auch in dem seit 1859 stürmisch voranschreitenden Prozeß der politischen Nationsbildung fiel Österreich noch weiter zurück. Soweit Parteien oder sonstige Interessenorganisationen entstanden, blieb Österreich fast durchweg von den über die einzelstaatlichen Grenzen hinaus reichenden Verbindungen ausgeklammert oder rückte ganz an den Rand. Eine Ausnahme bildete der Reformverein, der aber in keiner Weise mit dem auf Preußen orientierten Nationalverein konkurrieren konnte – ein bezeichnendes Symptom, wohin die nationale Öffentlichkeit ihr Augenmerk richtete. Der preußische Verfassungskonflikt hat diese nationalpolitische Kraft Preußens zwar eingedämmt, doch Österreich wußte diesen wunden nationalpolitischen Punkt Preußens nicht auszunutzen. Denn Habsburgs deutschlandpolitische Reformpläne schreckten immer vor dem zurück, was ausgerechnet der preußische Konfliktminister Bismarck der Nation 1863 anbot: ein nationales Parlament mit allgemeinem demokratischen Männerwahlrecht.

Preußen – darin zeigt sich ebenfalls seine nationalpolitische Überlegenheit – ließ auch in der Konfliktzeit nationale Feste zu, etwa die der Turner und Sänger, an denen zum Teil über zwanzigtausend Menschen teilnahmen, um ihren Willen nach einem freiheitlichen deutschen Nationalstaat öffentlich zu bekunden. Österreich dagegen verbot den Turn- und Gesangvereinen auf seinem Territorium, sich den nationalen Verbänden in Deutschland anzuschließen. Damit setzte Österreich seine Politik der Selbstisolation von der deutschen Nationalbewegung fort, die es schon in der ersten Hälfte des 19. Jahrhunderts praktiziert hatte. Erst nach 1866 hob Österreich diese Verbote auf. Nun war es aber zu spät, um damit noch nationalpolitisch werben zu können.

Kulturell arbeitete die Entwicklung auch gegen Österreich. Das ist bislang wenig erforscht. Um hier wenigstens einen Hinweis zu geben: Die an politischem Gewicht gewinnende nationale Bewegung der sechziger Jahre war im Kern eine protestantische Bewegung. Der deutsche Katholizismus geriet in eine Defensivposition; zu einer gesamtdeutschen Offensive mit politischer Wirkung, etwa zu einer großdeutschen katholischen Parteibildung, zeigte er sich nicht fähig. Auch dies schwächte die nationalpolitische Situation Österreichs und stärkte die preußische. Der kulturelle ‚Fortschritt' schien auf seiten des Protestantismus zu stehen und damit auf seiten Preußens. Protestanten wie Heinrich von Treitschke wurden nicht müde, dies der Öffentlichkeit sprachmächtig vor Augen zu stellen.[16]

Alles schien also nationalpolitisch für Preußen, gegen Österreich zu wirken. Und dennoch traten 1866 alle großen deutschen Staaten militärisch an die Seite Österreichs, um gegen Preußen Krieg zu führen. Diese Entscheidung verweist auf die Grenzen, die der deutschen Nationalbewegung trotz aller Erweiterung der politischen Partizipationsmöglichkeiten immer noch gezogen blieben. Die Macht der Monarchien war nicht gebrochen. Sie entschieden über Krieg und Frieden, und gegen sie war die Gründung eines deutschen Nationalstaates nicht zu erreichen. Über diese Tatsache täuschten sich die Kollegen aus der DDR hinweg, wenn sie immer wieder auf die Alternative einer Revolution verwiesen.[17] Denn in den sechziger Jahren gab es in Deutschland keine Chance für eine Revolution. Die Nationalbewegung blieb auf die Kooperation mit den staatlichen Machthabern angewiesen. Die preußische Monarchie bot unter Bismarcks Führung eine solche Kooperation an, die Habsburgermonarchie nicht.

In diesen Entscheidungen der Monarchien spiegelt sich die Richtung des sozialgeschichtlichen Prozesses der Nationsbildung wider, der hier in groben Linien umrissen wurde. Die Entwicklung der politischen und gesellschaftlichen Nationsbildung lief auf Preußen zu, nicht auf Österreich. Aber auch und gerade in sozialgeschichtlicher Perspektive ist zu betonen, daß aus dieser gesellschaftlichen Entwicklung keineswegs zwangsläufig der kleindeutsche Nationalstaat von 1871 hervorgegangen ist. Ohne den gesellschaftlichen Prozeß der Nationsbildung im Deutschen Bund *und* in der Habsburgermonarchie wäre diese Gründung des kleindeutschen Nationalstaates nicht möglich gewesen. Die Entscheidung über das Ausscheiden Österreichs aus Deutschland fiel letztlich jedoch aufgrund des militärischen Sieges Preußens und vor allem aufgrund dessen, was Bismarck mit den Mitteln der Diplomatie und der Nationalpolitik aus diesem militärischen Sieg machte.

In den Möglichkeiten der damaligen Zeit hätte auch ein anderes Ende dieses Krieges gelegen, etwa eine Vergrößerung des preußischen Staates, ohne eine deutsche Nationalstaatsbildung – so wie es der preußische König gewollt hatte. Hätte er sich gegen seinen Minister Bismarck durchgesetzt, wäre der Prozeß der inneren Nationsbildung nicht notwendigerweise abgebrochen. Denn die wirtschaftliche, soziale und kulturelle Integration hätte sich auch ohne ein nationalstaatliches Gehäuse fortsetzen können, so wie sie ohne ein solches Gehäuse entstanden war. Ein irgendwie föderalistisches Deutschland ohne nationalstaatliche Klammer, aber verbunden mit der Habsburgermonarchie, ist keineswegs eine „postnationale Träumerei", wie Nipperdey[18] meint, sondern gehörte zu den Alternativen, um die in den sechziger Jahren gerungen wurde. Daß sie sich nicht durchsetzen konnte, macht sie nicht zur Träumerei. Daran zu erinnern heißt nicht, in diesen Ideen Vorbilder für die Zukunft zu sehen, genauso wenig wie der Deutsche Bund ein Modell für die Zukunft abgeben kann. Aber an die historischen Staatsbildungsprozesse in Mitteleuropa zu erinnern kann dazu beitragen, die aktuellen Debatten um das künftige „Haus Europa" in eine geschichtliche Perspektive zu rücken, die nicht nur Raum hat für einen deutschen Zentralstaat, sondern auch für eine föderalistische Ordnung in der Mitte Europas.

8. Reich, Nation und Staat
in der jüngeren deutschen Geschichte

1. Nationalismus und Nationalstaat heute

Über das „dröhnende Schweigen", das die „Zunft der Intellektuellen im Gefolge der jüngsten Umwälzungen im Osten" befallen habe, ist viel gespottet worden.[1] Die Revitalisierung des Nationalismus in Europa als einer Freiheitsidee kam gerade für sie unerwartet. Das gilt insbesondere für Deutschland, denn hier schien der Nationalismus durch die Geschichte selber unrettbar diskreditiert und durch die Hoffnung auf ein gemeinsames Europa überholt zu sein. Wohl in keinem anderen Staat der Europäischen Gemeinschaft war der Wunsch, in Europa aufzugehen, so stark ausgeprägt wie in Westdeutschland. Die Mauer zur Deutschen Demokratischen Republik niederzulegen, konnte sich kaum jemand anders vorstellen als in einem langwierigen Prozeß der europäischen Integration. Auch wer von dem Fall der Mauer langfristig eine Vereinigung von BRD und DDR erwartete, mußte angesichts der politischen Realitäten auf ein Europa hinarbeiten, das die Grenzen der Nationalstaaten und der weltpolitischen Blöcke gleichermaßen überwindet. Versteht man unter ‚Nationalismus' funktionalistisch jede Verhaltensweise, die auf Schaffung oder Bewahrung eines Nationalstaates zielt, so konnten deutscher Nationalismus und Bemühen um europäische Integration durchaus zusammengehen. Nationalismus mag für viele Deutsche die ihnen selber unbewußte Rückseite ihrer Europabegeisterung gewesen sein. Diese verborgene Kehrseite wurde durch die Vorgänge in der DDR nicht geschaffen, sondern ins Bewußtsein gerückt.

Wenn diese Annahmen richtig sind, dann zeigt das einmal mehr, daß der deutsche Nationalismus in seiner veränderungsreichen Geschichte erneut einen tiefen Wandel vollzogen hat. Mit dem aggressiven Nationalismus der Vergangenheit hat der gegenwärtige nichts gemeinsam. Die deutsche Nation lebt heute in festen, von ihr und den Nachbarn anerkannten Grenzen, die niemand überschreiten will, und zugleich ist sie in einen europäischen Integrationsprozeß eingefügt, der diese Grenzen bereits in vielfältiger Weise aufgehoben hat. Diese Form der europaoffenen, integrationswilligen Nation hat es zuvor noch nie gegeben – nicht nur in der deutschen Geschichte. Weil sich in ihr die aggressive Gewalt des Nationalismus am blutigsten entladen hatte, trat die Abkehr davon seit 1945 auch besonders dramatisch hervor. Der „Vulkan des deutschen Nationalismus [ist] ausgebrannt"[2], doch der Nationalismus, so zeigte sich, hat seine politische Gestaltungskraft hier ebenso wenig wie in den anderen Staaten Europas verloren. Das ist verständlich und politisch auch notwendig. Denn bislang hat sich der politisch gesteuerte Integrationsprozeß in der Europäischen Gemeinschaft weitgehend administrativ ‚von oben' vollzogen,[3] ohne die in demokratischen Staaten üblichen Mitwirkungsmöglichkeiten der Bürger und ihrer vielfältigen Interessenorganisationen. Politische Partizipation der Bürger ist zur Zeit nur in den Nationalstaaten institutionalisiert. Erst wenn dies geändert würde, wären die institutionellen Voraussetzungen für einen europäischen Staat geschaffen, die demokratischen Funktionen der Nationalstaaten übernehmen zu können.

Ob der heutige Nationalismus in Europa zu einem demokratischen Potential werden kann, wird sich nicht in Deutschland, sondern in Ost- und Südosteuropa zeigen müssen. Denn dort tritt ein Problem wieder hervor, dessen friedliche Lösung in der Vergangenheit stets mißlungen ist: die Auflösung von supranationalen Großreichen in demokratiefähige Nationalstaaten. Für das Mißlingen dieser Aufgabe sind das Osmanische Reich und die Habsburgermonarchie die großen historischen Lehrbeispiele. Ihre Sezession destabilisierte Europa. Dies gehörte zu den tieferen Voraussetzungen beider Weltkriege.

2. Reich, Nation und Staat in der ersten Phase des deutschen Nationalismus

Wie überall in Europa entstand der moderne Nationalismus auch in Deutschland erst im späten 18. Jahrhundert, als die älteren Formen von Nationalgefühl und Patriotismus der modernen Idee der Nation zu weichen begannen.[4] Diese Zäsur hatte schon Friedrich Meinecke in seiner Geistesgeschichte des deutschen und des preußischen Nationalismus scharf herausgearbeitet. Er unterschied eine ältere Periode mit eher „vegetativ" dahinlebenden Nationen, die nicht den Drang entfalteten, zur Staatsnation werden zu wollen, von der jüngeren Phase, in der aus dem „Geiste von 1789" der bewußte „Wille zur Nation" geboren wurde.[5] Jetzt erst setzte ein, was Norbert Elias, der mentalitätsgeschichtlichen Forschung vorausgreifend, für die jüngere deutsche Geschichte eindringlich erörtert hat, als er den Nationalismus das wohl „mächtigste soziale Glaubenssystem" nannte, das Demokratisierung voraussetze und einfordere.[6] Wer sich zur modernen Idee der Nation bekannte, richtete eine Kampfansage an die überlieferte Ständegesellschaft mit ihrem dichten Geflecht an Privilegien und Ausgrenzungen. Auch wo ein gemeinsamer Staat bereits bestand, wie in Frankreich, wirkte die Idee der Nation als ein egalitärer Zukunftsentwurf. Er versprach jedermann – Frauen wurden noch nicht in das Egalitätsversprechen einbezogen[7] – politische und rechtliche Gleichberechtigung. Und er säkularisierte den Glücksanspruch des Individuums. Denn ‚Nation' als Zukunftsverheißung akzeptierte nicht mehr die Zwänge einer vermeintlich gottgefügten weltlichen Ordnung. Sie gab sich auch nicht mehr damit zufrieden, auf die Egalität des Jenseits vertröstet zu werden. Deshalb war das Zukunftsmodell ‚Nation' eine potentiell revolutionäre Kraft. Dies gilt für alle Staaten, die unter den Einfluß des modernen Nationalismus gerieten. Nirgendwo überlagerten sich die Probleme jedoch so massiv und wurden deshalb so brisant wie in Deutschland.

Unter dem Reformdruck, den die Französische Revolution und vor allem der Revolutionsexport durch Napoleon erzwungen hatten, brach das Heilige Römische Reich Deutscher Nation zwar zusammen, doch die Reichsidee lebte fort. In den Verfassungsberatungen von 1814/15 über die künftige staatliche Gestalt Deutschlands spielte sie eine bedeutende Rolle. Schon damals verschleierte jedoch die „Parole von der Wiedergeburt des Reiches […] reine Machtinteressen"[8]; realisierbare politische Alternativen zum Deutschen Bund bot sie nicht. Sie wurde zum Schlagwort, das mit gegensätzlichen Inhalten gefüllt wurde, konservativ-defensiven ebenso wie unitarisch-demokratischen. So sehr aber die Reichsidee in der ersten Hälfte des 19. Jahrhunderts politisch verblaßte und ohne konkrete Perspektive blieb – sie lebte fort. In der Lyrik der Freiheitskriege, in den Burschenschaften und auf dem Wartburgfest, in der frühen, von Jahn geprägten Turnbewegung, in den Nationaldenkmälern und ab den 1820er Jahren mit beträchtlicher Breitenwirkung in den süddeutschen Männergesangvereinen – überall durchzog die Erinnerung an das untergegangene Reich die nationalen Hoffnungen. [9]

Föderative Reichsnation

Im Gegensatz zum imperialistisch gewendeten Reichsnationalismus der wilhelminischen Ära drückte sich in der ersten Jahrhunderthälfte in der Reichsmetaphorik vor allem zweierlei aus: die fortlebende Idee der deutschen Kulturnation, die nicht auf einen Nationalstaat zielte, und die föderative Vielfalt der deutschen Staatenwelt, die sich ebenfalls gegen einen nationalen Zentralismus sperrte. Als 1828 zum Liederfest nach Esslingen die „Liederkränze unseres Vaterlandes"[10] eingeladen wurden, meinten die Veranstalter Württemberg. Der gereimte Prolog verwob die Geschichte Schwabens und vor allem Esslingens mit der Reichsgeschichte. Dann folgte die Festrede, ein reichsnationaler Geschichtsunterricht, der in pathetischer Sprache die städtischen Bürger als die Erben einer nationalen Adelskultur feierte, die mit den Stauferkaisern ihren glanzvollen Höhepunkt erreicht habe, dann einer Bürgerkultur weichen mußte, die in den Wirren des Dreißigjährigen Krieges untergegangen sei und nun in neuer Form wiederauflebe. Auch Otto Elben, der erste Geschichtsschreiber der Sängervereine als einem organisatorischen Kern der deutschen Nationalbewegung, pries 1855 noch die deutsche Kulturnation. Zu ihr zählte er auch „die entfernteren Glieder deutschen Volksthums": die Österreicher, Schweizer, Niederländer und Flamen.[11] Erst als er sich in den 1860er Jahren zum Verehrer Bismarcks wandelte, wurde der Württemberger Elben einer der entschiedensten Verfechter eines preußisch geführten Nationalstaates. Bis dahin blieb seine Idee von einer deutschen Nation kultur- und reichsnational imprägniert, ohne daß damit imperiale Ansprüche verbunden gewesen wären. Deutsche Sängervereine trafen sich noch nach der Jahrhundertmitte mit Vereinen aus der Schweiz, Holland und Belgien oder gastierten mit nationalen Liedern begeistert gefeiert in England. Universalität und Nationalität galten in der Musik, in der Sängerbewegung und ihrem Publikum nicht als Gegensatz.[12]

Die Reichsidee, wie sie bis über die Mitte des 19. Jahrhunderts hinaus wirkte, darf also nicht mit der späteren gleichgesetzt werden. Noch milderte sie die zentralisierende Kraft, die von der Idee der Nation ausging. Sie verflüssigte deren Grenzen kulturell, stellte aber nicht die selbständige Existenz jener Staaten in Frage, die früher einmal zum Reich gehört hatten, nicht aber zur nachrevolutionären deutschen Nation zählten. Man blickte zwar über die Grenzen des Deutschen Bundes, aber mit kulturellen, nicht mit territorialen Erwartungen. Auch nach innen sperrte sich die Reichsidee gegen einen nationalstaatlichen Zentralismus, indem sie die kulturellen Leistungen der staatlichen Vielfalt pries. Sie wehrte österreichische wie preußische Hegemonieansprüche gleichermaßen ab. Stolz auf die frühere reichsstädtische Selbständigkeit und auf die Landes- oder Stammestradition, in die man sich einordnete, konnte bruchlos einhergehen mit einem Reichsnationalismus, der eine in sich offene Nation ohne Grenzen, aber keinen zentralistischen Nationalstaat erstrebte. Das erwähnte Esslinger Liederfest bietet dafür ein Beispiel. Auch Goethe hatte eine solche Nation ohne Zentrum und Zentralismus vor Augen, als er am 23. Oktober 1828 mit Eckermann über die „Einheit Deutschlands und in welchem Sinne sie möglich und wünschenswert" sprach:

„Mir ist nicht bange, daß Deutschland nicht eins werde; unsere guten Chausseen und künftigen Eisenbahnen werden schon das ihrige tun. Vor allen aber sei es eins in Liebe untereinander und immer sei es eins gegen den auswärtigen Feind. Es sei eins, daß der deutsche Taler und Groschen im ganzen Reich gleichen Wert habe; eins, daß mein Reisekoffer durch alle sechsunddreißig Staaten ungeöffnet passieren könne. Es sei eins, daß der städtische Reisepaß eines weimarischen Bürgers von dem Grenzbeamten eines großen Nachbarstaates nicht für unzulänglich gehalten werde, als der Paß eines *Ausländers*. Es sei von Inland und Ausland unter deutschen Staaten überall keine Rede mehr. Deutschland sei ferner eins in Maß und Gewicht, in Handel und Wandel und hundert ähnlichen Dingen, die ich nicht alle nennen kann und mag.
Wenn man aber denkt, die Einheit Deutschlands bestehe darin, daß das sehr große Reich eine einzige große Residenz habe und daß diese eine große Residenz zum Wohl der Entwickelung einzelner großer Talente, so auch zum Wohl der großen Masse des Volkes gereiche, so ist man im Irrtum. [...] Wodurch ist Deutschland groß als durch eine bewunderungswürdige Volkskultur, die alle Teile des Reichs gleichmäßig durchdrungen hat. Sind es aber nicht die

einzelnen Fürstensitze, von denen sie ausgeht und welche ihre Träger und Pfleger sind? – Gesetzt, wir hätten in Deutschland seit Jahrhunderten nur die beiden Residenzstädte Wien und Berlin oder gar nur eine, da möchte ich doch sehen, wie es um die deutsche Kultur stände, ja auch um einen überall verbreiteten Wohlstand, der mit der Kultur Hand in Hand geht."[13]

Diese föderative Tradition, deren große Leistungen Goethe zu Recht betonte, hat die deutsche Geschichte bis heute geprägt. In den Anstrengungen, die Lebensverhältnisse der alten und neuen Bundesländer rasch anzugleichen, steht sie vor einer erneuten Bewährungsprobe. Der Wille, das Verfassungsgebot der Chancengleichheit in allen Teilen Deutschlands zu verwirklichen, wäre ohne die nie verloschene föderative Tradition wohl nicht zu erklären.

In der ersten Hälfte des 19. Jahrhunderts harmonierte das in der Lebenswelt der Menschen tief eingeschliffene föderative Bewußtsein nicht nur mit der aus der Vergangenheit geschöpften Reichsidee, sondern in der Regel auch mit der in die Zukunft blickenden Vision einer deutschen Nation. Man sprach in der Nationalbewegung vor der Revolution 1848/49 von Nationaleinheit und Nationalkirche, Nationalsinn, Nationalgefühl und Nationalehre, Nationalliebe und Nationalhaß, und es wurden viele andere Worte mit dem jungen Leitbegriff Nation gebildet. Doch das Wort Nationalstaat gehörte noch nicht zum politischen Sprachgebrauch der Deutschen.

Die Sprache spiegelt die föderative Reformlinie des deutschen Frühnationalismus wider. Sie dominierte. Carl Theodor Welcker ist dafür ein Beispiel. Er verurteilte zwar die staatliche Zersplitterung Deutschlands als Schwäche, aber einen nationalen Einheitsstaat lehnte er ab. Die deutsche Nation, verbunden „in einer untrennbaren Gemeinschaft unserer politischen Entwicklung, unserer Hoffnungen und Gefahren",[14] sollte die bestehenden Staaten reformieren, nicht jedoch auslöschen. Darin stimmten Repräsentanten des gemäßigt-konstitutionellen sächsischen Liberalismus mit dem prominenten badischen Liberalen überein. Eine „wahrhaft teutsche Volks- und Reichsgeschichte", hieß es 1828 in dem Organ des ‚konservatorischen Liberalismus'[15] Sachsens, müsse nicht nur die „Geschichten der einzelnen Fürstengeschlechter und Landesgebiete" einbeziehen, sondern ebenso „die Chroniken der einzelnen Reichsstädte, ja sogar die Urkunden und Jahrbücher der

Klöster und Stifte". Auf der Vielfalt dieser Territorien, auf ihren Fürsten und dem Volk beruhe „der alte politische Verband des teutschen Staatskörpers", der von seinen Anfängen unter Ludwig dem Deutschen bis zum Deutschen Bund „nach und nach in eine rechtlich geordnete *Staatenfamilie*" zusammengewachsen sei. Dieses Bild einer „teutschen Völkerfamilie", in der sich die Geschichte dem „Endpunct aller geselligen und bürgerlichen Ausbildung" annähere, war national und zugleich föderativ, und es untermauerte den staatsbürgerlichen Partizipationsanspruch historisch, indem es neben den Fürsten das ‚Volk' zu gleichgewichtigen Trägern der Nation erhob. Ähnlich wie bei Friedrich Ludwig Jahn richtete sich diese Vorstellung von ‚Volksgeschichte' gegen den staatlich-politischen Alleinvertretungsanspruch der Fürsten, ohne jedoch die monarchische Staatsform in Frage zu stellen. Doch während Jahn und die frühe Turnbewegung die deutsche Nation schroff nach außen, vor allem gegen den „Erbfeind" Frankreich abgrenzten, sah der zitierte sächsische Liberale in der deutschen „Staatenfamilie" den Kern „eines gemeinsam völkerrechtlichen europäischen Staatenverbandes".[16]

Für eine unitarische Nation sprach sich nur aus, wer die Einzelstaaten für reformunfähig hielt. Das taten die entschiedenen Demokraten und vor allem die Republikaner. Wer den Nationalstaat in Form einer demokratischen Republik erstrebte, mußte Reformen im Gehäuse der bestehenden Fürstenstaaten ablehnen. Unitarismus und Republik bedeuteten in Deutschland zwangsläufig Revolution. Deshalb bestärkten die starken föderativen Traditionen den Unwillen zur Revolution, der bis weit in die Reihen der Demokraten reichte. Liberale lebten ohnehin in der Furcht vor Revolution und Republik. Ein revolutionärer Nationalismus konnte deshalb in Deutschland nur wenig Anklang finden. Noch in der Revolution von 1848/49 setzte die deutsche Nationalbewegung ganz überwiegend auf eine Reformallianz mit den Landesfürsten und auf den Erhalt der bestehenden Länder innerhalb des künftigen Nationalstaats.[17]

Die wirkungsmächtigsten Gegenspieler der föderativen Traditionslinie im deutschen Frühnationalismus waren nicht die unitarischen Nationalisten auf der Linken, die Radikaldemokraten und Republikaner, sondern zunächst die reformverweigernden Fürsten und dann die Befürworter eines preußisch dominierten Nationalstaats. Die variantenreiche Idee einer deutschen Trias, die sich den Hegemonialansprüchen der beiden deutschen Vormächte entgegenstellte, ließ sich dagegen mit einem föderativen Nationalismus vereinbaren.[18] Die Nationalbewegung wandte sich erst gegen die Einzelstaaten, als deren Fürsten und Bürokratien seit der restaurativen Versteifung um 1820 politische Reformen zunehmend verweigerten. Zunächst hatte es keinen Widerspruch bedeutet, für eine einheitlichere Nation zu plädieren und sich zugleich als loyaler Bürger zu dem deutschen Staat zu bekennen, in dem man lebte und politisch wirkte. Gemeinsam mit diesem Staat und seinen Repräsentanten wollte man die deutsche Nation zusammenschließen. Erst als innerstaatliche Reformen ausblieben und zum Teil zurückgenommen wurden, entwickelte sich ‚Nation‘ zu einem Reformziel, das sich gegen die Einzelstaaten richtete. Dieser ungeplante Weg der Nationalbewegung in die Opposition läßt sich am Philhellenismus der 1820er Jahre ebenso verfolgen wie etwa am Wandel Ludwig Uhlands, den die Enttäuschung über die ausbleibenden Reformen in Württemberg dazu führte, seine Hoffnungen auf den großdeutschen Nationalstaat zu setzen.[19] Reformwille und Bekenntnis zur Nation wuchsen zusammen, die nationale Idee wurde reformpolitisch instrumentalisiert.

Wer politische Reformen ablehnte, gehörte selbst dann nicht zur Nationalbewegung, wenn er seinen ‚Nationalsinn‘ öffentlich bekundete. Das mußte auch der bayerische König Ludwig I. erfahren, der wohl wie kein anderer deutscher Fürst der ersten Hälfte des 19. Jahrhunderts den nationalen Gedanken förderte. Die meisten Fürsten seiner Zeit begriffen Nation und Nationalismus als eine doppelte Untergangsdrohung: gerichtet gegen die monarchische Machtposition im Staat *und* gegen die Existenz der Einzelstaaten. Zwar entstand schon im Vormärz ein konservativer Nationalstaatsgedanke, doch noch wollte er, wie Meinecke mit Blick auf Preußen hervorhob, „kein Deutsches Reich, verlangte höchstens, wie Ranke, Radowitz und Friedrich Wilhelm IV., einen Ausbau der Bundesverfassung“.[20] Dem konservativen Nationalismus galt die monarchische Legitimität als unantastbar, deshalb mußte sein Nationsideal föderativ-staatenbündisch sein. Auch Ludwig I., „seit seinen Jugendtagen ein glühender Patriot“, wollte sein „stark historisch geprägtes deutsches Nationalbewußtsein“, in dem die Reichsidee fortlebte, mit dem „bayerischen

Staatspatriotismus"[21] verbinden, um die einzelstaatliche Monarchie und zugleich die Nation zu stärken.

Als Carl von Rotteck, einer der prominentesten südwestdeutschen Liberalen, 1832 einen deutschen „Staaten-Bund" forderte, da dieser, „laut dem Zeugnis der Geschichte, zur Bewahrung der Freiheit geeigneter [sei] als die ungeteilte Masse eines großen Reiches"[22], wandte er sich damit gegen nationalunitarische Äußerungen von Demokraten und Liberalen auf dem Hambacher Fest. Die pfälzischen Liberalen hatten sich zunächst zur ‚bayerischen Nation' bekannt. Erst als die Konstitutionalisierung, die sie als Kernelement jeder Nation betrachteten, ausblieb, forderten sie einen gesamtdeutschen Nationalstaat, von dem sie jene Liberalisierung erhofften, die der Partikularstaat verweigerte.[23] Diese nationalpolitische Neuorientierung, die sie im Vorfeld des Hambacher Festes vollzogen, lehnte Welcker ab. Er setzte weiterhin auf die Reformfähigkeit der Einzelstaaten, die sich zu einer nicht-unitarischen Nation zusammenschließen würden. Die Gefahr eines preußisch geführten Nationalstaats hatte er dagegen nicht vor Augen. Das wäre ihm zu unrealistisch gewesen. Zu mächtig erschienen ihm Habsburgs Position in Deutschland und zu schwach die Anhänger Preußens.

Die ältere kleindeutsche Geschichtsschreibung hat die politische Kraft und die Breitenwirkung der nationalen Publizistik im Umkreis der ‚Befreiungskriege' gegen das napoleonische Frankreich meist verklärt. In den Jahrhundertfeiern von 1913 erklomm diese Borussifizierung der deutschen Nationalgeschichte einen Höhepunkt.[24] Johann Gottlieb Fichtes retrospektiv vielgefeierten „Reden an die deutsche Nation" waren in ihrer Zeit aber nicht mehr als „ein luftiges Wolkenkuckucksheim", und auch Ernst Moritz Arndts oder Friedrich Ludwig Jahns berühmte Schriften erreichten nur einen kleinen Leserkreis. Gleichwohl darf man die mobilisierende Wirkung der napoleonischen Ära in Preußen nicht unterschätzen. Das „Erlebnis von Zusammenbruch und Fremdherrschaft" bildete hier „gewissermaßen die Initialzündung für eine allmähliche Politisierung der breiten Bevölkerung". Vor allem aber prägten die schweren wirtschaftlichen Probleme in der Zeit politischer Abhängigkeit von Frankreich. „Wenn irgend etwas in dieser Zeitspanne ein Bewußtsein nationaler Identität vermitteln konnte, dann die Erfahrung gemeinsamer Unterdrückung" und Not. Ohne sie wäre die „Wucht der Erhebung von 1813" nicht zu begreifen.[25]

Prowestlicher und antifranzösischer Nationalismus

Diese Erfahrung formte den Frühnationalismus im deutschen Norden, vor allem in Preußen, in anderer Weise als im Süden und Südwesten. Diese Unterschiede sind bislang nicht systematisch erforscht. Innerhalb der Turn- und Sängerbewegung, die in den 1840er Jahren das organisatorische Rückgrat der Nationalbewegung stellten, gab es antifranzösische Ressentiments zwar auch in Süddeutschland. Doch hier konnte die entstehende Nationalbewegung an die Reformleistungen anknüpfen, die von der napoleonischen Ära ausgingen.[26] Im entschieden oppositionellen Liberalismus der Pfalz läßt sich diese prowestliche Linie des deutschen Frühnationalismus ebenso fassen wie in der politisch gemäßigteren schwäbischen Sängerbewegung. In ihr konnte die mit den schwarz-rot-goldenen Farben der Nationalbewegung geschmückte Sängerfahne unbefangen „deutsche Tricolore" genannt werden.[27] In der norddeutschen Turnbewegung stieß dieses Nationalsymbol des revolutionären Frankreich auf Ablehnung. Dort fällte man „undeutsche" Pappeln und zielten Turner auf Symbole französischer Macht, auf Napoleon und seinen Grenadier.[28] Im Norden, insbesondere in Preußen, erwuchs anders als im Süden der deutsche Nationalismus vor allem aus der Erfahrung, von Frankreich politisch unterdrückt, wirtschaftlich ausgebeutet und als Staat existentiell gefährdet worden zu sein. Mit seinem unbändigen Franzosenhaß und seiner generellen Xenophobie war Jahn ein Repräsentant dieses Zweiges des deutschen Frühnationalismus aus preußischer Unterjochungserfahrung. Wie wirkungsmächtig diese Linie damals war, wissen wir bislang nicht.[29] Es scheint aber, daß diese antifranzösische Prägung trotz der Kriegsstimmung infolge der Rheinkrise von 1840 in dem vorrevolutionären Jahrzehnt zurückging, als die Nationalbewegung auch sozial in die Breite wuchs und politisch entschiedener liberal, teilweise demokratisch wurde. Gleichwohl bleibt festzuhalten, daß die Abgrenzung nach außen, vor allem gegen Frankreich aggressiv gesteigert, nicht erst in den späteren Phasen des deutschen Nationalismus auftrat. Diese Färbung gehörte von Beginn an dazu, war aber in der ersten Hälfte des 19. Jahrhunderts noch nicht dominant. Auch für Deutschland gilt: Die Anfänge der modernen Vorstellung von Nation waren fortschrittlich, emanzipatorisch, demokratisch.[30] Davon ist selbst der xenophobe ‚Teutomane' Jahn nicht auszunehmen.

1848 – nationalpolitisches Laboratorium

Die Revolutionen von 1848 stellten die europäischen Nationalbewegungen vor ihre erste große internationale Bewährungsprobe. Sie bestanden sie nicht. Es war eine wahrhaft europäische Revolution, die sich von Frankreich bis in die Randzonen des Osmanischen Reiches erstreckte, aber sie wurde auch zu einer Revolution der europäischen Nationen und Nationalitäten gegeneinander.[31] Der Traum vom europäischen „Völkerfrühling" zerrann schnell. Als belastbar erwies sich dagegen der antirevolutionäre Internationalismus der Großmächte, dem nur zweierlei entgegenstand: ein damals völlig bedeutungsloser Internationalismus der pazifistischen Bewegung und der ebenso wirkungslose Internationalismus einiger Revolutionäre, die vergeblich auf einen revolutionären Internationalismus der Nationalitäten hofften. Statt dessen entstand eine vehemente Rivalität der Nationalitäten, die zugunsten ihrer Ziele immer wieder mit den Kräften der Gegenrevolution paktierten.

Das war überall so, nicht nur in Deutschland. Hier traten aber die Probleme am stärksten hervor. Das war nicht zu vermeiden. Denn den Deutschen Bund, der bis zu 41 Staaten in einer Mischung aus Ohnmacht und Widerstandskraft in der Mitte Europas zusammenband, in einen Nationalstaat zu verwandeln, mußte zwangsläufig eine Vielzahl europäischer Staaten, Nationen und Nationalitäten beunruhigen. Zwei ausländische Monarchen gehörten 1848 als Fürsten deutscher Territorien dem Deutschen Bund an, und Österreich, aber auch Preußen, die beiden deutschen Führungsmächte, besaßen große Gebiete außerhalb des Bundes. In ihn brachte Österreich fast sechs Millionen Menschen anderer Nationalitäten ein, Tschechen und Slowenen vor allem, aber auch Polen, Kroaten und über 400000 Italiener. In etlichen Teilen der Habsburgermonarchie, die zum Deutschen Bund zählten, lebten sogar überwiegend nicht-deutsche Nationalitäten, ebenso im preußischen Großherzogtum Posen. Im Deutschen Bund und erst recht in der mit ihm verbundenen Habsburgermonarchie war nahezu jede europäische Nationalität vertreten, die noch nicht über einen eigenen Nationalstaat verfügte. Deshalb drohte dieser Staatenbund unvermeidlich in fast alle Nationalitätenkonflikte verwickelt zu werden, sobald die noch staatenlosen europäischen Nationalitäten in Bewegung geraten sollten. Jeder Versuch, aus dem deutschen Staatenbund einen Nationalstaat zu formen, mußte die Interessen der vielen anderen Nationalitäten tangieren, wie auch jeder Versuch dieser Nationalitäten, selber Nationalstaaten zu gründen, zu Konflikten mit der deutschen Nationalbewegung führen konnte. Als 1848 die Revolution ausbrach, wurden diese zuvor nur latenten Probleme schlagartig aktuell.

In der deutschen Nationalversammlung in Frankfurt brachen damals imperiale Machtträume von erschreckendem Ausmaß hervor. Man hatte eine deutsche Hegemonie von der Nord- und Ostsee bis zur Adria und zum Schwarzen Meer vor Augen, und die Flotte, für die in allen deutschen Staaten Geld gesammelt wurde, sollte die neue Stärke der deutschen Nation in alle Welt tragen. Dieser expansive Nationalismus fand unter den Linken ebenso Anklang wie unter den Rechten. Sie blickten alle in die Vergangenheit des untergegangenen Reiches, um ihre Großmachtträume historisch zu rechtfertigen. Varnhagen von Ense hat 1848 das Problem historisch begründeter Grenzen für den auch von ihm ersehnten deutschen Nationalstaat klug beschrieben:

„Vereinigung der Deutschen, Einheit von Deutschland – wie süß klingen seit Jahren diese Worte dem Vaterlandsfreund ins Ohr! Leider jedoch sah es von jeher bei uns mit der Sache mißlich aus, und es scheint, daß wir auch heute nicht so schnell damit aufs reine kommen. Die Nationalität ist im allgemeinen bei uns schwer festzuhalten, sie war von den frühesten Zeiten in stetem Flusse [...]. Franken und Angelsachsen zogen aus der Heimat fort, mischten sich mit anderen Völkern und wurden groß und frei, während Langobarden und Vandalen auf gleichen Wegen sich in der Fremde verloren. Die Schweiz fiel von Deutschland ab, das slawische Böhmen und das gallische Belgien schlossen sich an, Elsaß und Lothringen wurden hingegeben: Wo sollen wir anfangen zu rechnen, zu fordern? Eine reine Lösung aus dieser Völkermischung herauszufinden, ist nicht möglich. Wenn sie nur annähernd gelingt, können wir zufrieden sein. Aber die Nationalität ist auch keineswegs die alleinige Grundlage des Staates, nicht die alleinige und nicht die wesentlichste. Gesetzgenossenschaft und Freiheitsgenossenschaft sind unstreitig höherer Geltung als Stammesverwandschaft, besonders wenn diese noch vielfach gebrochen und verdunkelt ist."[32]

Auch bei Varnhagen gründete ,deutsche Nation' in der Reichsidee, aus der er aber keine territorialen Forderungen ableitete. Zu dieser einsichtigen Haltung rang sich schließlich auch die Mehrheit der deutschen Nationalversammlung durch. Ihre imperiale Rhetorik bestimmte nicht die Politik. Es wäre deshalb unfair, die deutsche Nationalbewegung von 1848/49 nur an ihren Machtträumen von einem deutschen Großreich zu messen. Zur freiwilligen Selbstbescheidung zeigte sie sich jedoch ebensowenig bereit wie die anderen europäischen Nationalitäten, die in der Revolution ihre Sehnsucht nach einem Nationalstaat zu erfüllen suchten. Man steckte zurück, weil man seine Ziele nicht durchsetzen konnte.

Der kleindeutsche Nationalstaat, zu dem sich eine knappe Mehrheit der Nationalversammlung schließlich widerwillig durchrang, wäre die einzige Lösung gewesen, welche die europäische Staatenordnung nicht zerstört hätte und sich mit den nationalstaatlichen Ambitionen der anderen Nationalitäten hätte vereinbaren lassen. Die Mehrheit der Nationalversammlung und der gesamten Nationalbewegung wollte aber zweifellos den großdeutschen Nationalstaat. Ihre Gründe waren unterschiedlich. Viele dachten in der historischen Reichstradition; viele Katholiken glaubten, ohne das katholische Österreich vom protestantischen Preußen beherrscht zu werden; vor allem süddeutsche Demokraten und Liberale fürchteten sich – wie in den 1860er Jahren dann die großdeutschen Sozialisten um August Bebel und Wilhelm Liebknecht – vor einem borussifizierten Deutschland, das sie für nicht mehr reformierbar hielten; andere meinten, nur in einem Großdeutschland könnten die einzelnen Staaten ihr Eigengewicht bewahren, denn ohne Österreich werde der Föderalismus vom Übergewicht Preußens erstickt. Ein großdeutscher Staat wäre jedoch nicht durchzusetzen gewesen, denn er hätte die Habsburgermonarchie zweigeteilt. Dies wollten aber außer den Ungarn keine der habsburgischen Nationalitäten und die österreichische Staatsspitze wie auch die europäischen Großmächte ebenfalls nicht.

Neben diesen beiden nationalstaatlichen Konzeptionen gab es noch zwei andere. Sie wurden von den Regierungen in Österreich und in Preußen propagiert, um die Revolution zu beenden und zugleich zu beerben. Mit ihren Plänen konkurrierten die beiden deutschen Hauptmächte untereinander und zugleich gegen die Nationalbewegung. Beide hätten das Verfassungswerk der Nationalversammlung konservativ beschnitten.[33] Nur der preußische Plan besaß eine Zukunftschance, der österreichische nicht. Denn dieser wollte die gesamte Habsburgermonarchie mit dem Deutschen Bund verklammern. Damit wären Mitteleuropa, Oberitalien und große Teile Südosteuropas zu einem riesigen Staatenbund vereinigt worden, der die Machtverteilung in Europa irreparabel zerstört hätte. Der preußische Plan sah dagegen einen kleindeutschen Nationalstaat vor. Nur in diesem territorial begrenzten Umfang, das hatte sich 1848 gezeigt, konnte es für Europa erträglich sein, wenn der lockere deutsche Staatenbund zu einem Nationalstaat verfestigt werden sollte. Zunächst scheiterten jedoch beide Pläne, der österreichische und der preußische. Sie scheiterten, aber sie waren Zeichen eines beginnenden revolutionären Wandels der monarchischen Politik: Die traditionelle österreichisch-preußische Rivalität um die Führungsrolle im Deutschen Bund wurde nun nationalpolitisch überformt. Noch hielt das „Familienkartell regierender Häuser"[34] der nationalen Herausforderung stand. Dynastische Solidarität, durchwoben mit Reichsbewußtsein, ließ den preußischen König Friedrich Wilhelm IV. einen Krieg mit Österreich um die Vorherrschaft in Deutschland strikt ablehnen.[35] Doch der föderativ-partikularistische Kulturnationalismus, den deutsche Monarchen bis 1848 gepflegt hatten, war durch die Revolution in den Sog des modernen Staatsnationalismus[36] geraten, und die künftigen nationalpolitischen Bruchstellen im „Verein der Monarchien"[37] waren sichtbar geworden.

Auch der konservative Nationalismus, der über den monarchischen weit hinaus reichte, hat sich in der Revolution verändert. In Preußen entstand ein ausgedehntes Organisationsnetz, in dem sich erstmals die Fähigkeit des Konservativismus zeigte, auch unter den Bedingungen einer politisierten Gesellschaft breitere Bevölkerungskreise an sich zu binden.[38] Mit ihren Organisationen und ihrer intensiven Öffentlichkeitsarbeit reihten sich die Konservativen 1848/49 in den gesellschaftlichen Nationalismus ein, der bis zur Jahrhundertmitte sozial in die Breite gewachsen war. Doch während die liberalen und die meisten demokratischen Vereine einen föderativen deutschen Nationalstaat forderten und die katholischen Organisationen einen auf Habsburg orientierten Reichsnationalismus vertraten, propagierten die konservativen Vereine 1848/49 einen partikularstaatlichen Abwehrnationalismus. Ihre Parole hieß: Preußen gegen Deutschland verteidigen. Massiv organisiert entstand diese konservative Abwehrfront in den Revolutionsjahren nur in Preußen. Dies – und ebenso der „preußische Staatspatriotismus", der sich auch unter den Linken der Berliner Nationalversammlung zeigte – dürften darauf hindeuten, daß in keinem anderen deutschen Staat die Herausbildung einer einzelstaatlichen Staatsnation so weit vorangeschritten war wie hier. Die Revolutionserfahrungen veranlaßten dann aber auch andere deutsche Staaten zu verstärkten Bemühungen, die Eigenstaatlichkeit im Bewußtsein der Bevölkerung fester zu verankern. Am entschiedensten ging Bayern vor, wo König Maximilian II. ein „umfassendes Programm zur ‚Hebung des bayerischen Nationalgefühls'"[39] entwarf. Die Reformbereitschaft deutscher Fürsten im Reichsgründungsjahrzehnt zielte in die gleiche Richtung. In einer Art Liberalisierungswettbewerb versuchten sie die einzelstaatlichen Selbstbehauptungskräfte gegen die nationalpolitische Gravitationskraft Preußens und des Norddeutschen Bundes zu festigen.

3. Österreich, Preußen und die ‚deutsche Nation'

Nach der Revolution setzte in der Historiographie und ebenso in der Literaturgeschichte eine Borussifizierung des deutschen Geschichtsbildes ein. Es gab zwar Vorläufer, aber erst mit der Reichsgründung erreichte sie ein Maß an Allgemeinverbindlichkeit, das abweichenden Meinungen nur wenig Raum ließ.[40] Zu glänzend schien Preußens Führungsrolle im Einigungsprozeß der 1860er Jahre und bei der Gründung des Deutschen Reichs die Geschichtslegende zu bestätigen, nach der die gesamte deutsche Geschichte seit Jahrhunderten auf den preußisch dominierten Nationalstaat zugelaufen sei. Johann Gustav Droysen hatte dieses Bild seit 1855 in den 14 Bänden seiner *Geschichte der Preußischen Politik* mit wissenschaftlicher Dignität versehen und geschichtsreligiös zur „säkularisierten Theodizee" erhoben.[41] Nach 1871 trugen die Schulbücher diese Verpreußung der deutschen Geschichte, die in der Formel vom ‚preußischen Reich deutscher Nation' gipfelte,[42] in den Geschichtsunterricht. Zwar gab es weiterhin Lehrbücher, in denen die Reichsgründung nicht mit einer langen, preußisch eingefärbten Vorgeschichte versehen oder beharrlich der föderative Aspekt betont wurde. Doch insgesamt vermittelte der Geschichtsunterricht, soweit es die Schulbücher erkennen lassen, ein Bild der Zeitgeschichte, das gegen oppositionelle Strömungen weitgehend abgeschirmt war. Selbst katholische Lehrbücher standen im Dienst des preußisch-deutschen Nationalismus.[43] Die Hauptlinie der deutschen Historiographie malte dieses Bild noch während der Weimarer Republik weiter aus.[44] Nach dem Zweiten Weltkrieg wurde der Weg zum preußisch-hegemonialen Nationalstaat und vor allem dessen weitere Entwicklung zwar einer kritischen Revision unterzogen, doch in der Bundesrepublik wie auch in der DDR blieb die Historiographie zur deutschen Geschichte im 19. Jahrhundert weiterhin in hohem Maße auf den kleindeutschen Nationalstaat fixiert. Österreichs Anteil an dessen Vorgeschichte verrann zu einer Nebenlinie.[45]

Diese undiskutierte deutsch-deutsche Gemeinsamkeit war in eine ebenso stille gesamtdeutsch-österreichische Historikerallianz eingebettet: Beide marginalisierten die Rolle Österreichs in der deutschen Geschichte des 19. Jahrhunderts. Die einen taten dies aus kleindeutscher Sicht, die anderen aus habsburgischer. Wer die habsburgische Position einnahm, beschränkte sich auf „die innere Geschichte des Habsburgerreiches als österreichische Geschichte unter völliger Vernachlässigung der gleichzeitigen deutschen Geschichte"[46] oder verlängerte die ‚Nation Österreich' weit in die Geschichte zurück[47]. Damit löste man sich von der gesamtdeutschen Geschichtsauffassung, wie sie vor allem Heinrich von Srbik verfochten hatte. Er hoffte auf eine „Vereinigung der getrennten beiden Denkströme, des nationalstaatlichen und des universalistischen, eine Synthese auch des historischen Preußens und des historischen Österreichs"[48]. Entscheidend war für ihn aber, was ihm als die deutsche Kulturmission Österreichs in Ostmitteleuropa vorschwebte. Diese Geschichtsdeutung war extrem zeitgebunden, aber es ist fraglich, ob die historiographische Alternative eine österreichische Nationalgeschichte sein kann, in der Deutschland fehlt, oder eine deutsche Nationalgeschichte, in der Österreich nur eine Nebenrolle spielt, die bis 1866 mehr schlecht als recht mitgeschleppt wird.

Gegen diese einseitigen Geschichtsbilder sind im letzten Jahrzehnt einige gewichtige Widersprüche veröffentlicht worden. Während Karl Dietrich Erdmann[49] die „Spur Österreichs in der deutschen Geschichte" von den Anfängen bis in die Gegenwart verfolgt, betrachten Heinrich Lutz und James J. Sheehan, neuerdings auch Wolfram Siemann sowie Harm-Hinrich Brandt die Inkubationsphase des deutschen Nationalstaates bis 1866.[50] Erdmann ging zwar mit guten Gründen für die Gegenwart von einer österreichischen Nation aus, belastete seine Deutung aber mit einem gänzlich undefinierten Begriff eines deutschen ‚Volkes', zu dem er auch noch die Österreicher der Gegenwart zu rechnen scheint.

Von allen neueren Epochendarstellungen wandte sich Sheehan am frühesten entschieden gegen eine nationale Geschichtsdeutung, die die Entwicklungslinien auf die kleindeutsch-preußische Reichsgründung zulaufen sieht. Sein Ausgangspunkt und das Zentrum seiner Darstellung ist vielmehr die Vielgestaltigkeit dessen, was bis zur Gründung des Nationalstaates ‚Deutschland' hieß. Deshalb beschreibt er eindringlich die ungemein vielfältige, nicht nur sozial und konfessionell, auch lokal und regional fragmentierte Kultur, ebenso aber die vereinheitlichenden Wirkungen der „literarischen Kultur" des 18. und der „bürgerlichen Kultur" des 19. Jahrhunderts. Sheehans Ergebnis lautet: Ob die deutsche Nation in einer Vielzahl von Staaten mit mehr oder weniger lokkerer staatenbündischer Verklammerung fortbestehen oder sich zu einem Nationalstaat zusammenschließen würde, sei bis 1866 völlig offen geblieben. Die Entscheidung fiel militärisch, aber ihr propreußisch-kleindeutscher Ausgang sei keineswegs so sicher gewesen, wie es die „patriotische Legende" über Königgrätz als „einem Musterbeispiel militärischer Planung und Führung"[51] annimmt.

Sheehans wichtiges Werk, eine innovative Gesamtdarstellung, bricht radikal mit dem kleindeutschen *und* mit dem österreichischen Geschichtsbild. Es hätte auch anders kommen können – so lautet seine Botschaft. Sie hebt zu Recht darauf ab, daß die Mehrheit der deutschen Staaten 1866 im Krieg nicht auf die Seite Preußens trat und der plötzliche Rückzug der alten deut-

schen Kaisermacht aus Deutschland nach nur einer einzigen verlorenen Schlacht keineswegs zu erwarten war. Die sozialgeschichtlichen Voraussetzungen für diese fundamentale nationalpolitische Entscheidung, die angesichts der bisherigen österreichischen Deutschlandpolitik so überraschend kam, werden von
Sheehan jedoch nicht analysiert.

Um die unerwartete Bereitschaft Österreichs, 1866 aus Deutschland auszuscheiden, verstehen zu können, wäre eine vergleichende Sozialgeschichte der Nationsbildungsprozesse in der Habsburgermonarchie, dem Deutschen Bund und der italienischen Staatenwelt nötig. Dazu gibt es bislang jedoch nur ungenügende
Vorarbeiten. Besser, wenngleich immer noch unzureichend erforscht ist die wachsende Isolierung Österreichs im langfristigen
Prozeß der deutschen Nationsbildung während des 19. Jahrhunderts.[52]

Nationsbildung kann sozialgeschichtlich als ein dreistufiger
Integrationsprozeß verstanden werden: sozialkulturell, wirtschaftlich und politisch. Auf allen drei Ebenen verlor Österreich
an Boden, als Deutschland im 19. Jahrhundert über die Staatsgrenzen hinweg zusammenwuchs. Um nur einige Stichworte zu
nennen: Wirtschaftlich fand Österreich keinen Anschluß an den
Zollverein, den Preußen als eine nationalpolitische Waffe gegen
Österreich einsetzte. Sozialkulturell und politisch stauten sich die
Entwicklungen, die eine deutsche Nation im modernen Sinne
formten, ebenfalls an den Grenzen zu Österreich. Die gesellschaftliche und politische Mobilisierung des Bürgertums im Vormärz und deren Ausweitung in unterbürgerliche Sozialkreise erfaßten Österreich kaum. Das gilt für die erste breit organisierte
soziale und politische Bewegung von Bürgern, den Philhellenismus der 1820er Jahre, ebenso für die drei großen Massenbewegungen der 1840er Jahre, Turner, Sänger und Freireligiöse. In der
Revolution von 1848/49 zählte die politische Elite in der Frankfurter Nationalversammlung Österreich zwar zur deutschen Nation. Deshalb hoffte die Mehrheit der Abgeordneten, der Verzicht
auf den großdeutschen Nationalstaat werde nicht endgültig sein.
Doch die außerparlamentarischen Revolutionsbewegungen hatten
ihren Schwerpunkt im nicht-österreichischen Teil des Deutschen
Bundes, und die Organisationsnetze aller politischen Richtungen
sparten Österreich weitestgehend aus. Selbst die österreichischen

Abgeordneten waren nur schwach in die Beziehungsnetze der parlamentarischen Elite eingebunden.[53] Zu dieser Isolation hatte die wirksame Repressionspolitik, welche die Zeitgenossen mit dem Namen Metternich verbanden, ebenso beigetragen wie die staatsloyale, auf Habsburg ausgerichtete Gesinnung des österreichischen Stadtbürgertums.[54] Wichtig war auch die geringere Verstädterung in Österreich, denn die innere Nationsbildung wurde vornehmlich von den städtischen Bürgern getragen. Für eine Sozialgeschichte der Nationswerdung ist das Stadt-Land-Gefälle von zentraler Bedeutung.

In den 1850er und 1860er Jahren fiel Österreich auf dem Wege der Nationalisierung Deutschlands noch weiter zurück. Es konzentrierte sich auf die innerstaatlichen Reformen, mit denen es nachholte, was andere deutsche Staaten schon seit dem Beginn des 19. Jahrhunderts vollzogen hatten.[55] Und vor allem wurden seine Kräfte in Oberitalien und in Ungarn gebunden. Die staatenübergreifenden Parteien und Interessenorganisationen, die in Deutschland entstanden, erfaßten Österreich nicht oder nur am Rande. Wo eine großdeutsche und eine kleindeutsche Organisation konkurrierten, wie der Reformverein und der Nationalverein, fand letztere in der Öffentlichkeit ungleich mehr Rückhalt. Der Verfassungskonflikt schwächte zwar die nationalpolitische Werbekraft Preußens, doch daraus vermochte Österreich kein politisches Kapital zu schlagen. Auch gegenüber den nationalen Bewegungen der Sänger und Turner gab Österreich seine Politik der Selbstisolation erst auf, als es schon zu spät war. Hinzu kam eine kulturelle ,Belastung', die nationalpolitisch schwer wog: Katholiken lehnten einen kleindeutschen, preußisch geführten Nationalstaat zwar keineswegs durchweg ab,[56] doch die von den Liberalen dominierte Nationalbewegung war in ihren leitenden Ideen und in der Masse ihrer Anhänger protestantisch. Kultur und Protestantismus, daran zweifelten die Liberalen nicht im mindesten, waren zwei Seiten einer Medaille.[57] Der politische und der kulturelle ,Fortschritt' schien mit dem protestantischen Preußen im Bunde zu sein. Katholiken gerieten in eine Außenseiterposition, in der Ausgrenzung und Selbstausgrenzung zusammenliefen.[58]

Das alles trug dazu bei, daß nur Preußen, nicht Österreich sich in der Lage zeigte, mit der Nationalbewegung ein Bündnis einzugehen, das die Gründung des deutschen Nationalstaates als eine

Revolution von oben ermöglichte. Dies festzustellen heißt nicht, eine kleindeutsche Geschichtsteleologie wiederbeleben zu wollen. Aber es reicht nicht, nur die föderative Vielfalt in der deutschen Geschichte hervorzuheben, sondern es gilt, die sozialkulturellen Grundlagen für die nationalpolitischen Entscheidungen von 1866 und 1870 zu erkennen. Zu betonen ist aber auch, daß die innere Nationsbildung, die gegen Österreich verlief, keineswegs zwangsläufig die Gründung des kleindeutschen Nationalstaates nach sich zog.[59] Ein stärker föderalistisches Deutschland ohne ein preußisch möbliertes nationalstaatliches Gehäuse und verbunden mit der Habsburgermonarchie hätte auch in den Möglichkeiten der Zeit gelegen. Es gehörte zu den Alternativen, die in den sechziger Jahren als realisierbar angesehen wurden. „Postnationale Träumereien" (Th. Nipperdey) waren es nicht. „Die Herstellung eines nationalen Staates", meinte das liberale „Deutsche Staats-Wörterbuch"[60] 1862, „erfordert keineswegs die Vereinigung aller nationalen Bestandtheile zu Einem Staatsganzen, sondern nur ein so starkes Zusammenwirken nationaler Elemente, daß das der Nation eigene Staatenbild zu sicherer und ausreichender Erscheinung gelangt." Man sollte auch nicht übersehen, daß der preußisch-deutsche Traum, den große Teile der Nationalbewegung – keineswegs die gesamte – hegten, wirtschaftspolitisch gewissermaßen in letzter Minute verwirklicht wurde. Denn kurz nach der Gründung des Deutschen Reiches begann eine ökonomische Stockungsphase, die Preußen die wichtigste handelspolitische Waffe im nationalpolitischen Kampf gegen Österreich genommen hätte: den Freihandel. Der Übergang zum Schutzzoll hätte Österreichs Position in Deutschland wirtschaftspolitisch aufgewertet. Doch da waren die Entscheidungen bereits gefallen.

4. Zum Funktionswandel des Nationalismus und der Reichsidee

Es wäre unzulässig vergröbert, den Nationalismus vor der Gründung des Nationalstaates als durchweg demokratisch, egalitär und progressiv zu bezeichnen, um vor dieser hellen Folie scharf eine zweite Phase mit einem nach außen und innen aggressiven Nationalismus abzuheben. Ausgrenzungen aus der Nation hatte es auch zuvor schon gegeben. Aber erst im Vorfeld der Nationalstaatsgründung erreichten sie ein Ausmaß, das einen beginnenden Funktionswandel des Nationalismus anzeigt. Wer der preußisch-protestantischen Form des Nationalstaates nicht bedingungslos zustimmte, wurde in die lange Reihe der ‚Reichsfeinde' eingereiht. Den zwischenstaatlichen Einigungskriegen gegen Dänemark, Österreich und Frankreich folgten die innerstaatlichen Einigungskriege.[61] Gemeinsam geführt von der Staatsgewalt und gesellschaftlichen Gruppen, richtete sich der Kampf zunächst gegen die als ultramontan und damit als national unzuverlässig denunzierten Katholiken, dann gegen die Sozialdemokraten. Diese hatten zwar von Beginn an zur deutschen Nationalbewegung gehört, deren linken Flügel sie bildeten und deren Spaltung entlang der Bruchlinie für oder wider einen preußisch-kleindeutschen Nationalstaat sie mitvollzogen.[62] Doch ihr Sozialismus und Internationalismus galten als kulturwidrig und undeutsch.[63] Auch den nationalen Minderheiten im Deutschen Reich und Deutschen jüdischen Glaubens oder jüdischer Herkunft wurde in den nie endenden Kämpfen die Zugehörigkeit zur Nation bestritten.[64]

Einen dramatischen Einschnitt auf diesem gleitenden Weg des Nationalismus nach rechts bilden die späten 1870er Jahre, als die ‚liberale Ära' des jungen Nationalstaates endete. Schon die Zeitgenossen hatten von einer „Wende" gesprochen.[65] Ernst Troeltsch konstatierte im Rückblick eine „tiefe Spaltung der Gesellschaft, deren eine Hälfte mit einer bis dahin nie vorhanden gewesenen Einheitlichkeit den militärisch-konservativ-imperialistischen Typus"[66] angenommen habe. Die ‚zweite' oder ‚innere Reichsgründung', wie man die konservative Wende des deutschen Nationalstaates um 1878 oft genannt hat, bildete die Voraussetzung für diese erfolgreiche *konservative Okkupation des Nationalismus*. Angebahnt hatte sie sich schon in der ersten Jahrhunderthälfte, verstärkt seit der Revolution von 1848/49. Doch erst in den siebziger Jahren lösten sich die konservativen Nationalisten vom Einzelstaat und akzeptierten den deutschen Nationalstaat, dessen Schöpfung sie zuvor als einen verwerflichen revolutionären Akt empfunden hatten. Sie okkupierten, was sie nicht geschaffen und nicht gewollt hatten. Diese konservative Inbesitznahme der ‚Nation' schritt nun rasch voran und erreichte in der wilhelminischen Ära einen Höhepunkt. Ablesbar ist dies unter anderem an der politischen Symbolik. Wurde in den 1850er Jahren noch die Tradition des kulturellen Nationaldenkmals fortgesetzt, so dokumentierte sich in der Denkmalswelle seit den 90er Jahren die Entliberalisierung und eine gewisse Entbürgerlichung des Nationalismus. Etwa 400 Denkmäler für Kaiser Wilhelm I. entstanden nach dessen Tod 1888, und über 300 Bismarckvereine errichteten über 700 Denkmäler ihres Idols.[67]

Der neue Radikalnationalismus war entliberalisiert, militarisiert, antisemitisch und insofern entbürgerlicht, als er sich nun staatskonform gab und mit staatlicher Hilfe in der Öffentlichkeit, im Militär, in der Schule propagiert wurde und auch in der Kirche, vor allem in der evangelischen, Rückhalt fand.[68] Aber es wäre völlig irreführend, ihn als nur ein Ergebnis staatlicher Manipulation verstehen zu wollen. Er war in der Gesellschaft verankert, und er hatte seine überlegene Fähigkeit, die Gesellschaft zu mobilisieren und auch zu integrieren, nicht eingebüßt. Die nationalistischen Massenverbände, die nun entstanden, beweisen es.[69] Der neue Radikalnationalismus verschob nicht nur das massenwirksame Leitbild ‚Nation‘ ins Konservative, er veränderte auch den Konservativismus, indem er ihn sozial und politisch den Bedingungen der modernen ‚Massengesellschaft‘ anpaßte.[70] Indem sich der Konservativismus ‚nationalisierte‘, konnte er populistisch werden. Er sog den Partizipationswillen auf, der immer zum Nationalismus gehört hatte, nicht aber dessen Freiheits- und Humanitätserbe.

Als dieser neue Nationalismus den Prozeß der inneren Nationsbildung im späten Kaiserreich populistisch untermauerte, veränderten sich auch die Vorstellungen von Kaiser und Reich.[71] Die Kaiser- und Reichsidee war politisch stets mehrdeutig gewesen. In der nationalstaatlichen Gründungsära diente sie vor allem als föderativer und als großdeutscher Schutzschild gegen den kleindeutsch-preußischen Unitarismus, der ebenfalls mit der Kaiseridee warb, indem er sie borussisch umdeutete oder die habsburgische Tradition abwertete. Ein Vorspiel dieser nationalpolitischen Machtkämpfe mit historischen Argumenten trugen Heinrich von Sybel und Julius Ficker in ihrer berühmten Kontroverse seit 1859 aus. Während Sybel die Entwicklung des Heiligen Römischen Reiches Deutscher Nation als einen Elendsweg in die nationale Ohnmacht zeichnete, erkannte Ficker darin eine entgegengesetzte

Botschaft der Geschichte an die Gegenwart. Nur ein großes Kaiserreich sei auf Dauer überlebensfähig: „ist ohne ein starkes Österreich ein unabhängiges, nach außen gesichertes Deutschland gar nicht denkbar, so wird eben so gewiß auch die Stunde Österreichs schlagen, wenn ihm kein selbständiges Deutschland mehr zur Seite steht."[72]

Das konservativ-preußische Bild von Kaiser und Reich verblaßte nach 1871 langsam ebenso wie der vor allem in Südwestdeutschland beheimatete Reichstraditionalismus[73] zugunsten einer imperialen Kaiseridee, die mehr und mehr zum konkurrenzlos breitenwirksamen Integrationssymbol des Deutschen Reiches wurde. Die Kaiseridee schien dem jungen kraftstrotzenden, über seinen künftigen Weg aber unsicheren Nationalstaat eine anspruchsvolle Vergangenheit zu stiften und eine nicht minder große Zukunft zu verbürgen. Gegen diese Faszination konnte sich der monarchische Nimbus in den Einzelstaaten nicht behaupten.[74]

Auch im wilhelminischen Deutschland blieben die Symbole ‚Nation', ‚Reich' und ‚Kaiser' politisch mehrdeutig. Das Spektrum reichte vom liberal-sozialen Reformwillen[75] bis zu völkischen Ideen, die Antiparlamentarismus, Antisemitismus und zum Teil bereits einen rassistischen Germanismus verbanden.[76] Der neue Nationalismus stellte den Kitt in diesem widerspruchsvollen Gemenge. Er konnte diese Bindekraft entfalten, weil er in einer Zeit der gesellschaftlichen Fundamentalpolitisierung die gleiche Leistung vollbrachte wie zuvor der alte Nationalismus: Beide bündelten höchst unterschiedliche Ziele zu einer dynamischen Kraft, die sich fähig zeigte, die Grenzen politischer und weltanschaulicher Lager zu übergreifen. Wie weit sie in den Katholizismus und die sozialdemokratische Arbeiterbewegung, die am längsten widerstanden hatten, hineinreichte, und zu welch verzerrter Wahrnehmung der Wirklichkeit sie überall geführt hatte, enthüllte sich im Ersten Weltkrieg.[77]

Dieser wirklichkeitsblinde Nationalismus wurde zu einer der schwersten Belastungen der Weimarer Republik. Der Kampf gegen den ‚Schmachfrieden von Versailles' und die ‚Kriegsschuldlüge' gerieten zur Lebenslüge eines Nationalismus, der über den Geburtsmakel der Republik, den verlorenen Krieg, nie hinwegkam. Die Enttäuschungen über die krisengeschüttelte Gegenwart und die Hoffnungen auf eine radikal andere Zukunft liefen im extremen Nationalismus zusammen.[78] Er konnte mit einer wiederbelebten Reichsidee einhergehen, die zur „vielleicht wirksamsten Antithese gegen den Staat von Weimar"[79] wurde, weil sie ein breites, politisch disparates Spektrum gegen die Republik bündelte. Die Reichsidee war jedoch auch unter den Linken lebendig. Die österreichischen Sozialisten traten entschieden dafür ein, den deutsch-österreichischen Teil der 1918 zerbrochenen Habsburgermonarchie mit der Weimarer Republik zusammenzuschließen.[80] Auch nach dem Vereinigungsverbot der alliierten Sieger blieb die Konzeption eines großdeutschen Staates als eine der Alternativen zum „Staat, den keiner wollte"[81], virulent und erleichterte es vielen, den gewaltsamen ‚Anschluß' durch die Nationalsozialisten zu begrüßen oder hinzunehmen. Die defensive Österreichideologie des Ständestaates hatte gegen das Gefühl, noch zur deutschen Nation zu gehören, wenig ausrichten können.[82] Dieses deutsche Nationalbewußtsein ging in der österreichischen Bevölkerung erst aufgrund der Erfahrungen mit der nationalsozialistischen Diktatur und dem Zweiten Weltkrieg unter.[83]

Historiker und Geographen hatten mit den Mitteln ihrer Wissenschaften dazu beigetragen, daß sich nach dem Ersten Weltkrieg die Idee der Nation und des Reichs zum Kampfmittel gegen die Weimarer Republik entwickelte. Schon um die Jahrhundertwende hatte sich unter den Geographen eine Politisierung und Ideologisierung von staatlichen Raumordnungen durchgesetzt. Im Zentrum stand die Vorstellung eines deutschen Mitteleuropa.[84] Es entstand ein geographischer Nationsbegriff, nach dem aus einem Volk eine Nation werde, „wenn es seinen geographischen Rahmen, seinen festen Wohnraum, erhält und innehält." „Nicht die Nationalität, nicht Bluts- oder Sprachverwandtschaft", so hieß es weiter, „machen die Nationen, sondern der Raum." Damit lehnte der Referent, der diese Ideen 1902 dem Thüringisch-Sächsischen Verein für Erdkunde zu Halle vortrug, im Gegensatz zu vielen seiner Kollegen zwar eine expansionistische Territorialpolitik ausdrücklich ab, doch nach innen verlangte auch er ein rückhaltloses Bekenntnis zur Nation. Wer sich dem widersetze, müsse „unschädlich gemacht werden, seien es nun Zigeuner, Dänen, Protestler oder Polen."[85] Nach dem Krieg setzten Geographen nicht nur darauf, daß der ‚Raum' die ‚ungeographische' Reduzierung der deutschen Nation korrigieren werde, sondern sie entwickelten die Idee einer mächtigen, deutsch bestimmten „kontinentalen Großraumgemeinschaft".[86] Einheitlich waren ihre Zukunftsvorstellungen allerdings ebensowenig wie in der Historiographie der Weimarer Republik, „deren politische Optionen von einem ‚gemäßigten' nationalstaatlichen Revisionismus bis hin zu utopischen Reichsvisionen reichten"[87].

Entgrenzung der Reichsidee

Diese Entwicklungen haben den rassistischen, biologistischen Nationalismus der Nationalsozialisten und ihre ins Grenzenlose gesteigerten Weltreichsvisionen mit vorbereitet. Aber hier gilt wie für die NS-Diktatur insgesamt: Sie waren nicht nur Vorläufer und Wegbereiter. Und sie waren nicht das notwendige Ende der langen Entwicklung, die dem deutschen Nationalismus seine Liberalität entzog, weil er nicht mehr eine politisch egalitäre nationale Staatsbürgergesellschaft anstrebte, sondern im Namen der Nation nach innen ausgrenzte und nach außen Expansion verlangte – sei es territorial, wirtschaftspolitisch oder kulturell[88]. Die nationalsozialistische Umdeutung der deutschen Nation in eine Rasseideologie, die Weltherrschaftspläne und Mord an vermeintlich Rassefremden gerechtfertigt hat, bedeutete etwas Neues, aber keinen völligen Bruch. Das Neue bestand, wie beim nationalsozialistischen Herrschaftssystem insgesamt, in der Bündelung und Steigerung des Negativen, das es auch zuvor gegeben hatte, jedoch nie in dieser Weise zusammengefaßt und mit staatlicher Gewalt durchgesetzt worden war. Das läßt sich für die aggressive, für viele schließlich tödliche Umwertung der vertrauten Formel von der nationalen ‚Volksgemeinschaft' ebenso zeigen wie für die ‚germanische' Entgrenzung der Reichsidee durch den Nationalsozialismus. Letztere war im Vorfeld der Gründung des Deutschen Reichs zunehmend als Schwächung der mittelalterlichen ‚deutschen Nation' kritisiert, seit dem späten 19. Jahrhundert jedoch in den Dienst eines deutschen Imperialismus gestellt worden, der über die Grenzen des 1871 erreichten Nationalstaates hinausblickte. Der Nationalsozialismus beutete diese imperialistisch gewendete Reichsidee aus, um seinen Herrschaftsansprüchen den Schein einer historischen Tradition zu stiften. Als Hitler 1938 die Reichskleinodien von Wien nach Nürnberg holen ließ, sprach er in seiner Abschlußrede auf dem Parteitag die machtpolitischen Ziele, die sich mit dieser Symbolik verbanden, deutlich aus:

> „Ich habe die Insignien des alten deutschen Reiches nach Nürnberg bringen lassen, um nicht nur dem eigenen deutschen Volk, sondern auch einer ganzen Welt es zu bedenken zu geben, daß über ein halbes Jahrtausend vor der Entdeckung der neuen Welt schon ein gewaltiges germanisch-deutsches Reich bestanden hat. Ihre Formen haben sich geändert. Das Volk hat sich verjüngt, aber in seiner Substanz ist es ewig gleich geblieben. Das deutsche Volk ist nun erwacht und hat seiner tausendjährigen Krone sich selbst als Träger gegeben![89]

Was Nationalsozialisten unter ‚germanisch-deutschem Reich' verstanden, hatte mit den nationalstaatlichen Hoffnungen des 19. Jahrhunderts nichts mehr gemein. Himmler umriß diese jedes nationalstaatliches Maß sprengenden Reichsvisionen 1943 vor SS-Führern in Posen:

> „Der Osten wird die Voraussetzung sein, daß das germanische Reich in der Welt in den kommenden Jahrhunderten fähig ist, die nächsten Stöße, die früher oder später im geschichtlichen Rhythmus aus Innerasien immer wieder kommen werden, aufzuhalten, zurückzuschlagen, um abermals dann in den kommenden Generationen die Volkstumsgrenzen hinauszuschieben, um letzten Endes nur das zurückzuholen, was Goten und Vandalen, was unsere germanischen Vorfahren einst als Reich und ihr Land besessen haben."[90]

‚Reich' als supranationale Metapher nach 1945

Die nationalsozialistische Perversion einer national völlig entgrenzten Reichsidee hat diese als Instrument verantwortungsbewußter Politik vernichtet. Das hat die Idee ‚Nation' langfristig entlastet. Denn sie wurde befreit von allen über die nationalstaatlichen Grenzen hinausreichenden Erwartungen, die meist mitschwangen, wenn in der politischen Diskussion das Reich beschworen wurde. Wenn nach 1945 die Erinnerung an das Alte Reich in die politische Argumentation eingebracht wurde, diente es wohl nur noch dazu, supranationalen Bindungen eine historische Perspektive zu geben. So nutzte Theodor Heuss 1954 in seiner Rede vor dem Kongreß in Washington die Erinnerung an das ‚Heilige Reich' als Gegenbild zu der Vorstellung von den Deutschen als dem „Volk der ewigen Unruhe und des erobernden Ehrgeizes". Die Deutschen hätten bereits „in einer ausschließlich europäischen Bindung und Verantwortung" gelebt, als andere Staaten schon Expansionspolitik betrieben.[91] Diese Sicht setzte sich jedoch politisch nicht durch. Als Walter Scheel am 17. Juni 1978 die Festrede zur 25. Wiederkehr des ‚Tages der deutschen Einheit' hielt, sah er in der Reichsidee „jene idealistische Staatsvorstellung" begründet, „die uns Deutschen die Orientierung in der politischen Wirklichkeit oft so schwer gemacht hat."[92] Doch solche Erwähnungen des Alten Reichs, ganz gleich ob positiv oder negativ besetzt, blieben nebensächlich. In den Geschichtsreden aller deutschen Bundespräsidenten spielten Reichsideen, die in die Zeit vor dem Nationalstaat zurückgriffen, keine Rolle. Als unverzichtbar für die historische Identifikation würdigten sie hingegen unermüdlich die Nation, deren Geschichte sie kritisch nachzeichneten und deren Gegenwart und Zukunft sie als unlösbaren Teil einer europäischen Staatengemeinschaft sahen.[93]

In der Geschichtswissenschaft hat sich eine ähnliche Entwicklung vollzogen: Das Alte Reich dient nicht mehr als Folie für die Bewertung der deutschen Nationalgeschichte.[94] Das gilt auch für diejenigen Historiker, die – wie James Sheehan – zu Recht die im Reich historisch verankerte föderative Tradition als Korrektiv zum einseitigen nationalgeschichtlichen Blick auf die deutsche Geschichte hervorheben. Diese Wiederentdeckung einer umfassenden, nicht nationalstaatlich verengten Perspektive scheint jedoch immer noch politische Tabus zu verletzten, die sich nach 1945 angesichts der blutigen nationalsozialistischen Pervertierung der historischen Reichsidee gebildet haben. Davon wird das Nachdenken über die deutsch-österreichische Geschichte vor und nach der Gründung des Nationalstaates vor allem in Österreich immer noch belastet.[95] Erst wenn über die 1945 definitiv untergegangene groß- und gesamtdeutsche ‚Nachgeschichte' des Alten Reiches gesprochen werden kann, ohne daß jemand die heutige nationale Identität des deutschen oder des österreichischen Staates in Frage gestellt wähnt, wird das Erbe der historischen Reichsidee politisch ‚bewältigt' sein. Historiker sollten dazu beitragen, indem sie ohne Rücksicht auf politische Tabus darüber und über die veränderungsreiche Geschichte des Nationalismus forschen. Geschichtsschreibung kann hier unmittelbar in politische Bildung übergehen, ohne die Vergangenheit zu Rezepturen für die Gegenwartspolitik zu verzerren.

9. Historische Wege nach Europa

Lust auf Europa – dieses Thema der Erfurter Hochschulwoche, auf welcher der Text 1999 vorgetragen wurde, zehrt von der Hoffnung auf die Zukunft. Die Gegenwart verweigert sich dieser Hoffnung, und die Vergangenheit tat es meistens auch. ‚Lust auf Europa‘ beschwört eine Vision, mit der sich Historiker schwertun. Probleme bereitet aber auch das nur scheinbar eindeutige Titelwort Europa. Historische Wege nach Europa – eine klare Zielvorgabe, könnte man glauben. Doch was unter Europa zu verstehen ist, war nie eindeutig bestimmt, weder in der Vergangenheit noch heute. Als der französische Historiker Jacques Le Goff kürzlich seine vieljährigen Überlegungen über die Geschichte Europas in einem eindrucksvollen Essay „Das alte Europa und die Welt der Moderne" (1994) zusammenfaßte, begann er ihn mit folgenden Worten: „Europa ist Vergangenheit und Zukunft zugleich. Seinen Namen hat es vor zweieinhalb Jahrtausenden erhalten, und gleichwohl befindet es sich noch im Zustand des Entwurfs." Damit zielt Le Goff vor allem auf die Unbestimmtheit dessen, was wir heute räumlich unter Europa verstehen und was auch unsere Vorfahren darunter verstanden haben. Anders als Afrika und die beiden Amerika wird Europa geographisch nicht klar begrenzt. Die Grenze gen Osten ist offen. Wie sie zu ziehen sei, wo Europa ende und Asien beginne, wird immer wieder neu konstruiert, seit der Geburt Europas aus dem Geiste der griechischen Mythologie bis heute.

‚Europa‘ als ständige Konstruktion

Europa – ein Prozeß ständiger Konstruktion, und gerade heute wieder, da die Europäische Union sich ‚nach Osten‘ öffnet und die Türkei als Kandidaten für das gemeinsame Haus Europa annimmt. Zwei Beispiele mögen die gegenwärtigen Versuche in der deutschen Öffentlichkeit beleuchten, sich eine Vorstellung von Europa zu schaffen:

Im Leitartikel „Berlin und der Krieg" in DIE ZEIT vom 22. April 1999 schreibt Gunter Hofmann: „Nach dem Kosovo-Krieg wird Europa endgültig nicht mehr in West und Ost geteilt denkbar sein. Über die praktische Politik, eine beschleunigte Integration beispielsweise, ist damit nichts gesagt. Möglich wäre auch, daß sich der ‚Kern' im Westen vor dem bedrohlichen Chaos einigelt. Aber geistig gesehen, entsteht nun Gesamteuropa."

Eine merkwürdige Vorstellung, die in diesen Sätzen aufscheint: „Gesamteuropa", Europa als geistiger Zusammenhang – eine Kriegsgeburt unserer Gegenwart. Eine durch und durch geschichtsblinde Vorstellung ist das, doch zugleich charakterisiert die Wortwahl auch recht prägnant das alte Problem, genau zu sagen, was Europa denn bedeuten soll. Ein einziges Wort reicht offensichtlich nicht. West- und Osteuropa, Osten und Südosten, so umschreibt Gunter Hofmann, was schwer zu benennen ist, um schließlich ein neues Wort vorzuschlagen: „*Gesamteuropa*, das viel mehr ist als Maastricht und Eurozone." Aber was ist *Gesamteuropa*? Der Leitartikler bleibt unbestimmt: eine geistige Einheit, sagt er, und wohl auch eine Verantwortungsgemeinschaft, denn „der Osten mit seinen Armenhäusern und Menschenrechtsfragen [gehöre] nun vollends dazu". Der reiche Westen, so darf man wohl die Argumentation dieses Leitartikels der ZEIT zusammenfassen, garantiert mit seinen Bomben, die er auf Serbien wirft, dem Balkan einen Platz in Europa.

Im zweiten Beispiel – ein Interview mit Matthias Beltz, fast zeitgleich mit dem Leitartikel der ZEIT im Magazin der FAZ erschienen[1] – vergleicht der Kabarettist wie in seinem neuen Buch „Gute Nacht Europa, wo immer du auch bist" (1998) Europa mit einer Wohngemeinschaft. „Daß hier etwas zusammenwächst, was überhaupt nicht zusammengehört, bildete schon immer den Charakter der Wohngemeinschaft." Deshalb passe dieses Bild trefflich zum heutigen Europa. Europa sei nicht mehr als eine „feudalistische Einheit von vielen Kleinstaaten. Schon kommen die Provinzfürsten aus den Ecken, getreu dem Motto: Der Kaiser ist tot, der Provinzfürst lebt." Europäisierung bedeute zur Zeit einen Prozeß der „Provinzialisierung der WG-Idee" – Europäisierung eine Frucht der Furcht und der Verteidigung, Wunderwaffe „gegen die internationale Herrschaft der Konzerne" und ein „Seniorenschutzprogramm". „Welche Angst geht um, daß man so eng zusammenrücken will?" Wer aber zusammenrücken darf, sei noch nicht entschieden. Denn „mittlerweile weiß keiner mehr, was noch zum Haus gehört, ob das eine oder andere schon ein Anbau ist, ein Schuppen für die Gartengeräte. Gehört der Ural noch zum Haus, oder werden die Mauern erst durch den Ussuri begrenzt? Wichtige Fragen." Meint Matthias Beltz, zu recht. Und eine alte Frage, darf man hinzufügen. Sie ist offen und immer wieder neu beantwortet worden, seit die Idee Europa in der Antike geschaffen wurde.

Die historische Entwicklung dieser Idee seit der Antike soll hier nicht im Galopp vorgeführt werden. Statt dessen werden einige wenige Zeitschnitte gelegt, um andeuten zu können, wie vielfältig die historischen Wege nach Europa waren, aber auch, worin man Gemeinsamkeiten über lange Zeit hinweg erkennen kann, Konstanten bis heute. Dabei geht es nicht um Ideen von Europa, die sich historisch bis in die Gegenwart nachweisen lassen. Das wäre ein möglicher Zugang zu unserem Thema: Vorzustellen wären dann Zukunftsbilder, die nicht verwirklicht wurden. Es entstünde eine lange Kette nicht verwirklichter Europahoffnungen, verblichener und wieder auflebender Visionen. Das ist nicht der Weg, den dieser Essay einschlägt. Er stellt vier historische Augenblicke vor, an denen sich beobachten läßt, wie in konkreten Handlungssituationen versucht wurde, die Idee Europa politisch mit Leben zu erfüllen. Wie hat man früher versucht, die Idee Europa zu gestalten? Darum geht es in den vier historischen Schlaglichtern.

,Osteuropa' als kulturelle Selbstkonstruktion Westeuropas

Zuvor aber, als erste Annäherung an das außerordentlich weite Thema, einige wenige Bemerkungen zum Begriff Osteuropa, zur offenen Flanke *Gesamteuropas* also – seit der Antike bis heute, so Le Goff, eine „Hauptfrage" für jeden, der sich klar werden will, was Europa ist. Ich beginne damit, weil die Geschichte des Begriffs Osteuropa zeigt, daß die Vorstellung von Europa, das Bild, das sich Vergangenheit und Gegenwart davon machten und machen, eine ständige Konstruktionsarbeit ist.

Das Wort Osteuropa entsteht als eine Fremdbezeichnung, und so wird es auch heute noch überwiegend gebraucht. Seit dem Wiener Kongreß, auf dem das neue Europa geschaffen wurde, nachdem Napoleon das alte zerschlagen hatte, beginnt sich der Begriff Osteuropa durchzusetzen – aber nur im westlichen Teil, in dem Teil also, der sich bis heute selbst als Europa versteht.[2] Scharf zugespitzt: Osteuropa ist eine westeuropäische Begriffsschöpfung, und damit eine Außenbezeichnung und zugleich eine Differenzbezeichnung. Wer vom Westen her blickt, meint mit Osteuropa nicht lediglich eine räumliche Bestimmung, den östlichen Teil Europas. Es schwingt immer auch eine Distanzierung mit. Das Wort Osteuropa signalisiert im Sprachgebrauch des Westens die Vorstellung von Distanz – kulturell, gesellschaftlich und auch verfassungspolitisch.

Mit *Osteuropa* wird die Vorstellung eines gleitenden Übergangs zu Asien hin aufgerufen, und damit klingen zugleich alte Stereotypen über die Andersartigkeit Asiens an. Die Asiaten, so lautet dieses Stereotyp – bereit zur Knechtschaft im Tausch gegen Ruhe und Wohlstand; die Europäer hingegen mit dem Willen zur Demokratie und zum Wagnis begabt, Schöpfer der modernen Welt. Dieses Gegensatzpaar findet sich schon im antiken Griechenland bei dem griechischen Arzt Hippokrates, Ende des fünften Jahrhunderts vor unserer Zeitrechnung, und in Theorien des 20. Jahrhunderts über den asiatischen Despotismus und die asiatische Produktionsweise lebt es fort.

Europa definiert sich hier in Abgrenzung gen Osten – eine kulturelle Definition, keine geographische. Zu diesem Ergebnis kam im ausgehenden 19. auch der deutsche Geologe Hahn in seinem aufschlußreichen Aufsatz „Zur Geschichte der Grenze zwischen Europa und Asien".[3] Von den natürlichen Gegebenheiten her sei der „Kaukasus die äusserste Vormauer Europas gegen SO, wie der Ural gegen das sibirische Tiefland", „doch für den täglichen Gebrauch [wird man] immer viel mehr geneigt sein, die Grenze da zu ziehen, wo europäische Verkehrsmittel und europäische Kultur ihr Ende finden. Eine solche Grenze kann aber nie eine dauernde sein, sie ändert sich mit dem langsamen, aber doch merkbaren Vordringen der Civilisation gegen Osten und Südosten." Auch die „jetzt gebräuchliche konventionelle Grenze Europas", schreibt er 1881, wird „ihre Geltung allmählich einbüssen und die Kartenzeichner werden abermals Gebiete, die man sonst ohne Widerspruch Asien überliess, unserem Erdteil einverleiben."

Der Geograph erkennt in seinem klugen Aufsatz klar die kulturelle Arbeit am Begriff Europa, die ständige Neukonstruktion der Vorstellung Europas von sich selber. Charakteristisch ist er jedoch zugleich für das kulturelle Überlegenheitsgefühl, aus dem heraus sich Europa selbst definiert in Abgrenzung gen Osten. Dieser europäischen Selbstwahrnehmung ist die Idee einer Kulturmission Europas eingeboren. Diese Idee war immer expansiv, und sie scheute nur selten davor zurück, ihren Überlegenheitsanspruch mit Gewalt zu verwirklichen. Das ist eine Kontinuitätslinie, die sich durch die Geschichte zieht, bis heute und heute wieder – pathetisch und doch realistisch gesprochen: ein blutiger Weg nach Europa, eine Spur der Gewalt und des Krieges im Dienste eines Europas, das sich als kulturell überlegen versteht.

„Europäisierung Europas" durch Gewalt im Mittelalter

Der britische Historiker Robert Bartlett[4] hat dieses gewaltreiche Werden Europas kürzlich in einem brillanten Buch für das Mittelalter nachgezeichnet – der erste Zeitschnitt, der hier gelegt wird, nimmt einen breiten Zeitraum ein, die weiteren drei Schnitte ergeben dann weitaus dünnere Scheiben. Der englische Titel „The making of Europe" ist nüchtern formuliert, doch die deutsche Übersetzung gibt mit ihrem Titel „Die Geburt Europas aus dem Geist der Gewalt" den harten Kern des Buches durchaus treffend wieder: Der Autor beschreibt die Geschichte des Mittelalters als die „Europäisierung Europas" in einer Kette von Gewalt. „Um 1300 existierte Europa bereits als identifizierbare kulturelle Einheit." Er verfolgt diesen Europäisierungsprozeß an den christlichen Orden und Bischofssitzen, am Heiligenkult, bei den Namen, Münzen und Urkunden, im Bildungswesen, an den Universitäten – überall sieht er das „kulturelle Gesicht des mittelalterlichen Europas" einheitlicher werden.

Vor allem anderen aber bedeutete Europäisierung Expansion des lateinischen Christentums, dem geistigen Fundament des mittelalterlichen Europa. Zwischen 950 und 1350 hat die lateinischen Christenheit ihr Gebiet annähernd verdoppelt, und meist ging diese religiöse Expansion einher mit Eroberungen und Einwanderungen. Das neue Europa veränderte die „Geographie der Macht". An den Grenzen der lateinischen Christenheit, so Bartlett, vollzog sich „eine dramatische Umkehrung im Status von Opfern und Unterdrückern. Orte wie Hamburg, Pisa und Barcelona legten ihren Charakter als Frontstädte ab und wurden prosperierende Kolonisierungs- und Handelszentren." Militärische, kommerzielle und religiöse Expansion verstärkten sich wechselseitig: In der Trias, „Eroberung, Kolonisierung, Christianisierung" sieht Robert Bartlett den Kern der „Europäisierung Europas" im Mittelalter. Sie verlief ungesteuert und ungeplant, getragen durch „Interessengemeinschaften von Rittern, Klerikern und Kaufleuten", nicht von Staaten. An den Rändern des expandierenden Europa entstanden „Garnisonsgesellschaften", wie er z. B. den Ordensstaat nennt, und es kam zu kulturellen Konfrontationen, in denen er einen „Rassismus" heranwachsen sieht, der sich institutionell und auch in den Köpfen verfestigt habe.

Dieses Erbe gehört zu den wirkungsmächtigsten Kontinuitätslinien, die das mittelalterliche und das moderne Europa verbinden – ein langer Weg nach Europa, auf dem kulturelle Annäherungen und Homogenisierungen einhergingen mit inneren Konflikten und Kämpfen und mit gemeinsamen Abgrenzungen nach außen, die nicht minder gewaltreich verliefen.

Interventionen im Namen Europas im Zeitalter der Revolutionen

Der erste Versuch, Europa staatlich, aber auch verfassungs- und gesellschaftspolitisch neu zu gestalten, geschah um 1800. Reinhart Koselleck spricht von der Sattelzeit zwischen Moderne und Vormoderne. Er hat diese Zäsur in der Geschichte Europas am Wandel der politischen Sprache untersucht.[5] Hier hingegen wird das politische Geschehen darauf befragt, welche Vorstellungen von Europa in dieser Ära des Umbruchs zu erkennen sind und wie man versucht hat, sie zu verwirklichen.

Die Französische Revolution hat sich selbst einen europäischen oder sogar globalen politisch-sozialen Missionsauftrag zugeschrieben, und Napoleon, ihr machtpolitischer Erbe, übernahm zumindest Teile diese Missionsidee. Europa – darauf wird jetzt der Blick beschränkt – sollte in seiner Grundstruktur verändert und die Bauform der Gesellschaft völlig neu gestalten werden. An die Stelle der ständischen Privilegiengesellschaft wollte man eine Gesellschaftsordnung setzen, die dem einzelnen freie Gestaltungsmöglichkeiten und breite politische Mitwirkungsrechte bietet. Wie diese ‚bürgerliche Gesellschaft' der Zukunft aussehen sollte, war im einzelnen ungemein umstritten und blieb es, doch klar war – es ging um nichts weniger als einen Gegenentwurf zur historisch überkommenen Gesellschafts- und Staatsordnung: mehr Demokratie, mehr soziale Gerechtigkeit, politische und rechtliche Gleichheit aller Männer, Sicherung der Grund- und Menschenrechte.

In diesen Leitideen wird das säkularisierte Fundament eines neuen Europa sichtbar. Im Unterschied zum Wertefundament des mittelalterlichen Europa gehörte die christliche Religion im Prinzip nicht mehr dazu. Das neue Europa sollte auf einer weltlichen Grundlage errichtet werden. Das Missionspotential und der Glaubenseifer, die es freisetzte, waren aber keineswegs schwächer und auch nicht gewaltärmer als bei denen, die Staat und Gesellschaft religiös begründet hatten und weiterhin begründeten. Auch die neuen Leitideen verlangten nach universeller Geltung, und ihre Verfechter fühlten sich berechtigt, das demokratische Glück der Vielen, das sie erstrebten, mit Gewalt durchzusetzen. Nach innen zielten sie auf die moderne Staatsbürgernation, nach außen auf ein Europa von Nationalstaaten, die sich alle zu denselben Ordnungsprinzipien bekannten. Die gemeinsame Verpflichtung auf die Idee der Volkssouveränität sollte Innen und Außen, Nation und Europa verklammern. Demokratie als Gestaltungsprinzip für den einzelnen Staat und für Europa, das man sich nationalstaatlich geordnet vorstellte – ein radikaler Gegenentwurf zur damaligen Gegenwart.

Dieses Zukunftsprogramm zielte auf ein friedliches Europa als einem Ensemble demokratischer Staaten, doch der Weg in die erhoffte europäische Welt des Friedens war von Beginn an gepflastert mit Gewalt. Schon die französische Staatsbürgernation, die sich seit 1789 herausbildete, formierte sich im Kampf: Gewalt im Innern gegen die Verteidiger der überkommenen monarchischen Ordnung und nach außen im Krieg gegen die feindlichen monarchischen Nachbarstaaten. Wer sich dem Neuen innerhalb Frankreichs nicht fügen wollte, mußte emigrieren oder scharfe Strafen erleiden. Die Guillotine und der Krieg gehörten zu den Instrumenten, mit denen die Revolution die glückliche Zukunft in Frankreich und in Europa erzwingen wollte.

Europa wurde im Zeitalter der Französischen Revolution zu einer Ordnungsidee, die politisches Handeln legitimierte, und dies nicht nur bei den Verfechtern der neuen revolutionären Leitideen, sondern auch bei ihren Gegnern, denn auch sie dachten und handelten europäisch. Der Wiener Kongreß von 1815 entwickelte einen europäischen Gegenentwurf zur Französischen Revolution und ihrem machtpolitischen Erben Napoleon. Wie lassen sich dessen Kernelemente charakterisieren? Worin unterscheidet er sich von dem Europa, das die Revolutionäre vor Augen hatten?

Das Europa des Wiener Kongresses entstand zwar als eine Schöpfung von oben, beschlossen auf einem internationalen Kongreß, doch es war verfassungs- und gesellschaftspolitisch offen. Die innere Ordnung wurde den Mitgliedern nicht vorgeschrieben. Es wäre deshalb zu einseitig, im Kongreßeuropa ausschließlich ein Europa der Restauration und Unterdrückung zu sehen. Im Unterschied zum Europa der Revolution, das einer einheitlichen Gestaltungsidee folgte, war es angelegt als ein Europa der Vielfalt – politisch, gesellschaftlich, kulturell. Diese ordnungspolitische Offenheit konnte jedoch den Grundsatzkonflikt zwischen den beiden Zentralprinzipien der damaligen Staatsordnungen – Volkssouveränität oder monarchische Legitimität – nicht stillstellen. Ganz gleich auf welchen dieser beiden Eckpole in der Skala der europäischen Verfassungsordnungen des 19. Jahrhunderts man sich berief, es konnte dazu dienen, die militärische Intervention in das innere Geschehen eines anderen Staates zu legitimieren.

Nur die Großmächte waren stark genug, Truppen außerhalb des eigenen Territoriums als Ordnungsgewalt einzusetzen, doch auch sie bemühten sich um ein europäisches ‚Mandat‘. Erteilt oder verweigert wurde es auf den europäischen Kongressen, auf denen sich die Fürsten oder ihre Repräsentanten trafen, um in Konfliktfällen zu entscheiden, ob es gerechtfertigt sei, in das innere Geschehen eines Staates militärisch zu intervenieren. Diese Frage wurde immer dann gestellt, wenn Revolutionen ausbrachen. Da sie fast durchweg mit dem Versuch nationalstaatlicher Neuordnungen verbunden waren, gefährdeten sie die europäische Staatenordnung des Wiener Kongresses. Deshalb fühlten sich die Großmächte berechtigt, militärisch einzugreifen. Verletzungen von Menschenrechten lösten hingegen keine Interventionen aus.

Da es keine verbindliche Vorstellung über die Grundprinzipien einer legitimen inneren Staatsordnung gab, blieb das Recht, im Namen Europas zu militärischer Gewalt zu greifen, immer umstritten. In der Praxis bildete sich eine Zweiteilung der Machtsphären heraus. Im Westen schirmten die Verfassungsstaaten Frankreich und Großbritannien Revolutionen im Namen der Volkssouveränität diplomatisch und notfalls auch militärisch ab; so in Belgien. Eine entgegengesetzte antirevolutionäre Interventionspolitik verfolgten im Osten und Süden die Mächte der monarchischen Legitimität, die sich zur Heiligen Allianz zusammengeschlossen hatten, der russische Zar, der habsburgische Kaiser und der preußische König. Sie schlugen z.B. die polnische Revolution nieder, und die vielen Revolutionen in den italienischen Staaten. In Griechenland überlagerten sich die Einflußsphären; hier griffen beide Seiten ein.

Es gab also in der ersten Hälfte des 19. Jahrhunderts – das zeigen diese Interventionen – die Vorstellung von einem Europa als gemeinsamen Verantwortungsraum, zu dem auch Rußland gehörte. Militärisch interveniert im Namen Europas wurde aber nicht nur von Staaten, sondern auch aus der Gesellschaft heraus. Es entstand nämlich in der ersten Hälfte des 19. Jahrhunderts eine europäische Internationale der Revolutionäre. Auch sie handelte europäisch, indem sie von außen in das innere Geschehen eines Staates eingriff, um der eigenen Richtung zum Sieg zu verhelfen. Erfolge erzielten die Revolutionäre jedoch nur, wenn es gelang, die Unterstützung von Großmächten zu erhalten. Deshalb, und nur deshalb, gelangen die Nationalrevolutionen in Griechenland und Belgien.

1848: Vom Europa der Nationen zum Europa der Nationalstaaten

Welches Europa wird 1848 sichtbar, als die Revolution nahezu den gesamten Kontinent erfaßte und das Werk des Wiener Kongresses zu zerstören schien? Wie handelte das Europa der Revolution politisch? Es geht also wieder um das Europa der Idee *und* der Tat.[6]

1848 läßt sich erstmals in voller Schärfe ein Problem in der Entstehungsgeschichte des modernen Nationalstaats beobachten, das dann die europäische Geschichte rund ein Jahrhundert lang prägte und seit dem Zerfall des Sowjetimperiums als blutige Erinnerung an die Vergangenheit zurückgekehrt ist: Das neue Europa, aufbauend auf dem modernen Prinzip der Volkssouveränität, entstand als ein Europa der Nationen und Nationalstaaten. In den allermeisten Fällen sind diese sogenannten Nationalstaaten jedoch in Wirklichkeit Nationalitätenstaaten, denn der vermeintliche Nationalstaat umfaßt mehrere Ethnien, die sich selber als Nation verstehen. Dies erweist sich von Beginn an bis in die Gegenwart als eine Quelle blutiger Kämpfe.

Die beiden Legitimitätsarten politischer Herrschaft, die bereits das Europa des Wiener Kongresses gespalten hatten, stehen sich 1848 erneut im Kampf gegenüber: Volkssouveränität oder monarchische Legitimität. Doch die Konfliktlinie verläuft jetzt anders. Vor 1848 zerfiel Europa in zwei große Lager, die sich um diese beiden Pole im Streit um die staatliche Bauform der Zukunft gruppierten. Die Demarkationslinie verlief klar und eindeutig zwischen denen, die den Staat nach dem Prinzip Volkssouveränität ordnen und denen, die ihn weiterhin auf der Basis monarchischer Legitimität erhalten wollten. 1848 verwischte sich diese Frontlinie, weil der Streit zwischen den Nationen zu schiefen Fronten führte. Im Kampf für und gegen neue Nationalstaaten standen sich plötzlich Revolutionäre aus verschiedenen Nationen feindlich gegenüber, und andererseits kam es im Zeichen gemeinsamer nationalpolitischer Forderungen zu Bündnissen zwischen Revolutionären und revolutionsfeindlicher staatlicher Obrigkeit. Um nur zwei Beispiele zu nennen: Die deutsche Nationalbewegung bejubelte die Siege der gegenrevolutionären Habsburgermonarchie in Böhmen und Oberitalien gegen die tschechische und die italienische Revolution, und kroatische Revolutionäre unterstützten die habsburgische Staatsleitung gegen die ungarische Revolution. In beiden Fällen, und viele andere ließen sich hinzufügen, siegte das Bekenntnis zur eigenen Nation über den Willen zur europäischen Revolutionssolidarität. Gleichwohl zeigte sich Europa auch in den Revolutionsjahren 1848/49 fähig, über die Grenzen der einzelnen Staaten hinweg zu handeln. Die Internationale der europäischen Revolutionäre zerfiel jedoch, weil die Interessen der eigenen Nation alle anderen politischen Forderungen überlagerten. Die Internationale der Gegenrevolution hingegen funktionierte. Die Niederschlagung der Revolutionen in Italien und in Ungarn war ein habsburgisch-russisches Gemeinschaftswerk, an dem sich in Italien sogar Frankreich beteiligte.

Auf die Frage, welche Wege nach Europa in der Vergangenheit beschritten wurden, geben die Revolutionen von 1848/49 zwei Antworten:

1. Es wird ein Gesamteuropa von Frankreich bis Rußland sichtbar, das sich als fähig erweist, gemeinsam politisch zu handeln. Diese Gemeinsamkeit erschöpfte sich jedoch darin, eine staatliche und verfassungspolitische Neuordnung Europas zu verhindern. Die Einigkeit europäischer Großmächte, an der die Revolutionen scheiterten, wirkte als Abwehreinheit. Deshalb war dieser Einheit keine Zukunft beschieden. Sich nur im Verhindern einig zu sein, reichte nicht, um dem Druck nach Veränderungen zu widerstehen.

2. Die Zukunft wird dem Europa der Nationalstaaten gehören. In den Revolutionen Mitte des 19. Jahrhunderts kündigte sich dieses neue Europa an – ein Europa nationaler Konflikte und Kriege, Kriege neuer Art, nicht mehr Kabinettskriege alten Stils, die der Landesherr nach eigenem Kalkül beginnen und beenden konnte, sondern Volkskriege, die im Namen der Nation geführt wurden und deshalb auch andere Wirkungen hervorriefen als die Kriege früherer Zeiten. Der Kampf zwischen zwei Staaten um ein bestimmtes Gebiet wurde nun zu einem Kampf um die Nationalität dieses Gebietes. Es genügte nicht mehr, ein Territorium zu erobern und dem siegreichen Staat einzugliedern, nun mußte der Sieger sich auch die Bevölkerung national einverleiben.

Das 19. Jahrhundert kannte nur zwei Wege zu diesem Ziel: entweder nationalpolitische Umerziehung – in Elsaß und Lothringen versuchten dies 1871 zunächst die Deutschen und ab 1919 wieder die Franzosen – oder Vertreibung und Umsiedlung derer, die nicht zur eigenen Nation gerechnet wurden. Die Gegenwart, gewöhnt an die Verhüllungskunst der Werbesprache, erfand dafür den Begriffseuphemismus ethnische Säuberung. Auf dem Balkan ist sie schon vor dem Ersten Weltkrieg in breitem Ausmaß betrieben worden. Als die blutigen nationalen Kämpfe der 1870er Jahre ins Bewußtsein der europäischen Öffentlichkeit traten, schrieb Victor Hugo 1876: „Die Grausamkeiten in Serbien lassen zweifelsohne deutlich werden, daß Europa eine europäische Nationalität braucht, eine Regierung, eine große Institution des brüderlichen Ausgleichs […], in einem Wort – die Vereinigten Staaten von Europa […]. Gestern war das nur eine schöne Wahrheit; dank den Henkern in Serbien ist es heute eine Wirklichkeit. Die Zukunft ist wie ein Gott, der von bösartigen Tigern herbeigezogen wird."[7] Diese Hoffnung ist auch heute wieder aktuell, wie das Eingangszitat aus dem Leitartikel aus der ZEIT zeigt. In den Kriegen der 1870er Jahre wurden über 250 000 Muslime getötet und über 1,5 Millionen flohen aus ihrer Heimat. Auch danach ging der Exodus aus Bulgarien, Rumänien, Griechenland, Serbien und Montenegro weiter. Nach vorsichtigen Schätzungen flohen 1912 bis 1914 fast 900 000 Menschen oder wurden umgesiedelt, und auch danach rissen diese Vertreibungen nicht ab.[8]

Kulmination und Ende?
Der Nationalstaat als Ordnungsprinzip seit den beiden Weltkriegen

Was sich 1848 abzeichnete, wurde 1919 zur Richtschnur für die territoriale Umgestaltung des europäischen Kontinents: Der Nationalstaat galt nun als die einzige legitime Staatsform. Die staatliche Neuordnung löste in Ost- und Südosteuropa jedoch keines der früheren Probleme, denn auch die neuen sogenannten Nationalstaaten wie die Tschechoslowakei oder Serbien umfaßten verschiedene Nationalitäten. Die alten ethnisch-nationalen Konfliktlinien wurden nicht entschärft.

Nie zuvor war Europa so stark in Nationalstaaten zerlegt gewesen wie nach dem Ersten Weltkrieg. Auf diesem Kulminationspunkt setzten jedoch neue Entwicklungen ein, die auf eine Überwindung der Nationalstaaten zugunsten neuer Formen europäischer Einheit zielten. Dazu müssen hier einige wenige Hinweise genügen, um anzudeuten, wie das heutige Verhältnis von Nationalstaat und europäischer Integration eingeschätzt werden kann.

Nach dem Ersten Weltkrieg triumphierte zwar das nationalstaatliche Ordnungsprinzip in Europa, doch es begannen zugleich Gegenbewegungen, die darauf hinausliefen, den Nationalstaat zu überwinden oder doch zumindest seine absolute Geltung abzuschwächen. Die eine ging von den neuen Diktaturen aus, die andere wurde unter dem Eindruck des Zweiten Weltkrieges als demokratisches Gegenmodell gegen die Zerstörung Europas entwickelt. Dem Europa der Nationalstaaten die Idee eines einheitlichen Europa entgegenzusetzen, war also kein Privileg von Demokraten. Auch die Diktaturen, die in der Zwischenkriegszeit entstanden, suchten nach neuen Ordnungsmodellen, die über den traditionellen Nationalstaat hinausgingen. Ihr Europa, das sie vor Augen hatten, sah keine Selbstbestimmungsrechte für die fremden Nationen vor, konnte aber durchaus mit hoher Zustimmung in der eigenen Nation rechnen. Die Eroberungspläne des faschistischen Italien gehören zu diesen Plänen, Europa neu zu formen, ebenso Stalins Politik, gemeinsam mit dem nationalsozialistischen Deutschland Polen auszulöschen. Die sowjetische Politik ging davon aus, Nationen seien ein veraltetes, bürgerlich-kapitalistisches Prinzip staatlicher Ordnung. Der Kommunismus, so glaubte man, werde als überstaatliches Prinzip ohne Nationen und Nationalstaaten auskommen. Vor allem aber zielte das nationalsozialistische Deutschland darauf, die überkommene nationalstaatliche Ordnung Europas völlig zu zerschlagen.

Es war vor allem dieser Versuch, Europa unter dem Joch des Nationalsozialismus mit militärischer Gewalt zu einen und damit das nationalstaatliche Territorialmuster des europäischen Kontinents auszulöschen, der Gegner des Nationalsozialismus darüber nachdenken ließ, was an die Stelle der Nationalstaaten treten könne oder wie die Nationalstaaten in eine übernationale Ordnung eingebunden werden könnten, wenn die nationalsozialistische Herrschaft überwunden sein würde.

Ein Beispiel dafür bietet eine Denkschrift Helmuth James Graf von Moltkes, Mitglied des Kreisauer Widerstandskreises, aus dem Jahre 1941: „Die freie und friedliche Entfaltung nationaler Kultur ist mit der Aufrechterhaltung absoluter einzelstaatlicher Souveränität nicht zu vereinbaren. Der Frieden erfordert die Schaffung einer die einzelnen Staaten umfassenden Ordnung." Moltke hoffte auf eine „einheitliche Souveränität über Europa unter Überwindung aller einzelnen Souveränitätsansprüche".[9]

Aus dem Zweiten Weltkrieg ging Europa zwar gespalten in zwei Weltanschauungsblöcke hervor, doch beide versuchten in vielfachen Variationen, die Nationalstaaten zu zähmen, indem sie militär- und wirtschaftspolitisch in größere Ordnungen eingebettet wurden: Nato, Warschauer Pakt, Montanunion, EWG, Comecon usw. Diese Zusammenschlüsse gehören zu den Alternativen, die aus den Erfahrungen des Zweiten Weltkriegs dem Europa der Nationalstaaten entgegengesetzt wurden. Der Krieg schuf also nicht nur Nationalstaaten und zerstörte sie, er erzwang schließlich auch die Suche nach grundsätzlich anderen Ordnungsvorstellungen. Daraus ging eine Situation hervor, für die in der Geschichte Europas als Idee und als Tat keine Vorläufer zu erkennen sind. Mit der Europäischen Union ist, wie Rainer Lepsius[10] überzeugend analysiert hat, in die europäische Geschichte „ein neues Organisationsmodell" getreten: „Ein supranationales Regime mit bindender Regulierungskompetenz überwölbt den Nationalstaat." In sich gefestigte Nationalstaaten werden in eine neue Ordnung jenseits des Nationalstaats eingefügt, während sich zur gleichen Zeit in Osteuropa ein gegenläufiger Prozeß vollzieht. „Im Westen findet ein Prozeß der Evolution der sozialen und politischen Ordnungen statt, der Universalisierung von Bürgerrechten und der Neubildung von Institutionen zur Steuerung und Konfliktlösung auf einer supranationalen Ebene, im Osten findet ein Prozeß der Devolution der sozialen und politischen Ordnungen statt, der Partikularisierung von Staatsbürgerrechten nach ethnischen, religiösen, sprachlichen Kriterien und der Neubildung von nationalstaatlichen Institutionen." Was Lepsius als Entwicklungen im Osten beschreibt, ist inzwischen in Serbien zu einem Problem Gesamteuropas geworden. Ob es so gelöst werden kann, daß die historischen Wege nach Europa in ein Europa jenseits der Nationalstaaten münden werden, muß die Zukunft zeigen.

Anhang

Ausgewählte Literatur

(in den Anmerkungen mit Kurztiteln zitiert)

1848 Revolution in Deutschland. Hg. Christoph Dipper, Ulrich Speck, Frankfurt/M. 1998.

Alings, Reinhard: Monument und Nation, Berlin 1996.

Alter, Peter: Nationalismus, Frankfurt/M. 1985.

Altgeld, Wolfgang: Akademische ‚Nordlichter'. Ein Streit um Aufklärung, Religion und Nation nach der Neueröffnung der Bayerischen Akademie der Wissenschaften 1807, in: Archiv für Kulturgeschichte 67, 1985, 339–388.

Amalvi, Christian: Vercingetorix. Ein Held auf der Suche nach der nationalen Identität, in: Deutschland – Frankreich. Hg. M. Christadler, Duisburg 1981, 10–23.

Anderson, Benedict: Die Erfindung der Nation, Frankfurt/M. [2]1993.

Ansätze und Diskontinuität deutscher Nationsbildung im Mittelalter (Nationes Bd. 8). Hg. Joachim Ehlers, Sigmaringen 1989.

Applegate, Celia: A Nation of Provincials. The German Idea of Heimat, Berkeley 1990.

Armstrong, J. A.: Nations before Nationalism, Chapel Hill 1982.

Aspekte der Nationenbildung im Mittelalter (Nationes, Bd. 1). Hg. Helmut Beumann, Werner Schröder, Sigmaringen 1978.

Bagge, Sverre: Nationalism in Norway in the Middle Ages, in: Nationale und andere Solidarstrukturen. Hg. Norges Forsknigsrad u. Stifterverband für die deutsche Wissenschaft, Oslo 1994, 9–25, 21.

Bauböck, Rainer: Nationalismus versus Demokratie, in: Österreichische Zeitschrift für Politikwissenschaft 20, 1991, 73–90.

Béhar, Pierre: Türkenbilder, Italienerbilder: Antithesen des Deutschen, in: Zeitschrift für Literaturwissenschaft u. Linguistik 94, 1994, 92–107.

Berghoff, Peter: Der Tod des politischen Kollektivs. Politische Religion und das Sterben und Töten für Volk, Nation und Rasse, Berlin 1997.

Berlin, Isaiah: Der Nationalismus. Einführung Henning Ritter, Meisenheim 1990.

Beumann, Helmut: Europäische Nationenbildung im Mittelalter, in: Geschichte in Wissenschaft u. Unterricht 39, 1988, 587–593.

Biefang, Andreas: Politisches Bürgertum in Deutschland 1857–1868. Nationale Organisationen und Eliten, Düsseldorf 1994.

Bilder der Nation. Kulturelle und politische Konstruktion des Nationalen am Beginn der europäischen Moderne, Hamburg 1998.

Boockmann, Hartmut: Ghibellinen oder Welfen, Italien- oder Ostpolitik. Wünsche des deutschen 19. Jahrhunderts an das Mittelalter, in: Das Mittelalter (1988) 127–150.

Bosbach, Franz: Der französische Erbfeind. Zu einem deutschen Feindbild im Zeitalter Ludwigs XIV, in: ders. (Hg.): Feinbilder. Die Darstellung des Gegners in der politischen Publizistik des Mittelalters und der Neuzeit, Köln 1992, 117–139.

Breuilly, John: Approaches to Nationalism, in: Formen nationalen Bewußtseins (1994), 15–38.

Breuilly, John: Nationalism and the State, Manchester ³1993.

Burgdorf, Wolfgang: Reichskonstitution und Nation. Verfassungsreformkonzeptionen und das Heilige Römische Reich Deutscher Nation im politischen Schrifttum von 1648 bis 1806, Mainz 1998.

Burger, Rudolf: Patriotismus und Nation, in: Leviathan 1994, 161–170.

Bürgerliche Feste. Symbolische Formen politischen Handelns im 19. Jh. Hg. Manfred Hettling u. P. Nolte, Göttingen 1993.

Buschmann, Nikolaus: Volksgemeinschaft und Waffenbruderschaft' – Nationalismus und Kriegserfahrung in Deutschland zwischen „Novemberkrise" und „Bruderkrieg", in: Föderative Nation (2000), 83–111.

Chickering, Roger: We Men Who Feel Most German. A Cultural Study of Pan-German League 1886–1914, Boston 1984

Colley, Linda: Britons. Forging the Nation 1707–1837, London 1992.

Confino, Alon: The Nation as a Local Metaphor. Württemberg, Imperial Germany, an National Memory, 1871–1918, London 1997.

Connor, Walker: Ethnonationalism. The Quest for Understanding, Princeton/N.J. 1994.

Dann, Otto: Die Tradition des Reiches in der frühen deutschen Nationalbewegung, in: Das Mittelalter (1988), 65–82.

Dann, Otto: Nation und Nationalismus in Deutschland 1770–1990. München 1993.

Dann, Otto: Nationalismus und sozialer Wandel in Deutschland 1806–1850, in: Nationalismus und sozialer Wandel (1978), 77–128.

Das Mittelalter. Ansichten, Stereotypen und Mythen zweier Völker im 19. Jh.: Deutschland und Italien. Hg. Reinhard Elze, Pierangelo Schiera, Bologna/Berlin 1988.

Das Prinzip Nation in modernen Gesellschaften. Länderdiagnosen und theoretische Perspektiven. Hg. Bernd Estel, Tilman Mayer, Opladen 1994.

Der politische Totenkult. Kriegerdenkmäler in der Moderne. Hg. Reinhart Koselleck, Michael Jeismann, München 1994.

Deutsch, Karl W.: Nationalism and Social Communication, Cambridge/Mass. ²1966.

Deutsch, Karl W.: Nationenbildung – Nationalstaat – Integration. Hg. A. Ashkenasi/P. Schultze, Düsseldorf 1972.

Deutsch-Jüdische Geschichte in der Neuzeit. Hg. Michael Brenner, Stefi Jersch-Wenzel, Michael A. Meyer, 2. Bd, München 1996.

Dichter und ihre Nation. Hg. Helmut Scheuer, Frankfurt/M. 1993.

Die Entstehung der Nationalbewegung in Europa 1750–1849. Hg. Heiner Timmermann, Berlin 1993.

Die Erfindung der Schweiz. Bildentwürfe einer Nation, Zürich 1998.

Die Herausforderung des europäischen Staatensystems. Nationale Ideologie und staatliches Interesse zwischen Restauration und Imperialismus. Hg. Adolf M. Birke, Günther Heydemann, Göttingen 1989.

Die Konstruktion einer Nation. Nation und Nationalisierung in der Schweiz, 18.–20. Jh. Hg. Urs Altermatt u. a., Zürich 1998.

Die Rolle der Nation in der deutschen Geschichte und Gegenwart. Hg. Otto Büsch, Berlin 1985.

Diekmann, Knut: Die nationalistische Bewegung in Wales, Paderborn 1998, 17–95.

Dietrich, Stefan J.: Christentum und Revolution. Die christlichen Kirchen in Württemberg 1848–1852, Paderborn 1996.

Düding, Dieter: Die deutsche Nationalbewegung des 19. Jahrhunderts als Vereinsbewegung, in: Geschichte in Wiss. u. Unterricht 42, 1991, 601–624.

Düding, Dieter: Organisierter gesellschaftlicher Nationalismus in Deutschland (1808–1847). Bedeutung und Funktion der Turner- und Sängervereine für die deutsche Nationalbewegung. München 1984.

Echternkamp, Jörg: Der Aufstieg des deutschen Nationalismus (1770–1840), Frankfurt/M. 1998.

Ehlers, Joachim: Die deutsche Nation des Mittelalters als Gegenstand der Forschung, in: ders. (Hg.): Ansätze und Diskontinuität (1989), 11–58.

Ehlers, Joachim: Die Entstehung des Deutschen Reiches, München 1994.

Ehlers, Joachim: Mittelalterliche Voraussetzungen für nationale Identität in der Neuzeit, in: Nationale und kulturelle Identität (1992), 77–99.

Eichenberger, Thomas: Patria. Studien zur Bedeutung des Wortes im Mittelalter (6.–12. Jahrhundert) (Nationes, Bd. 9), Sigmaringen 1991.

Eley, Geoff: Reshaping the German Right. Radical Nationalism and Political Change after Bismarck, New Haven 1980.

Elias, Norbert: Studien über die Deutschen. Machtkämpfe und Habitusentwicklung im 19. und 20. Jahrhundert. Frankfurt/M. [4]1990.

Elwert, Georg: Nationalismus, Ethnizität und Nativismus – Über Wir-Gruppenprozesse, in: Ethnizität im Wandel. Hg. Peter Waldmann, G. Elwert, Saarbrücken 1989, 21–60.

Europa 1848. Hg. D. Dowe, H.-G. Haupt, D. Langewiesche, Bonn 1998.

Fehrenbach, Elisabeth: Verfassungsstaat und Nationsbildung 1815–1871, München 1992.

Fehrenbach, Elisabeth: Wandlungen des deutschen Kaisergedankens 1871–1918, München/Wien 1969.

Flockerzie, Lawrence J.: State-Building and Nation-Building in the „Third Germany": Saxony after the Congress of Vienna, in: Central European History 24, 1991, 268–292.

Föderative Nation. Deutschlandkonzepte von der Reformation bis zum Ersten Weltkrieg. Hg. D. Langewiesche u. Georg Schmidt, München 2000.

Formen des nationalen Bewußtseins im Lichte zeitgenössischer Nationalismustheorien. Hg. Eva Schmidt-Hartmann, München 1994.

Fougeyrollas, Pierre: La nation. Essor et déclin des sociétés modernes, Paris 1987.

Frauen und Nation, Hg. Frauen & Geschichte Baden-Württemberg, Tübingen 1996.

Garber, Jörn: Vom universalen zum endogenen Nationalismus. Die Idee der Nation im deutschen Spätmittelalter und in der Frühen Neuzeit, in: Dichter (1993), 16–37.

Garber, Klaus: Zur Konstituierung der europäischen Nationalliteraturen, in: ders. (Hg.): Nation und Literatur (1989).

Gellner, Ernest: Nationalismus und Moderne, Berlin 1991.

Giesen, Bernhard: Die Intellektuellen und die Nation, Frankfurt/M. 1993.

Graus, František: Nationenbildung der Westslawen im Mittelalter (Nationes, 3), Sigmaringen 1980.

Hanisch, Manfred: Für Fürst und Vaterland. Legitimitätsstiftung in Bayern zwischen Revolution 1848 und deutscher Einheit, München 1991.

Hanisch, Manfred: Nationalisierung der Dynastien oder Monarchisierung der Nation? Zum Verhältnis von Monarchie und Nation in Deutschland im 19. Jh., in: Bürgertum, Adel und Monarchie. Wandel der Lebensformen im Zeitalter des bürgerlichen Nationalismus. Hg. Adolf M. Birke, Lothar Kettenacker, München 1989, 71–91.

Hardtwig, Wolfgang: Genossenschaft, Sekte, Verein in Deutschland. Bd. 1: Vom Spätmittelalter bis zur Französischen Revolution, München 1998.

Hardtwig, Wolfgang: Geschichtskultur und Wissenschaft, München 1990.

Hardtwig, Wolfgang: Vom Elitebewußtsein zur Massenbewegung. Frühformen des Nationalismus in Deutschland 1500–1840, in: ders.: Nationalismus und Bürgerkultur in Deutschland 1500–1914, Göttingen 1994, 34–54.

Hauser, Christoph: Anfänge bürgerlicher Organisation. Philhellenismus und Frühliberalismus in Südwestdeutschland, Göttingen 1990.

Henzirohs, Beat: Die eidgenössischen Schützenfeste 1824–1849, Diss. Freiburg 1976.

Hirschhausen, Ulrike von: Liberalismus und Nation. Die Deutsche Zeitung 1847–1850, Düsseldorf 1998.

Hobsbawm, Eric J.: Nationen und Nationalismus. Mythos und Realität seit 1780, Frankfurt/M. 1991.

Hof, Ulrich im: Mythos Schweiz. Identität – Nation – Geschichte 1291–1991, Zürich 1991.

Hoffmann-Curtius, Kathrin: Altäre des Vaterlandes. Kultstätten nationaler Gemeinschaft in Deutschland seit der Französischen Revolution, in: Anzeiger des Germanischen Nationalmuseums 1989, 283–308.

Hoffmann-Curtius, Kathrin: Das Kreuz als Nationaldenkmal: Deutschland 1814 und 1931, in: Zeitschrift für Kunstgeschichte 1985, 78–100.

Howard, Michael: War and the Nation State, in: ders., The Causes of Wars and other Essays, London 1983, 23–35.

Howard, Michael: War in European History, Oxford 1976.

Hroch, Miroslav: Die Vorkämpfer der nationalen Bewegung bei den kleinen Völkern Europas, Prag 1968.

Hroch, Miroslav: From National Movement to the Fully-Formed Nation: The Nation-Building Process in Europe, in: Becoming National. Hg. Geoff Eley, Ronald Grigor Suny, Oxford 1996, 60–77.

Hroch, Miroslav: Social Conditions of National Revival in Europe. A Comparative Analysis of the Social Composition of Patriotic Groups among the Smaller European Nations, Cambridge 1985.

Ibbeken, Rudolf: Preußen 1807–1813. Staat und Volk als Idee und in Wirklichkeit, Köln/Berlin 1970.

Jaggi, Arnold: Über die Begriffe „Nation", „Nationalität" und „national" in der Zeit des Kampfes um die Bundesrevision, in: Archiv des Historischen Vereins des Kantons Bern, 39, 1948, 161–183.

Jahn, Egbert: Demokratie und Nationalismus alias Patriotismus, in: Nationale und andere Solidarstrukturen. Hg. Norges Forskningsrad u. Stifterverband f. die deutsche Wissenschaft, Oslo 1994, 61–96.

(Jahn) Die Briefe Friedrich Ludwig Jahns, gesammelt u. im Auftrage des Ausschusses der Deutschen Turnerschaft hg. v. Wolfgang Meyer, Leipzig 1913.

(Jahn) Friedrich Ludwig Jahns Werke. Neu hg. u. mit einer Einleitung und mit erklärenden Anmerkungen versehen von Carl Euler, 3 Bde., Hof 1884–7.

Jakobs, Hermann: Theodisk im Frankenreich, Heidelberg 1998.

Jan Hus. Hg. Ferdinand Seibt, München 1997.

Jansen, Christian: Einheit, Macht und Freiheit. Die Paulskirchenlinke und die deutsche Politik in der nachrevolutionären Epoche, Düsseldorf 2000.

Jeismann, Michael: Das Vaterland der Feinde. Studien zum nationalen Feindbegriff und Selbstverständnis in Deutschland und Frankreich 1792–1918, Stuttgart 1992.

Kaschuba, Wolfgang: Volk und Nation: Ethnozentrismus in Geschichte und Gegenwart, in: Nationalismus, Nationalitäten (1993).

Katzenstein, Peter J.: Disjoined Partners. Austria and Germany since 1815, Berkeley 1976.

Kittel, Bernhard: Moderner Nationalismus. Zur Theorie politischer Integration, Wien 1995.

Klemperer, Victor: Curriculum Vitae. Jugend um 1900, Band II, Berlin 1989.

König, Helmut: Zur Geschichte der bürgerlichen Nationalerziehung in Deutschland zwischen 1807 und 1815, T. 2, Berlin Ost 1973.

Krieger, Leonard: Germany, in: National Consciousness, History and Political Culture in Early-Modern Europe. Hg. Orest Ranum, Baltimore 1975, 67–97.

Krüger, Michael: Körperkultur und Nationsbildung. Geschichte des Turnens in der Reichsgründungsära, Schorndorf 1996.

Kühlmann, Wilhelm: Sprachgesellschaften und nationale Utopien, in: Föderative Nation (2000), 245–264.

Landwehr, Götz: „Nation" und „Deutsche Nation". Entstehung und Inhaltswandel zweier Rechtsbegriffe unter bes. Berücksichtigung norddeutscher und hansischer Quellen vornehmlich des Mittelalters, in: Aus dem Hamburger Rechtsleben. Hg. Heinrich Ackermann, Berlin 1979, 1–35.

Langewiesche, Dieter: „Nation" und „Nationalstaat". Zum Funktionswandel politisch-gesellschaftlicher Leitideen in Deutschland seit dem 19. Jh., in: Perspektiven gesellschaftlicher Entwicklung in beiden deutschen Staaten. Hg. Friedrich W. Busch, Oldenburg 1988, 173–182.

Langewiesche, Dieter: Der deutsche Frühliberalismus und Uhland, in: Ludwig Uhland. Hg. Hermann Bausinger, Tübingen 1988, 135–148.

Langewiesche, Dieter: Germany and the National Question in 1848, in: The State of Germany: The Making, Unmaking und Remaking of a Nation State. Ed. John Breuilly, London 1992, 60–79.

Langewiesche, Dieter: Humanitäre Massenbewegung und politisches Bekenntnis. Polenbegeisterung in Südwestdeutschland 1830–1832, in: Blick zurück ohne Zorn. Polen und Deutsche in Geschichte und Gegenwart. Hg. Dietrich Beyrau, Tübingen 1999, 11–38.

Langewiesche, Dieter: Liberalismus in Deutschland, Frankfurt/M. 1988.

Langewiesche, Dieter: Liberalismus und Demokratie in Württemberg zwischen Revolution und Reichsgründung, Düsseldorf 1974.

Langewiesche, Dieter: Nation, Nationalismus, Nationalstaat, in: Neue Politische Literatur 40, 1995, 190–236.

Le Goff, Jacques: Die Alte Welt und Europa, München 1994.

Lemberg, Eugen: Nationalismus, 2 Bände, Reinbek 1964.

Lepsius, Rainer M.: Demokratie in Deutschland, Göttingen 1993.

Les lieux de mémoire, 3 Bde., Hg. Pierre Nora, Paris 1984, 1986, 1992.

Linz, Juan J.: State Building and Nation Building, in: European Review 1993, 355–369.

Mann, Michael: Geschichte der Macht. Bd. 3.1: Die Entstehung von Klassen und Nationalstaaten, Frankfurt/New York 1998 (engl. 1993).

Meyer, Manfred: Freiheit und Macht. Studien zum Nationalismus süddeutscher Liberaler 1830–1848, Frankfurt/M. 1994.

Michels, Robert: Zur historischen Analyse des Patriotismus, in: Archiv für Sozialwissenschaft u. Sozialpolitik 36, 1913, 14–43, 394–449.

Mittelalterliche nationes – neuzeitliche Nationen. Probleme der Nationenbildung in Europa. Hg. Almut Bues, Rex Rexheuser, Wiesbaden 1995.

Mommsen, Hans: Die habsburgische Nationalitätenfrage und ihre Lösungsversuche im Licht der Gegenwart, in: Nationalismus, Nationalitäten (1993), 108–122.

Mommsen, Hans: Nation und Nationalismus in sozialgeschichtlicher Perspektive, in: Sozialgeschichte in Deutschland. Hg. Wolfgang Schieder, Volker Sellin, II, Göttingen 1988, 162–184.

Moraw, Peter: Bestehende, fehlende und heranwachsende Voraussetzungen des deutschen Nationalbewußtseins im späten Mittelalter, in: Ansätze und Diskontinuität (1989).

Moraw, Peter: Das Mittelalter, in: Deutsche Geschichte im Osten Europas. Böhmen und Mähren. Hg. Friedrich Prinz, Berlin 1993.

Mosse, George: Die Nationalisierung der Massen. Politische Symbolik und Massenbewegungen in Deutschland von den Napoleonischen Kriegen bis zum Dritten Reich, Frankfurt/M. u. a. 1976.

Mosse, George: Gefallen für das Vaterland. Nationales Heldentum und namenloses Sterben, Stuttgart 1993.

Mosse, George: Nationalismus und Sexualität. Bürgerliche Moral und sexuelle Normen, München 1985.

Muhlack, Ulrich: Die Germania im deutschen Nationalbewußtsein vor dem 19. Jahrhundert, in: Beitr. z. Verständnis der Germania des Tacitus, Teil I. Hg. Herbert Jankuhn, Dieter Timpe, Göttingen 1989, 128–154.

Müller, Thomas Christian: Die Schweiz 1847–49, in: Europa 1848, 283–326.

Münchow-Pohl, Bernd von: Zwischen Reform und Krieg. Untersuchung zur Bewußtseinslage in Preußen 1809–1812, Göttingen 1987.

Münkler, Herfried: Nation als politische Idee im frühneuzeitlichen Europa, in: Nation und Literatur (1989), 56–86.

Münkler, H., Hans Grünberger, Kathrin Mayer: Die Nationalisierung Europas im Diskurs humanistischer Intellektueller: Italien und Deutschland, Berlin 1998.

Nation und Emotion. Deutschland und Frankreich im Vergleich. Hg. Etienne François, Hannes Sigrist, Jakob Vogel, Göttingen 1995.

Nation und Gesellschaft in Deutschland. Hg. Manfred Hettling, Paul Nolte, München 1996.

Nation und Literatur im Europa der Frühen Neuzeit. Hg. Klaus Garber, Tübingen 1989.

Nationale Mythen und Symbole in der zweiten Hälfte des 19. Jahrhunderts. Strukturen und Funktionen nationaler Identität. Hg. Jürgen Link, Wulf Wülfing, Stuttgart 1991.

Nationale und kulturelle Identität. Hg. Bernhard Giesen, Frankfurt/M. ²1991.

Nationales Bewußtsein und kollektive Identität. Hg. Helmut Berding, Frankfurt/M. 1994.

Nationalism in Europe. Past and Present, 2 Bde. Hg. Justo G. Beramendi u. a., Santiago de Compostela 1994.

Nationalismus in vorindustrieller Zeit. Hg. Otto Dann, München 1986.

Nationalismus und sozialer Wandel. Hg. Otto Dann, Hamburg 1978.

Nationalismus vor dem Nationalismus? Hg. Eckhart Hellmuth, Reinhard Stauber (Aufklärung 10, 1998, Heft 2).

Nationalismus, Nationalitäten, Supranationalismus, Hg. Heinrich August Winkler, Hartmut Kaelble, Stuttgart 1993.

Nationalismus. Heinrich August Winkler, Königstein 1978.

Nation-building in Central Europe. Ed. Hagen Schulze, Leamington Spa 1987.

Nipperdey, Thomas: Nationalidee und Nationaldenkmal in Deutschland im 19. Jahrhundert, in: ders.: Gesellschaft, Kultur, Theorie, Göttingen 1976, 133–173.

Nipperdey, Thomas: Deutsche Geschichte 1866–1918, Bd. II, München 1992.

Nonn, Ulrich: Heiliges Reich Deutscher Nation. Zum Nationen-Begriff im 15. Jahrhundert, in: Zeitschrift für historische Forschung 9, 1982, 129–142.

Nora, Pierre: Nation, in: Dictionnaire critique de la Revolution française. Hg. François Furet, Mona Ozou, Paris 1988, 801–812.

Öffentliche Festkultur. Politische Feste in Deutschland von der Aufklärung bis zum Ersten Weltkrieg. Hg. Dieter Düding, Peter Friedemann, Paul Münch, Hamburg 1988.

Orywal, Erwin: Krieg als Konfliktaustragungsstrategie – Zur Plausibilität von Kriegsursachentheorien aus kognitionsethnologischer Sicht, in: Zeitschrift für Ethnologie 121, 1996, 1–48.

Österreich u. die deutsche Frage im 19. Jh. Hg. Heinrich Lutz, Helmut Rumpler, München 1982.

Paletschek, Sylvia: Frauen und Dissens. Frauen im Deutschkatholizismus und in den freien Gemeinden 1841–1852, Göttingen 1989.

Patriotism: The Making und Unmaking of British National Identity. III.. Hg. Raphael Samuel, London 1989.

Patriotismus. Hg. Günter Birtsch, Hamburg 1991.

Planert, Ute: Zwischen Partizipation und Restriktion. Frauenbewegung und nationales Paradigma von der Aufklärung bis zum Ersten Weltkrieg, in: Föderative Nation (2000), 387–428.

Poetisierung – Politisierung. Deutschlandbilder in der Literatur bis 1848. Hg. Wilhelm Gössmann, Klaus-Hinrich Roth, Paderborn 1994.

Quellen zur Geschichte des Deutschen Bundes. Abt. III, Bd. 1–2. Bearb. Jürgen Müller, München 1996/98.

Region, Nation, Europa. Historische Determinanten der Neugliederung eines Kontinents. Hg. Günther Lottes, Heidelberg 1992.

Regional and National Identities in Europe in the XIXth and XXth Centuries. Hg. Heinz-Gerhard Haupt u. a., The Hague u. a. 1998.

Reiffenstein, Ingo: Deutsch in Österreich vom 18. bis ins 20. Jahrhundert. Das problematische Verhältnis von Sprache und Nation, in: Föderative Nation (2000), 293–305.

Retallack, James N.: Notables of the Right. The Conservative Party and Political Mobilization in Germany, 1876–1918, Boston 1988.

Richter, Michael: Mittelalterlicher Nationalismus. Wales im 13. Jahrhundert, in: Aspekte der Nationenbildung (1978), 465–488.

Rohkrämer, Thomas: Der Militarismus der „kleinen Leute". Die Kriegervereine im Deutschen Kaiserreich 1871–1914, München 1990.

Schama, Simon: Überfluß und schöner Schein. Zur Kultur der Niederlande im Goldenen Zeitalter, München 1988.

Schieder, Theodor: Nationalismus und Nationalstaat. Studien zum nationalen Problem im modernen Europa. Hg. O. Dann, H.-U. Wehler, Göttingen 1991.

Schilling, Heinz: Nation und Konfession in der frühneuzeitlichen Geschichte Europas, in: Nation und Literatur (1989).

Schimpfende Weiber und patriotische Jungfrauen. Frauen im Vormärz und in der Revolution 1848/49. Hg. Carola Lipp, Moos 1986.

Schmidt, Georg: Deutschland am Beginn der Neuzeit: Reichs-Staat und Kulturnation? In: Recht und Reich im Zeitalter der Reformation. Hg. Christine Roll, Frankfurt/M. u. a. 1996, 1–30.

Schmidt, Georg: Geschichte des Alten Reiches. Staat und Nation in der Frühen Neuzeit 1495–1806, München 1999.

Schmidt, Walter: Barbarossa im Vormärz, in: Kaiser Friedrich Barbarossa. Hg. Evamaria Engel, Bernhard Töpfer, Weimar 1994, 171–204.

Schmugge, Ludwig: Über „nationale" Vorurteile im Mittelalter, in: Deutsches Archiv 38, 1982, 439–459.

Schnell, Rüdiger: Deutsche Literatur u. deutsches Nationsbewußtsein in Spätmittelalter u. Früher Neuzeit, in: Ansätze u. Diskontinuität (1989), 247–319.

Schröcker, Alfred: Die Deutsche Nation. Beobachtungen zur politischen Propaganda des ausgehenden 15. Jahrhunderts, Lübeck 1974.

Schuck, Gerhard: Rheinbundpatriotismus und politische Öffentlichkeit zwischen Aufklärung und Frühliberalismus, Stuttgart 1994.

Schulze, Hagen: Der Weg zum Nationalstaat. Die deutsche Nationalbewegung vom 18. Jahrhundert bis zur Reichsgründung, München 1985.

Schulze, Hagen: Staat und Nation in der europäischen Geschichte, München 1994.

Schulze, Winfried: Die Entstehung des nationalen Vorurteils. Zur Kultur der Wahrnehmung fremder Nationen in der europäischen Frühen Neuzeit, in: Geschichte in Wissenschaft u. Unterricht 46, 1995, 642–665.

Seibt, Ferdinand: Die bayerische „Reichshistoriographie" u. die Ideologie des deutschen Nationalstaates 1806–1918, in: Zeitschrift für bayerische Landesgeschichte 28, 1965, 523–554.

Seibt, Ferdinand: Nationalismustheorie und Mediaevistik, in: Formen des nationalen Bewußtseins (1994), 77–86.

Sellin, Volker: Nationalbewußtsein und Partikularismus in Deutschland im 19. Jh., in: Kultur und Gedächtnis. Hg. Jan Assmann, Tonio Hölscher, Frankfurt/M. 1988, 241–264.

Sheehan, James J.: What is German History? Reflections on the Role of the Nation in German History and Historiography, in: Journal of Modern History 53, 1981, 1–23.

Sieber-Lehmann, Claudius: „Teutsche Nation" und Eidgenossenschaft. Der Zusammenhang zwischen Türken- und Burgunderkriegen, in: Historische Zeitschrift 253, 1991, 561–802.

Sieber-Lehmann, Claudius: Spätmittelalterlicher Nationalismus. Die Burgunderkriege am Oberrhein und in der Eidgenossenschaft, Göttingen 1995.

Siegenthaler, Hansjörg: Supranationalität, Nationalismus u. regionale Autonomie. Erfahrungen des schweizerischen Bundesstaates – Perspektiven der Europäischen Gemeinschaft, in: Traverse. Zs. f. Gesch. 3, 1994, 117–142.

Smith, Anthony D.: National Identity. London 1991.

Smith, Anthony D.: Nationalism and the Historians, in: ders. (Hg.), Ethnicity and Nationalism, Leiden 1992, 58–80.

Smith, Anthony D.: The Nation: Invented, Imagined, Reconstructed?, in: Millenium. Journal of International Studies 20, 1991, S. 353–368.

Smith, Anthony D.: Theories of Nationalism, London ²1983.

Smith, Helmut Walser: German Nationalism and Religious Conflict, Princeton/N.J. 1995.

Sofsky, Wolfgang: Traktat über die Gewalt, Frankfurt/M. 1996.

Sonderegger, Stefan: Tendenzen zu einem überregional geschriebenen Althochdeutsch, in: Aspekte der Nationenbildung (1978), 229–273.

Sprenger, Reinhard K.: Die Jahnrezeption in Deutschland 1871–1933. Nationale Identität und Modernisierung, Schorndorf 1985.

Stauber, Reinhard: Nationalismus vor dem Nationalismus? Eine Bestandsaufnahme der Forschung zu „Nation" und „Nationalstaat" in der Frühen Neuzeit, in: Geschichte in Wissenschaft u. Unterricht 47, 1996, 139–165.

Stauber, Reinhard: Vaterland – Provinz – Nation. Gesamtstaat, Länder und nationale Gruppen in der österreichischen Monarchie 1750–1800, in: Nationalismus vor dem Nationalismus? (1998), 55–72.

Sundhausen, Holm: Nationsbildung und Nationalismus im Donau-Balkan-Raum, in: Forsch. zur Osteurop. Geschichte, Bd. 48, 1993, 233–258.

Tacke, Charlotte: Denkmal im sozialen Raum. Nationale Symbole in Deutschland und Frankreich im 19. Jahrhundert, Göttingen 1995.

The Politics of Ethnic Conflict Regulation. Hg. McGarry, John, Brendan O'Leary, London 1993.

Thomas, Heinz: Das Identitätsproblem der Deutschen im Mittelalter, in: Geschichte in Wissenschaft und Unterricht 43, 1992, 135–156.

Thomas, Heinz: Die Deutschen und die Rezeption ihres Volksnamens, in: Nord und Süd in der deutschen Geschichte des Mittelalters. Hg. Werner Paravicini, Sigmaringen 1990, 19–50.

Thomas, Heinz: Die Germania des Tacitus und das Problem eines deutschen Nationalbewußtseins, in: Archiv für Kulturgeschichte, 72, 1990, 93–114.

Tilly, Charles: Reflections on the History of European State-Making, in: The Formation of National States in Western Europe, Princeton 1975, 3–83.

Traeger, Jörg: Der Weg nach Walhalla. Denkmallandschaft und Bildungsreise im 19. Jahrhundert, Regensburg 1987.

Vogel, Jakob: Nationen im Gleichschritt. Der Kult der ‚Nation in Waffen‘ in Deutschland und Frankreich 1871–1914, Göttingen 1997.

Volk, Nation, in: Geschichtliche Grundbegriffe. Historisches Lexikon zur politisch-sozialen Sprache. Hg. Otto Brunner, Werner Conze, R. Koselleck, Bd. 7, Stuttgart 1992.

Waldmann, Peter: Gewaltsamer Separatismus. Westeuropäische Nationalitätenkonflikte in vergleichender Perspektive, in: Nationalismus, Nationalitäten (1993), 82–107.

Weber, Ernst: Lyrik der Befreiungskriege (1812–1815), Stuttgart 1991.

Weinzierl, Erika: Österreichische Nation und österreichisches Nationalbewußtsein, in: Zeitgeschichte 17, 1989, 44–62.

Werner, Karl Ferdinand: Der Streit um die Anfänge. Historische Mythen des 19./20. Jahrhunderts und der Weg zu unserer Geschichte, in: Wem gehört die deutsche Geschichte? Hg. Klaus Hildebrand, Köln 1987, 19–35.

Werner, Karl Ferdinand: Von den ‚Regna‘ des Frankenreichs zu den ‚deutschen Landen‘, in: Zs. für Literaturwiss. u. Linguistik 94, 1994, 69–81.

Westphal, Sigrid: Frauen in der frühen Neuzeit und die deutsche Nation, in: Föderative Nation (2000), 363–385.

Zernack, Klaus: Zum Problem der nationalen Identität in Ostmitteleuropa, in: Nationales Bewußtsein (1994), 176–188.

Zientara, Benedykt: Nationale Strukturen des Mittelalters. Ein Versuch zur Kritik der Terminologie des Nationalbewußtseins unter besonderer Berücksichtigung osteuropäischer Literatur, in: Saeculum 32, 1981, 301–316.

Zimmermann, Mosche: Hamburgischer Patriotismus u. deutscher Nationalismus. Die Emanzipation der Juden in Hamburg 1830–1865, Hamburg 1979.

Zwahr, Hartmut: Die Sorben, in: ders.: Revolutionen in Sachsen. Beiträge zur Sozial- und Kulturgeschichte, Weimar 1996, 344–383.

Anmerkungen

Vorwort

1 Ernest Renan: Was ist eine Nation? Und andere politische Schriften, Wien 1995, 56. Die weiteren Zitate werden mit Seitenzahl im Text nachgewiesen.

1. ‚Nation‘, ‚Nationalismus‘, ‚Nationalstaat‘ in der europäischen Geschichte seit dem Mittelalter

Zuerst erschienen – für die erneute Veröffentlichung überarbeitet – in: Föderative Nation (2000), 9–30.

1 Zum Forschungsstand s. Breuilly (1994), Langewiesche (1995), Kittel (1995), Bauböck (1991), Elwert (1989).

2 Alter (1985), 14 f.

3 Mit Lust an der Polemik spießt dies Connor (1994) auf.

4 Vgl. die Literatur bei Langewiesche (1995); europäische Überblicke: Schulze (1994), Fougeyrollas (1987), Mann (1998), Prinzip Nation (1994); Einführungen in die Nationalgeschichten: Region, Nation (1992), Nationale und kulturelle Identität (²1991), Nationales Bewußtsein (1994), Colley (1992), Nationalism in Europe (1994), Nationalismus in vorindustrieller Zeit (1986), Armstrong (1982); Garber (1989), Entstehung der Nationalbewegung (1993), Ulrich im Hof (1991), Die Erfindung der Schweiz (1998), Konstruktion einer Nation (1998), Jaggi (1948), Siegenthaler (1994), Schama (1988), Kap. 2: Patriotismus.

5 Vgl. die in Anm. 11–15 genannte Literatur sowie Stauber (1996) und Nationalismus vor dem Nationalismus? (1998) 3–10.

6 Vgl. Der politische Totenkult (1994), Berghoff (1997); zu einer weiten Forschungslandschaft, die von der Geschichtswissenschaft kaum zu Kenntnis genommen wird: Orywal (1996).

7 Lemberg (1964), Bd. 2, 83. Allgemeiner formuliert diese Einsicht Siegenthaler (1994): „Nationen entstehen im Kontext fundamentaler Unsicherheit." (119). Zur Rolle des Krieges in der Nationsbildung vgl. Kapitel Nr. 2.

8 Vgl. die Studien von Anthony D. Smith im Literaturverzeichnis.

9 Smith (1991) 9; folgende Zitate 11, 70.

10 Ebd. 71. Smiths Definition von Nationalismus: „an ideological movement for attaining and maintaining autonomy, unity and identity on behalf of a population deemed by some of its members to constitute an actual or potential ‚nation‘." (73)

11 Bahnbrechend war das DFG-Schwerpunktprogramm „Die Entstehung der europäischen Nationen im Mittelalter". Zum gegenwärtigen Forschungsstand vgl. insbes. die im Literaturverzeichnis genannten Studien

von Ehlers; knapp: Beumann (1988), Werner (1987, 1994), Boockmann (1988); s.a.: Mittelalterliche nationes (1995). Begriffsgeschichtlich grundlegend ist der von Karl Ferdinand Werner verfaßte Mittelalterteil des umfangreichen Artikels „Volk, Nation" in: Geschichtliche Grundbegriffe, 7, 1992. Möglicherweise würden die Kontinuitätslinien stärker ausgezogen, blickte man auf weitere Teile Europas. Der Mediävist Bagge (1994, 21) z.B. vertritt die These, in Norwegen habe es zwischen dem Nationalismus des Mittelalters und der Gegenwart „a difference of degree rather than a difference of kind" gegeben. Die Kontinuitäten betonen auch Seibt (1994) und Zernack (1994). Sundhausen (1993) spricht hingegen von einem „qualitativen" und „quantitativen Sprung" im Übergang von der mittelalterlichen ‚natio' zur modernen Nation in Südosteuropa.

12 Die mittelalterlichen Universitäts-, Konzils- und Kaufmannsnationen gehören, darin stimmt die Forschung überein, nicht in den Entstehungsprozeß politischer Nationen. Bei den Kirchen- oder Konzilsnationen ist allerdings zu beachten, daß der politische Gegensatz im Kampf um Herrschaftsgebiete dazu geführt hat, geographische Einteilungskriterien in politische zu verwandeln. Die Konzilsnationen wurden jedoch nicht zu Vorläufern der modernen Staats- und Volksnation, denn sie waren Glieder der universalen christlichen Kirche. Aber es wurde doch der Weg zu Nationalkirchen beschritten bzw. zu Kirchen, die dem jeweiligen staatlichen Herrschaftsbereich zugeordnet und eingefügt waren. Diese Kirchen hatten einen hohen Anteil an der Ausbildung von Staatsnationen. Vgl. „Volk, Nation" (1992), 182f.; Landwehr (1979), Nonn (1982).

13 Graus (1980), 16.

14 Zum gegenwärtigen Forschungsstand: Jan Hus (1997), Moraw (1993).

15 Graus (1980), 16. Diese Deutung wird, entgegen dem Eindruck, den der Buchtitel suggeriert, bestätigt durch Sieber-Lehmann (1995). Er verwendet den Begriff Nationalismus synonym zu Nationalbewußtsein. Die Austauschbarkeit der Begriffe im sprachlichen Umfeld von ‚Nation' ist in der Mediävistik trotz des ‚Nationes'-Projektes und der begrifflichen Präzision, die Graus vorgegeben hat, weiterhin zu finden; vgl. u.a. Zientara (1981), Richter (1978), Sonderegger (1978). Begrifflich vorzüglich präzise: Schnell (1989). Er sieht im 14. Jh. „eine entscheidende Etappe deutschen Nationsbewußtseins" (319). Diesen ungewöhnlichen Begriff verwendet er, um Assoziationen mit dem modernen „Nationalbewußtsein" vorzubeugen (250).

16 Ehlers, Entstehung (1994), 8f.

17 Vgl. die eindringlichen ideengeschichtlichen Analysen von Berlin (1990).

18 Vgl. Smith, National Identity (1991), 30f.; Politics of Ethnic Conflict Regulation (1993).

19 Sofsky 1996). Vgl. als Ergänzung und zur Modifikation Orywal (1996).

20 Georg Schmidt: Teutsche Kriege, in: Föderative Nation (2000), 51–57.

21 Vgl. die Studien von Miroslav Hroch.

22 Vgl. Zwahr (1996); zur Unterdrückungserfahrung ders.: Meine Landsleute, ebd. 384–399.

23 Vgl. Hroch (1985, 1996), Hardtwig (1998).

24 Dazu nun grundlegend Hardtwig (1998).

25 Dies gilt auch für die Schweizer Schützen; vgl. Henzirohs (1976).

26 Vgl. etwa Schmugge (1982), Schulze (1995), Béhar (1994); zur Übertragung türkenfeindlicher Vorstellungen auf christliche Nachbarn Bosbach (1992).

27 Jörn Garber (1993), Zitate 31.

28 Siegenthaler (1994), 118. Burger (1994) spricht deshalb von „nationalistischer Zeitdilatation" (166). Er erläutert sie am Beispiel der österreichischen Nation, die es als „offizielle Staatsideologie" seit 1945 gebe, was diese junge Nation nicht daran gehindert habe, zu ihrem 50. Geburtstag 1995/96 ihr tausendjähriges Bestehen zu feiern. Zum Forschungsstand s. Stauber, Vaterland (1998). Zur Konstruktionsarbeit an der französischen Nation s. insbes. Nora (1984–92). Vgl. zur Erfindung von Nationalhelden in Zeiten „fundamentaler Unsicherheit" (Siegenthaler 1994) etwa Amalvi (1981) zu Vercingetorix und W. Schmidt (1994) zu Barbarossa.

29 Vgl. insbes. Lemberg (1964), Howard (1983), Jeismann (1992), Mann (1998), mit weiterer Literatur Kapitel 2 und Langewiesche, Nation (1995). Wichtig zur Relativierung der Kriegsursache ,Nation' sowie zur Rolle der Feindbilder für die Bereitschaft zum Krieg Orywal (1996).

30 Vgl. Der politische Totenkult (1994), Mosse (1993), Hoffmann-Curtius (1985, 1989).

31 Vgl. Planert (2000); Westphal (2000) sowie: Frauen und Nation (1996).

32 Hobsbawm (1991), 51.

33 Vgl. Planert (2000) und die dort genannte Literatur.

34 Vgl. Howard (1976).

35 Vgl. Buschmann (2000).

36 Einen systematischen Zugang bieten Linz (1993) und Mann (1998).

37 Vgl. zur Typisierung der europäischen Nationalstaaten nach der Art ihrer Entstehung – integrierend, unifizierend oder sezessionistisch – die Studien von Theodor Schieder (1991). Mann (1996, 118 f.) schlägt in seiner makrosoziologischen Analyse eine originelle Typologie vor: 1. staatsverstärkende oder staatserhaltende Nationen (wie die französische und britische), 2. staatsbildende (wie die preußische) und 3. staatszersetzende (wie die Nationen in der Habsburgermonarchie)

38 Moraw (1989); folgende Zitate 110, 114.

39 Vgl. Giesen (1993).

40 Moraw (1989), 114.

41 Dazu vorzüglich Garber (1993). Zitate 17f., 25.

42 Sieber-Lehmann (1991), 571 ff.

43 Ebd. 576. Zur Entwicklung des Volksnamens vgl. Thomas (1992, 1990); Jakobs (1998). Zur Rolle der Sprache im Nationsbildungsprozeß vgl. Kühlmann (2000) und Reiffenstein (2000).

44 Diese kommunikativen Voraussetzungen hat für den modernen Nationalismus grundlegend Karl W. Deutsch erforscht. Daran knüpft Hardtwig (1994) an, wenn er für die Wende vom 15. zum 16. Jahrhundert von einem „organisierten Nationalismus" im Reich spricht. Zur Konstruktion einer deutschen Nation durch die Humanisten und die Fortwirkung der ,Germania'-Interpretationen vgl. Muhlack (1989), Thomas, Germania

(1990). Zum „humanistischen Patriotismus" vgl. Kühlmann (2000) sowie in breiter europäischer Perspektive Garber, Konstituierung (1989).

45 Schmidt (1996), 22, geht von einer zu den Territorialstaaten komplementären Funktion des „Reichs-Staats" aus, den er als Staatsnation versteht. Sie liege „quer zum europäischen Typus des nationalen Machtstaates" (30). Schröcker (1974) warnt hingegen davor, ‚deutsche Nation' auf Staatlichkeit zu beziehen. ‚Deutsche Nation' signalisiere Einheit nach außen, während die „Forderung nach der inneren Einheit […] sich nicht auf Staatlichkeit, sondern auf die Zusammenbindung staatenähnlicher Teile durch eine Mischung universaler (imperialer) und partikularer Interessen" bezogen habe (141). Krieger (1975) legt luzide dar, wie das deutsche nationale Bewußtsein zwischen ‚Volk' und ‚Reich' oszillierte. Zum Verhältnis von Reich und Nation in der verfassungspolitischen Debatte nun Burgdorf (1998).

46 Mit dem Begriff Volksnation grenzt Hagen Schulze (1994) die moderne Nation von Vorläufern ab. Mann (1998) unterscheidet zwischen den frühneuzeitlichen Protonationen und den modernen „selbstbewußten, klassenübergreifenden, latent aggressiven Vollnationen" (147).

47 Vgl. neben der in Anm. 4 genannten Literatur Müller (1998).

48 Das betont auch Garber (1989), 16 f.; Schilling (1989) trennt zwar zwischen Staatsbildung und Nationalstaatsbildung, doch Nationsbildung geht bei ihm implizit in Staatsbildung auf.

49 Zu diesem kontrovers diskutierten Begriff vgl. u. a. Patriotismus (1991); in systematischer Perspektive Jahn (1994). Immer noch anregend: Michels (1913). Zur Frühgeschichte des Wortes Patria s. Eichenberger (1991). Mit weiterer Literatur zu den Übergängen zwischen Patriotismus und modernem Nationalismus in Deutschland: Schuck (1994), Echternkamp (1998).

50 Die gleiche Wirkung entsteht, wenn die Nationsbildungsprozesse nur auf der Ebene der Ideen verfolgt werden. Dies geschieht in dem – ideengeschichtlich verdienstvollen – breiten europäischen Überblick von Münkler (1989). Er kann die Kontinuitäten über die Ära der französischen Revolution hinweg so stark betonen, weil er die Frage nach der Wirksamkeit und den Wirkungsmöglichkeiten der Idee Nation nicht stellt. Auch Burgdorf (1998) muß letztlich auf der ideengeschichtlichen Ebene bleiben, da es kaum Versuche gab, die nationalen Reformideen politisch umzusetzen. Daß sich dies erst im 19. Jahrhundert änderte, ist das Neue, das er nicht in den Blick bekommt. Für den ideengeschichtlichen Vorlauf ist sein Buch grundlegend.

51 Nur wenige Kleinstaaten wie Liechtenstein und Luxemburg widerstanden dem.

52 Tilly (1975), 42.

53 Werner Sombart, Die deutsche Volkswirtschaft im 19. Jh, Berlin [3]1913, 412.

54 Mosse (1976).

2. Nationalismus im 19. und 20. Jahrhundert: zwischen Partizipation und Aggression

Zuerst erschienen – hier überarbeitet und erweitert – in der Reihe: Gesprächs-kreis Geschichte, Heft 6, Bonn 1994.

1 Dann (1993), 12; folgendes Zitat 17.
2 Schieder (1991), 105; ähnliche Formulierungen an vielen Stellen.
3 Aus Kosellecks Beitrag zum dem Artikel „Volk, Nation" (1992), 398.
4 Elias (1990), alle Zitate 194–197; die folgenden 2 Zitate 200, 196.
5 Brief v. 13. 9. 1870 an D. F. Strauss, in: Ernest Renan: Was ist eine Nati-on? Und andere politische Schriften, Wien-Bozen 1995, 99.
6 Diese Typologie zieht sich durch den gesamten Aufsatzband (s. Anm. 2). S. insbes. die Aufsätze „Typologie und Erscheinungsformen des Natio-nalstaats in Europa" (65–86) (1966) und „Probleme der Nationalismus-Forschung" (102–112) (1971), mit dem er seine Typologie ins 20. Jh. er-weitert.
7 Ebd. 110 f.
8 Waldmann (1993).
9 Den umfassendsten Überblick bietet: Europa 1848 (1998).
10 Zitiert nach Hans Mommsen (1993) 109.
11 Wie Anm. 3, 387; folgendes Zitat 396 f.
12 Elias (1990), 197.
13 Gellner (1991), 88; das folgende Zitat 164.
14 Jeismann, Vaterland der Feinde (1992).
15 Jeannine Sorel, John Bull, in: Patriotism (1989), 3–25.
16 K. Heinzen in: Deutsches Bürgerbuch für 1845, zit. n. Kaschuba (1993), 65.
17 Arnold Ruge, Der Patriotimus. Hg. Peter Wende. Frankfurt/M. 1968, 48 f.

3. Föderativer Nationalismus als Erbe der deutschen Reichsnation. Über Föderalismus und Zentralismus in der deutschen Nationalgeschichte

Überarbeitet aus: Föderative Nation (2000), 215–242.

1 Vorzüglicher knapper Überblick: Fehrenbach (1992). Zur Föderalismus-forschung Karl Möckl: Föderalismus u. Regionalismus im Europa des 19. u. 20. Jhs., in: Von der freien Gemeinde zum föderalistischen Europa. Hg. Fried Esterbauer u. a., Berlin 1983, 529–549; Regional and National Identities (1998).
2 An der historiographischen Bewertung des Deutschen Bundes tritt dies markant hervor; vgl. die Einleitung in: Quellen Deutscher Bund, III, 2 (1998).
3 Zur Zeit vor 1871 vgl. die Kapitel 5–7.
4 „Deutschland" in: Herders Conversations-Lexikon Bd. 2, Freiburg i. Br. 1854, 355–364, 364.
5 Zu den Reformdebatten, in denen sich die Idee einer Reichsnation fassen

läßt: Burgdorf (1998); für die anschließende Phase Schuck (1994) sowie Echternkamp (1998). Dann, Tradition des Reiches (1988) verengt den Bezug auf das Reich in der Nationalbewegung des 19. Jhs. auf ein rückwärts gewandtes Denken. Wie offen der Blick zurück war, belegen Matthias Klug: Rückwendung zum Mittelalter? Geschichtsbilder u. historische Argumentation im politischen Katholizismus des Vormärz, Paderborn 1995, Dietrich (1996), 103 ff.

6 Zur politischen Reformation, Germanien, 1813; zit. n. Echternkamp (1998), 282. Echternkamp bietet für den föderativen Grundzug in der frühen deutschen Nationalbewegung viele Belege.

7 Wilhelm von Humboldt, Denkschrift über die deutsche Verfassung, in: ders., Gesammelte Werke, Bd. 11, 95–116, 98, zit. n. Echternkamp, 282.

8 Zitat aus Arnold Mallinckrodts Schrift „Was thun bey Teutschlands, bey Europa's Wiedergeburt?" (1814) nach Echternkamp, 283.

9 Ueber die teutschen Gesellschaften, in: Allemannia 1815, zit. ebd. 352.

10 Dazu vor allem (mit den Zitaten) Jörg Echternkamp, 352 u.ö.; Flockerzie (1991) spricht vom „Stamm-nationalism" (284).

11 Weber (1991), 147; Paul Nolte, Die badischen Verfassungsfeste im Vormärz, in: Hettling/Nolte (1993), 63–94, insbes. Anm. 93: Man sprach zwar von der deutschen Nation, zeigte aber nur die badischen Landesfarben und zielte nicht auf eine deutschen Nationalstaat.

12 Beispiele dafür bieten die Entwicklung Uhlands in Württemberg und Gabriel Riessers in Hamburg; vgl. Langewiesche: Uhland; Zimmermann (1979).

13 Michael Brenner, Vom Untertanen zum Bürger, in: Deutsch-Jüdische Geschichte 2 (1996), 275.

14 Zimmermann (1979), 175. Überblick zu 1848 Michael Brenner: Zwischen Revolution und rechtlicher Gleichstellung, in: Deutsch-Jüdische Geschichte 2 (1996), 288–298; Reinhard Rürup: Der Fortschritt u. seine Grenzen. Die Revolution 1848 u. die europäischen Juden, in: Europa 1848 (1998), 985–1005.

15 Die Äußerung stammt von J. G. Gallois, Beleuchtung der Broschüre: das schwarze Buch für Christ und Jud' von B. Carlo, Hamburg 1844, 48, zit. n. Zimmermann (1979), 100.

16 Hirschhausen (1998), 123. Erstmals nachgewiesen wurde das Wort Nationalstaat bei Paul Pfizer 1841; vgl. Meyer, Freiheit (1994), 196. Der Artikel „Nation, Volk" (1992) achtet nicht auf die Geschichte dieses Wortes.

17 Seibt, Reichshistoriographie (1965), 532. Vgl. Altgeld, Nordlichter (1985).

18 Emanuel Schmidt, Die Feierlichkeiten anläßlich der Grundsteinlegung zur Walhalla 1830, in: Feste in Regensburg., Regensburg, Zitate 451, 453.

19 Vgl. dazu Hanisch, Fürst und Vaterland (1991), Zitat S. 1 (Maximilian II. an Minister Theodor von Zwehl, 9. 1. 1857).

20 Sellin, Nationalbewußtsein (1988), 257. Zur dynastisch-preußischen Staatsnation in der napoleonischen Ära, die später zu einem gesamtdeutsch-nationalen Erweckungserlebnis stilisiert wurde, Münchow-Pohl (1987).

21 Alle Zitate aus „Kirchliches Wochenblatt aus der Diöcese Rottenburg" vom 31. 12., 21. 5. 1848, 9. 9. 1849; zit. n. Dietrich (1996), 110 f.

22 So der Erzbischof von München am 5.7.1850, zit. n. Hanisch (1991), 271.

23 Dies zeigt überzeugend Dietrich (1996), Zitat 109.

24 Vgl. dazu Andreas Neeman, Landtag und Politik in der Reaktionszeit. Sachsen 1849/50 bis 1866, Düsseldorf 2000 (Zitat; Sitzung v. 18. 2. 1858).

25 Augsburger Allgemeine Zeitung v. 12. 2. 1851, zit. in: Quellen Deutscher Bund III, 1 (1996), 209–211.

26 Der umfangreiche Artikel (1851, H. 3, 273–309) ist abgedruckt in: Quellen Deutscher Bund III, 2 (1998), 6–38, Zitate 28, 12, 32 f.

27 S. das Zitat u. S. 177. Zu den Deutschlandbildern anderer Schriftsteller s.: Deutschlandbilder in der Literatur (1994).

28 H. F. Kohlrausch, Erinnerungen aus meinem Leben, Hannover 1863, zit. nach: König, T. 2, (1973), 332. Die beiden Bände Königs sind eine Fundgrube für die deutschen Nationsvorstellungen im frühen 19. Jh.

29 Zitate aus der Denkschrift des Ministers Ludwig Frhr. von der Pfordten an den bayerischen König v. 2. 3. 1852, in: Quellen Deutscher Bund III, 2 (1998), 725 f.; die Einleitung Müllers bietet den besten Überblick über den dürftigen Forschungsstand zum Deutschen Bund nach 1849.

30 Akten und Dokumente zur kurhessischen Parlaments- und Verfassungsgeschichte 1848–1866. Hg. Hellmut Seier, Bearb. Ulrich von Nathusius, H. Seier, Marburg 1987, 490 f. Der Abgeordnete Heinrich Henkel fügte hinzu: „Der Bismarck ist eine vorübergehende Person, und ich muß mich wundern daß auf eine solche Persönlichkeit so groß Gewicht gelegt werden kann. Es geschieht ihm damit viel zu viel Ehre. Jetzt vielleicht fällt ein Ziegel vom Dach, weg ist er. Lassen Sie uns nicht vor solchen Gespenstern erschrecken, und lassen Sie uns nicht durch ganz untergeordnete vorübergehende Rücksichten die Hauptsache aus dem Auge verlieren."

31 Beide Zitate (das erste stammt von Franz Schuselka) nach Jansen, Einheit, (2000), 197 f.

32 Vgl. Kapitel 5 und die Aufsätze von Leo Haupts (Die Kölner Dombaufeste 1842–1880), Thomas Parent (Die Kölner Abgeordnetenfesten im preußischen Verfassungskonflikt) in: Öffentliche Festkultur (1988), 191–211, 259–277.

33 Tacke (1995), 290.

34 Annelore Rieke-Müller, Lothar Dittrich, Der Löwe brüllt nebenan. Die Gründung Zoologischer Gärten im deutschsprachigen Raum 1833–1869, Köln u. a. 1998. Die Autoren skizzieren auch, wie später die Idee einer deutschen Weltpolitik die Konzeption der Zoos verändert.

35 Klemperer, Vitae (1989), 365–367; dort auch die folgenden Zitate.

36 Den wohl besten Gesamtüberblick gibt Thomas Nipperdey: Der Föderalismus in der deutschen Geschichte, in: ders., Nachdenken über die deutsche Geschichte, München 1986, 60–109.

37 Nipperdey, Bd. II (1992), 85; folgende Zitate 97, 92, 93.

38 Der Forschungsstand zum Kaiserreich (auch zum Verhältnis Reich – Kommunen in der Sozialpolitik) vorzüglich bei Thomas Kühne, Das Deutsche Kaiserreich 1871–1918 und seine politische Kultur, in: Neue Politische Literatur 43, 1998, 206–263.

39 Denkschriftenband zur Begründung des Entwurfs eines Gesetzes betreffend Änderungen im Finanzwesen, Teil 1, Berlin 1908, 781 ff.; vgl. Hans-Peter Ullmann, Der Bürger als Steuerzahler im Deutschen Kaiserreich, in: Nation und Gesellschaft (1996), 231–246.

40 Gerhard A. Ritter, Klaus Tenfelde, Arbeiter im Deutschen Kaiserreich 1871 bis 1914, Bonn 1992, 74; Frank B. Tipton, Jr., Regional Variations in the Economic Development of Germany During the Nineteenth Century, Middletown, Conneticut 1976.

41 Aus Otto Hues Artikelserie „Die Metallarbeiterorganisation am Niederrhein und ihre Hemmnisse" (1896); Zitat und das Folgende n. Klaus Schönhoven, Expansion und Konzentration. Studien zur Entwicklung der Freien Gewerkschaften im Wilhelminischen Deutschland 1890 bis 1914, Stuttgart 1980, 88.

42 Interessenverbände in Deutschland, Frankfurt/M. 1988, 81.

43 Überblick: Lothar Gall, D. Langewiesche (Hg.), Liberalismus und Region. Zur Geschichte des deutschen Liberalismus im 19. Jahrhundert, München 1995; Langewiesche, Liberalismus (1988) 142 ff.

44 Zit. nach G. A. Ritter, Die Arbeiterbewegung im Wilhelminischen Reich, Berlin ²1963, 130.

45 Friedrich Naumann, Der deutsche Süden, abgedruckt in: Walter Schmitz (Hg.), Die Münchner Moderne. Die literarische Szene in der ‚Kunststadt' um die Jahrhundertwende, Stuttgart 1990, 81–85.

46 Der folgende Abschnitt folgt der ausführlicheren Darstellung bei D. Langewiesche, Die politische Klasse im Kaiserreich und in der Weimarer Republik, in: Parteien im Wandel. Vom Kaiserreich zur Weimarer Republik. Hg. v. Dieter Dowe u. a., München 1999, 11–26.

47 Alings (1996) 87. Friedemann Schmoll, Verewigte Nation. Studien zur Erinnerungskultur von Reich und Einzelstaat im württembergischen Denkmalkult des 19. Jahrhunderts, Tübingen 1995.

48 Wilhelm Lübke, Professor für Kunstgeschichte in Stuttgart, in: Schwäbische Kronik v. 25. 8. 1871, zit. n. Schmoll, 221. Vgl. Confino (1997).

49 Alings (1996) 96.

50 Kathrin Hoffmann-Curtius, Denkmäler für Krieg und Sieg, in: Mit Gott für Kaiser, König und Vaterland. Krieg und Kriegsbild Tübingen 1870/71, Tübingen 1986, 45–58, Zitat 56.

51 Schmoll, 302 f.: Von den mehr als 400 Kaiser-Wilhelm-Denkmälern entfielen auf Württemberg nur knapp fünf Prozent.

52 Eine Abbildung in: Mit Gott (wie Anm. 50), 31. Die folgenden Informationen verdanke ich der Magisterarbeit von Sibylle Scheuerle-Kraiss, Königs- und Reichskult in Tübingen 1871–1913, Tübingen 1998.

53 Gisela Jaacks, Hermann, Barbarossa, Germania und Hammonia. Nationalsymbole in Hamburger Festzügen des Kaiserreichs, in: Beiträge zur deutschen Volks- und Altertumskunde 18, 1979, 57–66, 65 f.

54 Tübinger Chronik v. 5. u. 3. 4. 1893, zit. n. Scheuerle-Kraiss, 86. Zum Bismarckkult Hans-Walter Hedinger, Der Bismarckkult, in: Gunther Stephenson (Hg.), Der Religionswandel unserer Zeit im Spiegel der Religionswissenschaft, Darmstadt 1976, 201–215; Lothar Machtan (Hg.), Bismarck und der deutsche Nationalmythos, Bremen 1994.

55 Wolfgang Hardtwig, Bürgertum, Staatssymbolik und Staatsbewußtsein im Deutschen Kaiserreich 1871–1914, in: Geschichte und Gesellschaft 16, 1990, 269–295, 295 (auch das nächste Zitat).

56 Darmstadt – Ein Dokument deutscher Kunst 1901–1976, Darmstadt 1976; Brigit Janzen, König Wilhelm II. als Mäzen, Frankfurt/M. 1995.

57 Winfried Speitkamp, Die Verwaltung der Geschichte. Denkmalpflege und Staat in Deutschland 1871–1933, Göttingen 1996, Zitate S. 25, 44, 156.

58 Vgl. Danny Trom, Natur und nationale Identität. Der Streit um den Schutz der ‚Natur‘ um die Jahrhundertwende in Deutschland und Frankreich, in: Nation und Emotion (1995), 147–167.

59 „Gladius die“, in: Schmitz (Hg.), Münchner Moderne (wie Anm. 45) 36.

60 Marcel Montandon, Das „andere Deutschland“ (1902), in: ebd. 28–30; auch folg. Zitat.

61 Ebd. 37 f.

62 Klemperer, Vitae I (1989) 285–288. Folg. Zitat Bd. II, 1989, 458.

63 Dieter Breuer, Deutsche Nationalliteratur und katholischer Kulturkreis, in: Nation und Literatur (1989) 701–715, 703. Folg. Zitat 710.

64 Paul Hoffmann, ‚Regionalismus‘ und ‚Weltsprache der Poesie‘ in der deutschen Gegenwartslyrik, in: Lothar Fiez, Paul Hoffmann, Hans-Werner Ludwig (Hg.), Regionalität, Nationalität und Internationalität in der zeitgenössischen Lyrik, Tübingen 1992, 94–113, Zitate 103 f. In Frankreich galt hingegen der Dialekt als nationalkulturell defizitär. Vgl. Brigitte Schlieben-Lange, Idéologie, révolution et uniformité de la langue, Liège 1996.

65 Vgl. Marita Baumgarten, Professoren und Universitäten im 19. Jahrhundert, Göttingen 1997.

66 Dazu grundlegend Sylvia Paletschek, Die Universität Tübingen im Kaiserreich und in der Weimarer Republik. Der Wandel einer Institution und die permanente Erfindung einer Tradition (im Druck).

67 Handbuch der Kirchengeschichte, Bd. VII. Hg. Hubert Jedin, Konrad Repgen, Freiburg 1985, 540 (P. Ludwig Volk SJ).

68 Jacob Rosenheim, Erinnerungen 1870–1920. Hg. Heinrich Eisemann, Herbert N. Kruskal, Frankfurt/M. 1970, 39 (Zitat), ähnlich S. 81, 86.

69 Joseph Theele, Vom katholischen deutschen Kirchenliede, in: Akademische Bonifatius-Correspondenz Nr. 4 v. 4. 5. 1912, 225; auch folgende Zitate.

70 Vgl. insbes. Confino (1997); Speitkamp (Anm. 57); Trom (Anm. 58); Celia Applegate (1990); Langewiesche, Nation (1995).

71 Vgl. D. Langewiesche, Vom Gebildeten zum Bildungsbürger? Umrisse eines katholischen Bildungsbürgertums im wilhelminischen Deutschland, in: Martin Huber, Gerhard Lauer (Hg.), Bildung und Konfession. Politik, Religion und literarische Identitätsbildung 1850–1918. Tübingen 1996, 107–132. Zu den kaum erforschten katholischen Nationsvorstellungen Albrecht Langer (Hg.), Katholizismus, nationaler Gedanke und Europa seit 1800, Paderborn 1985.

72 Rottenburger Zeitung 61, 15. 3. 1920; zit. nach der unveröffentlichten Tübinger Magisterarbeit von Renate Best, Bürgerkrieg als neue gesellschaftliche Erfahrung in der Weimarer Republik, 1996, 30.

249

4. Kulturelle Nationsbildung
im Deutschland des 19. Jahrhunderts

Zuerst veröffentlicht (hier korrigiert und leicht verändert) in: Nation und Gesellschaft (1996) 46–64.

1 P. A. Pfizer: Gedanken über Recht, Staat und Kirche, Stuttgart 1842, 288, nachgewiesen durch Meyer, Freiheit (1994), 196.

2 Das Gespräch wird u. S. 176 zitiert.

3 Die Schillerfeiern, in: Morgenblatt für gebildete Leser, 1859/2, 1085–1088. Die Quellen erhob Andreas Baisch: Die Schillerfeiern des Jahres 1859 im Urteil des liberalen Bildungsbürgertums, Magisterarbeit Tübingen 1995.

4 Moriz Carriere: Festrede in München, in: Schiller-Denkmal. Festausgabe, Bd. 2, Berlin 1860, 5–21, 12.

5 Über Land und Meer. Allgemeine Illustrirte Zeitung, Stuttgart 1859/2, 754.

6 Morgenblatt für gebildete Leser, 1859/2, 1149.

7 Baisch, 50 f.

8 Das allgemeine deutsche Schützenfest zu Frankfurt am Main, Juli 1862. Ein Gedenkbuch. Mit Benutzung der Schriftstücke des Central-Comitey's hg. von Dr. Heinrich Weismann. Frankfurt am Main 1863.

9 W. Wassermann: Die Enthüllung des Sieges-Denkmals zu Berlin 2. 9. 1873. Vollständige Darstellung der Geschichte und Ausführung des Denkmals, seiner Reliefs und Gemälde, sowie der Enthüllungs-Feierlichkeiten, Berlin 1873[5]. Die Literatur über die Siegessäule geht nicht auf den Zusammenhang mit dem Jahn-Denkmal ein.

10 Carl Euler: Das Jahndenkmal in der Hasenheide bei Berlin. Eine ausführliche Darstellung seiner Geschichte und Beschreibung der bei seiner Enthüllung am 10. u. 11. 8. 1872 veranstalteten Festlichkeiten, Leipzig 1874.

11 Protestant. Kirchenzeitung für das evangelische Deutschland 1859, 1134 f.

12 H. Schmidt: Die deutsche Provinzreise zwischen Spätaufklärung u. nationaler Romantik u. das Problem der kulturellen Variation: Friedrich Nicolai, Kaspar Riesbeck u. Ernst Moritz Arndt, in: Nationales Bewußtsein (1994), 394–442.

13 Nachweis u. S. 83.

14 Der Politische Totenkult (1994).

5. „für Volk und Vaterland kräftig zu würken ...".
Zur politischen und gesellschaftlichen Rolle der Turner
zwischen 1811 und 1871

Zuerst veröffentlicht – hier überarbeitet – in: Kulturgut oder Körperkult? Sport und Sportwissenschaft im Wandel. Hg. Ommo Grupe, Tübingen 1990, 22–61.

1 Vgl. Heinz Denk: Schulturnen: Leibesübung im Dienst autoritärer Erziehung, in: Geschichte der Leibesübungen. Hg. Horst Ueberhorst, Bd. 3/1. Berlin 1980, 325–349. Die Beiträge von Dieter Düding, Hannes Neumann

und Hans-Georg John in diesem Band geben einen Überblick über die deutsche Turnbewegung bis zur Reichsgründung. Die Position der DDR-Historiographie: Geschichte der Körperkultur in Deutschland, Band II: Wolfgang Eichel u. a. Die Körperkultur in Deutschland von 1789 bis 1917. Berlin 1973. Das Zitat im Aufsatztitel stammt aus „Die Deutsche Turnkunst" von Jahn und Eiselen (s. u. Anm. 36), 123; eine orthographisch nicht modernisierte Fassung in der Reihe Kultur-Kuriosa, Bd. 16. München 1979, Zitat 316.

2 Vgl. Düding, Nationalismus (1984), 180, 233. Für die Freireligiösen Paletschek, Frauen und Dissens (1989).

3 Düding, Nationalismus (1984), 67.

4 Frankfurt am Main 1817, Pränumeranten-Verzeichniß.

5 Jahns Werke. Bd. 2,2 (1887), 1301; folgendes Zitat 1036.

6 Ebd. 1003. Mit Wendischland ist wohl Rußland gemeint.

7 Jahn, Briefe, 341 (23. 2. 1832).

8 Ebd. 348 (5. 2. 1832), 360 (1834). Folgende Zitate 333, 341 f.

9 Ebd. 341 (23. 2. 1832). Folgendes Zitat 358 (12. 1. 1834)

10 Jahns Werke, Bd. I, 51–156; Titel der Fortsetzung: Merke zum Deutschen Volkstum, ebda. Bd. 2,2, 471–720. Zahlen nach Ibbeken (1970), 326.

11 Jahns Werke, Bd. 2,2, 523; folgende Zitate 585, 759, 750.

12 Münchow-Pohl (1987), 427.

13 Vgl. Gertrud Pfister, Das Frauenbild in den Werken Jahns, in: Stadion IV (1978), 136–167.

14 Jahn, Deutsches Volkstum (1810), in: ders., Werke, Bd. I, 143–380, 196. Die folgenden Zitate 189, 190, 285–287.

15 Vgl. Langewiesche, Liberalismus (1988), 27 ff.

16 Jahns Werke, Bd. I, 287.

17 Vgl. Hermann Bausinger: Volkskunde. Von der Altertumsforschung zur Kulturanalyse. Tübingen 1979 (1. Auflage Darmstadt 1971), 37.

18 Vgl. Fritz Eckardt: Fr. L. Jahn. Eine Würdigung seines Lebens. Dresden ²1931, 42.

19 Jahn, Briefe, 342 (22. 10. 1832).

20 Deutsches Volkstum, in: Jahns Werke, Bd. I, 310, 312. Folg. Zitat 309.

21 Ebd. 315.

22 Literatur zu den Revolutionsfesten bei Rolf Reichardt: Von der politisch-ideengeschichtlichen zur sozio-kulturellen Deutung der Französischen Revolution, in: Geschichte und Gesellschaft 15 (1989), 115–143; Öffentliche Festkultur (1988); D. Langewiesche: Die Arbeitswelt in den Zukunftsentwürfen des Weimarer Kultursozialismus, in: Studien zur Arbeiterkultur. Hg. Albrecht Lehmann, Münster 1984, 41–58.

23 Jahns Werke, Bd. I, 316.

24 Ebd. 321 f.

25 Viele zeitgenössische Darstellungen und Vereinsfestschriften bieten Festberichte, etwa H. Timm: Das Turnen mit besonderer Beziehung auf Meklenburg. Neustrelitz 1848; Carl Schneider: Die Hamburger Turnerschaft von 1816, Hamburg 1891, 20; vgl. Düding: Nationale Oppositionsfeste der Turner, Sänger u. Schützen im 19. Jh., in: Öffentliche Festkultur (1988), 166–190.

26 Sprenger (1985) setzt 1871 ein.

27 Bericht über das Turnfest zu Frankfurt am Main am 31. Juli, 1. und 2. August 1847. Mannheim o.J., 9, 13, 14.

28 Fest-Album zur Erinnnerung an das Turnfest zu Heilbronn, 1. bis 4. 8. 1846. I.A. der Turngemeinde Heilbronn hg. v. Rudolf Flaigg. Heilbronn 1846, 20.

29 Timm, Turnen (wie Anm. 25), 80.

30 Ernst Moritz Arndt, Das Turnwesen nebst Anhang. Leipzig 1842, 69.

31 Ebd. 47–49.

32 Vgl. dazu Sprenger (1985).

33 Wolfgang Hardtwig, Krise der Universität, studentische Reformbewegung (1750–1819) und die Sozialisation der jugendlichen deutschen Bildungsschicht, in: Geschichte und Gesellschaft 11 (1985), 155–176, 170.

34 Vgl. die Angaben bei Düding, Nationalismus (1984), 77.

35 Hans Ferdinand Massmann: Dic Turnplätze in der Hasenhaide bei Berlin (1811, 1812, 1843), in: Georg Hirth (Hg.): Das gesammte Turnwesen, Leipzig 1865, 279–292, 283. Ähnlich argumentierte 1818 Ernst Moritz Arndt: Geist der Zeit, 4. T. Leipzig o.J., 185,192–194. Die ‚Pädagogik‘ Jahns, zugeschnitten auf die Jugend seiner Anhänger, kam noch ohne Statuten aus. Wenzel berichtet: „Er fuhr oft seine Turner an, als wenn er sie fressen wollte. Wenn er sein Beil erhob und fürchterliche Augen machte, glich er einem Wilden, und wer ihn nicht schon kannte, konnte einen Augenblick zweifeln, ob er nicht wirklich den Schädel des unglücklichen Knaben zerspalten würde, mit dem er eben zankte. Dergleichen Scenen wiederholten sich fast täglich. Doch war viel Humor bei seinen Turnfahrten. Besonders ergötzlich war die Sitte des Entsatzmachens. Wenn nämlich ein Turner etwas ungewöhnlich Dummes sagte, oder sich etwa gar gegen die Ändern arrogant benahm, so hockten alle ändern im Kreis um ihn her, streckten die Finger nach ihm aus und verhöhnten ihn mit einem äh, äh! Das nannte man eine Entsatz, d.h. den Ausdruck des Entsetzens machen." Wolfgang Menzel's Denkwürdigkeiten. Hg. Konrad Menzel, Bielefeld/Leipzig 1877, 109.

36 Die Deutsche Turnkunst zur Einrichtung der Turnplätze dargestellt von Friedrich Ludwig Jahn u. Ernst Eiselen (1816), in: Jahns Werke 2/1,1–156, 122 f.

37 Harald Braun: Geschichte des Turnens in Rheinhessen, Bd. I: 1811–1850, Alzey 1986, 96 (Quellenanhang, 85–230).

38 Jahrbücher der deutschen Turnkunst. Hg. Karl Euler, Danzig 1842, 31, 25.

39 Georg Rauschnabel, Geschichte des Männerturnvereins Stuttgart, Stuttgart 1893, 18.

40 Vgl. etwa: Vogtländisches Turnbüchlein. Hg. Turnrat zu Plauen. Plauen 1844.

41 Fest-Album (wie Anm. 28).

42 Jahrbücher (wie Anm. 38), 32; folgendes Zitat 46 f.

43 Alle folgenden Zitate aus: Fest-Album (wie Anm. 28).

44 L. Schütz, Das Turnen der Frauen und Mädchen in den Turnvereinen, in: DTZ 19 vom 9. 5. 1895, 393–397, hier 396.

45 Fest-Album (wie Anm. 28), 12, folg. Zitat 21.

46 Timm, Turnen (wie Anm. 25), 33.

47 Lieder für Turner. Zusammengestellt vom Turnverein zu Boma. 2. Heft. Borna, 24–27. Die meisten Veröffentlichungen aus der Turnbewegung bieten Aufschlüsse über das Männer- und Frauenbild. Vgl. etwa Friedrich Wilhelm Klumpp: Das Turnen. Ein deutsch-nationales Entwicklungs-Moment. Stuttgart 1842, 29 ff., hier 53.

48 Zum bürgerlichen Frauenbild im 19. Jh.: Ute Frevert: Bürgerliche Meisterdenker und das Geschlechterverhältnis; Karin Hausen: „... und eine Ulme für das schwankende Efeu". Ehepaare im Bildungsbürgertum.; beide in: Bürgerinnen u. Bürger. Hg. U. Frevert, Göttingen 1988, 17–48, 85–117. Zum Frauenbild der Liberalen, das dem der Turner weitgehend entsprach, vgl. Langewiesche (1988) 33 f.; zu Jahns Frauenbild vgl. Pfister (Anm. 13); Jahn, Werke, I, 353–369 (Kap. Häusliches Leben, in: Deutsches Volkstum); Bd. 2,2, 978 f.

49 Heinrich v. Treitschke: Deutsche Geschichte im 19. Jh., 4, Leipzig 1927,5.

50 Otto Elben, Lebenserinnerungen 1823–1899. Stuttgart 1931, 15.

51 Fest-Album (wie Anm. 28), 11.

52 Sehr anregend dazu Henning Eichberg: Rekonstruktion eines Chaoten. Die Veränderung des Jahnbilds und die Veränderung der Gesellschaft, in: Stadion IV (1978), 262–291.

53 Jahn, Werke, Bd. 2,2, S. 953 (1819). Folg. Zitat 970 (1840).

54 Jahn, Briefe, S. 359 (1834).

55 Vgl. Hartmut Becker: War Jahn „Antisemit"?, in: Stadion IV (1978), 121–135. Ausführlich zum Kaiserreichs ders.: Antisemitismus in der Deutschen Turnerschaft, Sankt Augustin 1980.

56 Jahn, Briefe, 362 (19. 2. 1834).

57 Jahn, Werke, Bd. 2,1, 731.

58 Eckardt, Jahn (wie Anm. 18), 41.

59 Timm, Turnen (wie Anm. 25), 34 f.

60 Vgl. etwa August Beckel, Geschichte des Düsseldorfer Turn- und Sportvereins von 1847. Düsseldorf 1922, 26 f.

61 Turnfahrt mit Jahn 1818; Menzel's Denkwürdigkeiten (Anm. 35), 112.

62 Rauschnabel, Geschichte (wie Anm. 39), 11 f.

63 Lieder für Turner (Anm. 47), 23. Zum Fortschrittsbegriff: Reinhart Koselleck, Fortschritt, in: Geschichtliche Grundbegriffe. 2. 1975, 351–423.

64 Vgl. vor allem Fritz Eckart: Die turnerische Bewegung von 1848/49; Frankfurt/M. 1925; Hannes Neumann: Die deutsche Turnbewegung in der Revolution 1848/49 u. in der amerikanischen Emigration; Schorndorf 1968.

65 Abdruck beider Statuten u. a. in: Braun, Rheinhessen (Anm. 37), 145, 166.

66 Jahn, Werke, Bd. 2,2, 1062. Hans Brendicke: Jahn-Karikaturen aus der Zeit des Frankfurter Parlaments, in: Zeitschrift für Bücherfreunde. I, 1897/98, 373–377; Eduard Fuchs: Noch einige Jahn-Karikaturen, ebd. 582–585.

67 Jahn, Werke, Bd. 2,2, 1068; folgendes Zitat 1021.

68 Heinrich Pröhle: Friedrich Ludwig Jahns Leben, Berlin 1855, 275.

69 Vgl. dazu nun vor allem Krüger (1996).

70 Heinrich v. Treitschke: Zehn Jahre Deutscher Kämpfe, Berlin 1913, Zitate 2, 3, 6. Diese Rede und die anderen abgedruckt: Das dritte allgemeine deutsche Turnfest zu Leipzig vom 2.–5. 8. 1863. Leipzig 1863; beste Quelle zu diesem Fest: Blätter für das dritte allgemeine deutsche Turnfest zu Leipzig, 2.–5. 8. 1863. Hg. Georg Hirth, Eduard Strauch. Leipzig 1863, Zitat 23.

71 Aufruf vom 8. 12. 1863, Beilage zu Nr. 50 der DTZ.

72 Carl Stark: Zur Klärung der Wehrfrage, in: DTZ 1863, 340.

73 Ebd. 348; die DTZ brachte eine Fülle von Artikeln zur ‚Wehrfrage‘ und zum Wehrturnen.

74 DTZ Nr. 28, 10. 7. 1884, 335: Statistik über die Turnvereine und Mitglieder 1862–80.

75 Vgl. etwa die Artikelserie von F. W. Pfähler zur Geschichte des Mittelrheinkreises, in: DTZ Nr. 9, 11, 13, 15 von 1895. Dieser Kreis gehörte zu den Schwerpunkten des demokratischen Flügels.

76 Vgl. vor allem Sprenger (1985), der das Jahr 1878 als einen „Wendepunkt in der Jahnrezeption der Bismarckzeit" (97) nennt.

77 Carl Euler: Das Jahndenkmal in der Hasenheide bei Berlin. Eine ausführliche Darstellung seiner Geschichte und Beschreibung der bei seiner Enthüllung am 10. und 11. August veranstalteten Festlichkeiten. Leipzig 1874, 57; folgendes Zitat 45. Vgl. zum Jahndenkmal Kapitel 4.

78 Jahn, Werke, I, 219, 227 f.; Jahn, Briefe, 114, 249, 429. Seine protestantisch-bürgerliche Deutung der deutschen Nation spricht auch aus dem Festgedicht, das er zum Lutherfest 18. 2. 1846 verfaßte (Werke 2,2, 993): „Ein Sternbild von drei Sternen steht, / Nicht auf- und auch nicht niedergeht. / Wohl kennen es nur deutsche Herzen, / Die nicht ihr Vaterland verscherzen. // Der Luther war des Papstes Not, / Der Schiller sang Philister Tod, / Und Scharnhorst bot die Landwehr auf, / Da stürmt das Volk im Siegeslauf. // Sie stammten aus dem Mittelstand, / Die Üppigkeit war ihnen Tand, / Sie lebten, strebten immer frei / Für Recht und Wahrheit alle drei."

79 Vgl. etwa: Liederkranz für die Turngemeinden des Vaterlandes, Stuttgart (1844), Nr. 4 (Luther), Nr. 2: „Nun ist es Zeit zu wachen, eh Deutschlands Freiheit / stirbt, und in dem weiten Rachen des Krokodils ver- / stirbt; herbei, herbei, daß man die Kröten, die / unsern Rhein betreten, mit aller Macht zu- / rücke, zur Rhon' und Seine schicke." Oder Nr. 4 (Germania): „Bleibe treu, o Vaterland! Fern vom / welschen Flitterstand, treu den alten Sitten! / treu den alten Sitten! Bleibe einfach, ernst und gut; nimmer tritt in Wankelmuth, nimmer / tritt in Wankelmuth, nimmer / tritt in Wankelmuth Franzosen nach und Britten. / […]" . Auch das Egalitätsideal wurde nun umgeformt. Im Festlied von F. Goetz zum Festessen am 4. 8. 1863 heißt es: „Ob im schlichten Leinenkittel, / Ob an Armuth wir gewöhnt, / Ob uns Reichthum ward und Titel, / Allen *eine* Losung tönt: / Vorwärt! Vorwärts! rauscht die Mahnung / Durch der deutschen Männer Reih'n: / Bald erfüllet wird die Ahnung, / Deutschland frei und einig sein!" (Blätter, wie Anm. 70, Nr. 3, 1863, 26).

80 Menzel's Denkwürdigkeiten (wie Anm. 35), 449.

6. Die schwäbische Sängerbewegung in der Gesellschaft des 19. Jahrhunderts – ein Beitrag zur kulturellen Nationsbildung

Überarbeitet aus: Zeitschrift für württ. Landesgeschichte 52, 1993, 257–301. Die Tabelle 1 der ersten Veröffentlichung wird hier nicht abgedruckt.

1 Otto Elben: Der volksthümliche deutsche Männergesang, seine Geschichte, seine gesellschaftliche und nationale Bedeutung, Tübingen 1855, 302.

2 Zu Mitgliederzahlen s. S. 85. Grundlegend zur Frühphase: Düding (1984). Auf die politischen Funktionen fixiert: Dietmar Klenke: Bürgerlicher Männergesang und Politik in Deutschland. Teil 1, in: Geschichte in Wiss. u. Unterricht, 1989, 458–485; 534–561. Wichtige frühe Studie: Hans Staudinger: Individuum u. Gemeinschaft in der Kulturorganisation des Vereins, Jena 1913.

3 Vgl. insbes. Hauser (1990).

4 Die Definition ‚Männerbund' wurde in der neueren Forschung stark ausgeweitet. Auch nach dem weiten Begriff in: Männerbünde – Männerbande. Zur Rolle des Mannes im Kulturvergleich, 2 Bde. Hg. Gisela Völger/ Karin von Welck, Köln 1990, waren die Männergesangvereine kein ‚Männerbund'.

5 Vgl. Düding (1984), 166 ff. Vorzügliche Regionalstudie für die Ausdehnungsphase ab 1840er Jahren Heinz Blommen: Anfänge und Entwicklung des Männerchorwesens am Niederrhein, Köln 1960.

6 Düding (1984), 185; sehr informativ: Zur Erinnerung an Karl Pfaff, geb. zu Stuttgart den 22. Februar 1795, gest. zu Eßlingen den 6. Dezember 1866. Hg. zum Besten des dem Verstorbenen auf der Maille in Eßlingen zu errichtenden Denkmals von dem Ausschusse des Schwäbischen Sängerbundes und dem Ausschusse des Eßlinger Liederkranzes, Eßlingen 1867.

7 Elben (wie Anm. 1): Überschrift 259–272; folg. Zitat 303.

8 Ebd. 260. Zur Volkslied-Ästhetik des 19. Jhs. Carl Dahlhaus: Die Musik des 19. Jahrhunderts, Wiesbaden 1980, 87 ff.

9 Elben (wie Anm. 1), 260.

10 Vgl. neben den zuvor zitierten Schriften: Das deutsche Sängerfest in Ulm, Ulm 1836; Zwei Reden, gehalten am Lieder-Feste im Münster zu Ulm, Ulm 1836; Das Liederfest zu Eßlingen am Pfingstmontag, 26. Mai 1828, o. O. 1828; Das Liederfest zu Eßlingen am Pfingstmontag, 8. Junius 1829, Stuttgart o. J.; Fritz Schaible, Geschichte des Eßlinger Liederkranzes, Eßlingen 1892.

11 Zeitungsbericht zum 50. Jubiläum, in: Protokollbuch des Schwäbischen Sängerbundes, Archiv des Schwäb. Sängerbundes (künftig zitiert: PB).

12 Otto Elben: Erinnerungen aus der Geschichte des Stuttgarter Liederkranzes, Stuttgart 1894, 5.

13 Vgl. Düding (1984), 256.

14 Zur Erinnerung an Karl Pfaff (wie Anm. 6), 8. Die von mir hervorgehobene Stelle ist zum Gemeingut der Sängerbewegungshistorie geworden.

15 Vgl. zu den Sängerfesten Dieter Düding: Nationale Oppositionsfeste der Turner, Sänger und Schützen im 19. Jahrhundert, in: Öffentliche Festkultur (1988), 166–190.

16 Zur Erinnerung an Karl Pfaff (wie Anm. 6), 19, 21 f.

17 Elben (wie Anm. 1), 267.

18 Zur Erinnerung an Karl Pfaff (wie Anm. 6), 25

19 Sängerfest in Ulm (wie Anm. 10), 18.

20 Zur Erinnerung an Karl Pfaff (wie Anm. 6), 48. Folgendes Zitat 46f.

21 Zur Feier der Fahnenstiftung für die Sänger von Schönaich, in Ludwigsburg am 29. Juni 1841, mit den dabei vorgetragenen Reden und Gedichten. Auf vielseitigen Wunsch hg. von R. G., Stuttgart 1841, 3; folgende Zitate 7, 8, 11 f.

22 Ebd. 3. Die vierzig Sänger von Schöneich. Am 29. Juni, dem Tag der Einweihung der ihnen von den Einwohnern Ludwigsburgs gestifteten Fahne. In 30 Versen besungen von Samuel Pfefferkorn, Stuttgart o. J.

23 Zur Feier (wie Anm. 21), 6.

24 Die vierzig Sänger (wie Anm. 22), 7 f.

25 Elben (wie Anm. 1), 274.

26 Sängerfest in Ulm (wie Anm. 10), 15 f.

27 Ein schönes Beispiel: Bernward Deneke: Zur Rezeption historisierender Elemente in volkstümlichen Festlichkeiten der ersten Hälfte des 19. Jahrhunderts, in: Anzeiger des Germanischen Nationalmuseums 1973, 107–135, 116.

28 Vgl. Zur Erinnerung an Karl Pfaff (wie Anm. 6), 35.

29 Sängerfest in Ulm (wie Anm. 10), 6. Informativ für die 50er Jahre ist Blommen (wie Anm. 5), 228 ff. Für die schwäbischen Sängerfeste bis zum I. Weltkrieg belegen die Zeitungsberichte durchweg deren hohe wirtschaftliche Bedeutung. Die Eisenbahnverwaltung halbierte die Fahrpreise.

30 Elben Männergesang (wie Anm. 1), 262.

31 Vgl. Paletschek (1989).

32 Hans Georg Nägeli: Vorlesungen über Musik mit Berücksichtigung der Dilettanten, Stuttgart u. Tübingen 1826, Nachdruck Hildesheim 1980, 273.

33 Nägeli, 283.

34 Elben, Männergesang (wie Anm. 1), 265 f.

35 Schwäbische Kronik 1879, 1138 f.

36 Vgl. vor allem Paletschek (1989).

37 Das ist bislang kaum untersucht.

38 Elben, Männergesang (wie Anm. 1), 47. Folgendes Zitat 263.

39 Ebd. 274. Vgl. z. B. den Bericht über das Esslinger Liederfest von 1828. Frauen sangen beim Schlußchoral mit, saßen aber getrennt von den Sängern; Zur Erinnerung an Karl Pfaff (wie Anm. 6), 26.

40 Ebd. 79. Nach amtlicher Statistik gab es 1836 Frauenliederkränze in Stuttgart, Murrhardt, Hall und Spaichingen; vgl. Carola Lipp: Frauen und Öffentlichkeit, in: Schimpfende Weiber (1986), 270–307, 279.

41 Elben, Stuttgarter Liederkranz (wie Anm. 12), 27. Zu Fräulein Emilie Zumsteeg vgl. Maja Riegel-Schmidt: Wider das verkochte und verbügelte Leben. Frauen-Emanzipation in Stuttgart seit 1800, Stuttgart 1990, 70–79.

42 Elben (wie Anm. 41). Es gehörte aber nicht so fest zur Verhaltensregel wie auf den Turnplätzen. Auch dort gab es aber soziale Grenzen; vgl. Kapitel 6.

43 Hermann Bausinger: Eher im Gegenteil. Zum Tübinger Weingärtner-Liederkranz u. seiner 125jähr. Geschichte, in: Tübinger Blätter 57, 1970, 93–96.

44 Vgl. Sängerfest in Ulm (wie Anm. 10), 20 ff.

45 Schaible (Anm. 10) 9. Blommen (Anm. 5) 184 ff. zu sozialen Differenzierungen zwischen den Vereinen und den Hilfsschriften für Notenunkundige.

46 Vgl. Schaible (wie Anm. 10), 10.

47 Elben, Männergesang (wie Anm. 1), 277 f.

48 Ebd. 136; vgl. zu diesem Fest Düding (1984), 190 f.

49 Blommen (Anm. 6) deutet konfessionelle Trennlinien an.

50 Elben, Männergesang (wie Anm. 1), 2 f.; folgende Zitat 5, 43, 289.

51 Vgl. Zur Erinnerung an Karl Pfaff (wie Anm. 6), 29, 8.

52 Liederfest zu Eßlingen (wie Anm. 10), 12 f.

53 Vgl. Sängerfest in Ulm (wie Anm. 10), 6.

54 Zwei Reden (wie Anm. 10), Zitate 3, 5 f.

55 Sängerfest in Ulm (wie Anm. 10), 9.

56 Vgl. Zur Erinnerung an Karl Pfaff (wie Anm. 6), 92.

57 Vgl. Otto Elben: Lebenserinnerungen 1823–1899, Stuttgart 1931, 277 f.

58 Vgl. Zur Erinnerung an Karl Pfaff (wie Anm. 6), 33.

59 Vgl. insbes. Vgl. Düding, Nationalismus (1984), 174 ff.; Die Zeitgenossen haben die Bezeichnung „deutsches Sängerfest" z.T. recht frei gehandhabt.

60 Zur Erinnerung an Karl Pfaff (wie Anm. 6), 8.

61 Zur Erinnerung an Karl Pfaff (Anm. 6) 131 f.; Pfaffs Gedichte ab 121.

62 Liederfest zu Eßlingen 1828 (wie Anm. 10), 3.

63 „Nun waren deine Tempel fertig / Und ihres Gottes neu gewärtig; / Da zuckt herein der Morgenstrahl: / Erneut, gereinigt ist der Glaube, / Es reifet deine dunkle Traube / Jetzt für den *Kelch* im Abendmahl" (ebd. 9).

64 Vgl. etwa: Liederfest zu Eßlingen 1829 (wie Anm. 10).

65 „*Wir* wollen niemals dein vergessen, die treue Mutter, du unser Vaterland, das uns hegt und pflegt, und niemals wollen wir lassen von dir, oh Freiheit, die der Menschheit Würde uns bewahrt, und herrschend durch Recht und Gesetz, die Völker glücklich macht." Ebd. 12.

66 Zur Erinnerung an Karl Pfaff (wie Anm. 6), 30.

67 Ebd. 30. „Man" habe ihm die Treppe zur Tribüne weggenommen.

68 Vgl. Langewiesche, Humanitäre Massenbewegung (1999).

69 Zur Erinnerung an Karl Pfaff (wie Anm. 6), 12.

70 Elben, Stuttgarter Liederkranz (wie Anm. 12), 23.

71 Zur Erinnerung an Karl Pfaff (wie Anm. 6), 39.

72 Vgl. Programm für das allgemeine Liederfest zu Tübingen, den 24. Juni 1843, Tübingen o. J., 3; Sängerfest in Ulm 1836 (wie Anm. 10), 10, 12.

73 Feier Schönaich (wie Anm. 21), 8.

74 Elben, Stuttgarter Liederkranz (wie Anm. 12), 10–15.

75 Das hebt Elben klarsichtig hervor; ebd. 14: „eine eigentliche Wechselbeziehung der politischen Ereignisse und des Schillerkultus ist noch nicht da."

76 Vgl. Schaible, Eßlinger Liederkranz (wie Anm. 10), 8; Zur Erinnerung an Karl Pfaff (wie Anm. 7), 24; Eintrag v. 1. 5. 1874 im PB (wie Anm. 11).

77 Zur Erinnerung an Karl Pfaff (wie Anm. 6), 123 f.

78 Vgl. Liederfest zu Eßlingen 1828 (Anm. 10), 12, 14: Konradin als „Opfer wälscher Arglist".

79 Programm Liederfest Tübingen (wie Anm. 72), 14–16.

80 Jahn, Werke, Bd. 2,2, 750.

81 Zur Erinnerung an Karl Pfaff (wie Anm. 6), 30.

82 Elben, Männergesang (Anm. 1), 292. Folg. Zitate 198, 296, 134, 135, 298.

83 Dahlhaus (wie Anm. 8), 30.

84 Gründungsbeschluß einer Kommission, die 27 Vereine repräsentierte, v. 25. 11. 1849. Die Statuten verabschiedeten am 24. 11. 1850 33 Vereine.

85 Zur Erinnerung an Karl Pfaff (Anm. 6), 62 f.

86 Ebd. 102. Weitere Zitate 68, 71, 83.

87 Elben, Stuttgarter Liederkranz (Anm. 12), 40. Otto Elben: Das Schillerfest in Schillers Heimath Stuttgart, Ludwigsburg und Marbach, Stuttgart 1859.

88 Zur Erinnerung an Karl Pfaff (wie Anm. 6), 90. Folg. Zitat 91.

89 Schaible (wie Anm. 10), 15.

90 Das Tagebuch Julius Hölders 1877–1881. Zum Zerfall des politischen Liberalismus in Württemberg und im Deutschen Reich. Hg. Dieter Langewiesche, Stuttgart 1977, 32 ff.

91 Das erste deutsche Sängerbundesfest in Dresden 22. bis 25. Juli 1865. Im Auftrage des Fest-Ausschusses hg., Dresden o. J. Dort alle folgenden Zitate.

92 Das gilt für die konservativen Blätter Neue Preußische Kreuzzeitung u. Berliner Revue wie auch für die liberale Nationalzeitung.

93 Zur Erinnerung an Karl Pfaff (wie Anm. 6), 114. Österreichische Sänger waren aber nach Dresden gekommen.

94 Ebd. 101.

95 Sängerbundfest (wie Anm. 91), 21.

96 Vgl. dazu vorzüglich Dahlhaus (wie Anm. 8), 132 ff., Zitat 135.

97 Zur Erinnerung an Karl Pfaff (wie Anm. 6), 120.

98 So auch der kleindeutsche Elben in seinem Erinnerungswerk (Anm. 12), 83.

99 Richard Kötzschke: Geschichte des deutschen Männergesanges, hauptsächlich des Vereinswesens, Berlin [1927], 125.

100 Elben, Stuttgarter Liederkranz (wie Anm. 10), 56.

101 Vgl. Langewiesche: Liberalismus und Demokratie (1974), 378 f.

102 Der Erstdruck enthält dazu eine Tabelle.

103 Deutscher Sängertag von August 1871, in: PB (wie Anm. 11).

104 Schwäbische Kronik 151, 27. 6. 1872.

105 Carl Weitbrech: Liederbuch für meine Freunde, Stuttgart 1875, 83 f.; Prof. Dr. Immanuel von Faißt, Ehrenmitglied des Stuttgarter Liederkranzes und Ehrendirigenten des Schwäbischen Sängerbunds, vertonte das Lied.

106 Schwäbische Kronik 27. 6. 1872. Ein weiterer Erfolg wurde der von Franz Abt vertonte 1872 auf dem Sängerfest aufgeführte „Siegessang nach der Varusschlacht" von Felix Dahn: Gedichte, Stuttgart 1873, 157–159.

107 Reichstagsabgeordneter Justizrat Dr. Meyer aus Thorn, Frankfurter Liederfest des Deutschen Sängerbundes (18.–23. 8. 1871); PB (Anm. 11).

108 Vgl. den Zeitungsausschnitt im Eintrag 21. 8. 1871 des PB.

109 Vgl. Schwäbische Kronik 25. 11. 1874 und Otto Elbens Rede „Die Schillerfeste in Stuttgart 1825–1874"; beides in: PB (wie Anm. 11).

110 Schwäbische Kronik 149, 25. 6. 1879.

111 Die Zitate stammen aus einer für die national-preußische Einfärbung der
deutschen Nationalgeschichte charakteristischen Schrift über das Leben
des Dichters Max Schneckenburger und des Komponisten Carl Wilhelm.
Sie waren die Schöpfer der 1870 zum Quasi-Nationallied aufgestiegenen
„Wacht am Rhein". Die Schrift versuchte an den Württembergern
Schneckenburger und Paul Pfizer zu demonstrieren, daß es auch im Sü-
den schon früh Einsichtsfähige gegeben habe: Die Wacht am Rhein, das
deutsche Volks- und Soldatenlied des Jahres 1870. Zum Besten der Carl
Wilhelm's-Dotation und der deutschen Invalidenstiftung hg. v. Georg
Scherer u. Franz Lipperheide, Berlin 1871.

112 Bericht über Sängerfest Biberach 1895 in: PB (Anm. 11); auch folg. Zitat.

113 Schaible, Eßlinger Liederkranz (wie Anm. 10), 19 f.

114 Zeitungsbericht über Predigt Stadtpfarrers Gruner und Rede Oskar Mer-
kels, Vorstand des Esslinger Liederkranzes und Präsident des Schwäbischen Sängerbundes; PB (wie Anm. 11).

115 Festbericht; ebd.; Schairer, Stuttgarter Liederkranz (wie Anm. 10), 84:

116 Festführer für das V. Deutsche Sänger-Bundesfest Stuttgart 1.–3. 8. 1896,
6.

117 Einblick in die Festorganisation: Gedenkbuch Sängerfest Dresden (Anm.
91). Ein Gedicht (22) erwähnt ausdrücklich, die Frauen seien „daheim zu-
rückgeblieben". Die Abbildungen zeigen aber viele Frauen und Ehepaare,
wohl Einheimische, unter den Zuschauern. Staudinger (Anm. 2), 109 f.,
berichtet aus eigener Beobachtung für die Zeit vor I. Weltkrieg, auch im
Männergesangverein gehe die reine Männergeselligkeit zurück.

118 Die gedruckten Berichte, gehen darauf nicht ein. Die erwähnten Wein-
Bierumtrünke sprechen wohl für reine Männergesellschaften.

119 Zeitungsbericht in PB (Anm. 11).

120 Die Urteile wurden in der *Schwäbischen Kronik* veröffentlicht. Sie sind
dem PB (Anm. 11) beigefügt. Danach alle folgenden Zitate.

121 Schwäbische Kronik 25. 6. 1913. Folg. Zitat ebd. 4. 7. 1910.

122 Gedruckte Erklärung des Ausschusses v. 14. 8. 1905; PB (wie Anm. 11).
1893 verhängten die sozialdemokratischen Arbeiter einen Boykott über
die Liederhalle des Stuttgarter Liederkranzes, da dieser für die 1. Mai-
Feier nicht die Liederhalle als Festlokal vermieten wollte. Der Boykott
wurde bis 1900 aufrechterhalten, als die Liederhalle erstmals an die sozialdemokratischen Veranstalter vermietet wurde.

123 Vgl. das Material in PB (wie Anm. 11). Eine Studie dazu steht noch aus.

124 Rundschreiben an die Bundesvereine v. 1. 9. 1917, ebd.

7. Deutschland und Österreich:
Nationswerdung und Staatsbildung in Mitteleuropa im 19. Jahrhundert

Stark überarbeitet aus: Geschichte in Wissen. u. Unterricht 1991, 754–766.

1 Überblick bei Weinzierl (1989).
2 Deutsche Geschichte in zwölf Bänden. Bd. 4. Autorengruppe: Walther Schmidt u. a. Berlin (DDR) 1984, 469.
3 Thomas Nipperdey: Deutsche Geschichte 1800–66, München 1983, 785, 792.
4 Hans-Ulrich Wehler: Deutsche Gesellschaftsgeschichte 2, München 1987.
5 Zwischen Habsburg und Preußen. Deutschland 1815–1866, Berlin 1985. Nicht kleindeutsch fixiert sind auch die Bände in der Reihe „Oldenbourg Grundriß der Geschichte" sowie James J. Sheehan: German History 1770–1866, Oxford 1989; Wolfram Siemann: Vom Staatenbund zum Nationalstaat. Deutschland 1806–1871, München 1995; Harm-Hinrich Brandt: Deutsche Geschichte 1850–1870. Entscheidung über die Nation, Stuttgart 1999.
6 What is German History? (1981).
7 Disjoined Partners (1976).
8 Vgl. Langewiesche: Uhland (1988).
9 Die sozialgeschichtlichen Voraussetzungen für diese erfolgreiche Abwehr sind noch kaum erforscht. Zu den Voraussetzungen gehören die ökonomische Rückständigkeit und die geringere Zahl von Städten in Österreich, denn die Reformbewegungen im Deutschen Bund waren bürgerliche.
10 Vgl. Kapitel 6–7 und Düding, Nationalismus (1984), Paletschek (1990).
11 Vgl. dazu u. zum Folg. Langewiesche: Revolution in Deutschland, in: Europa 1848, 167–195.
12 Vgl. Albert Ilien, Utz Jeggle: Leben auf dem Dorf. Opladen 1978; Wolfgang Kaschuba, Carola Lipp: Dörfliches Überleben. Zur Geschichte materieller und sozialer Reproduktion ländlicher Gesellschaft im 19. und frühen 20. Jh., Tübingen 1982; Utz Jeggle: Kiebingen – Eine Heimatgeschichte. Zum Prozeß der Zivilisation in einem schwäbischen Dorf. Tübingen 1977.
13 Jeggle: Kiebingen, 241.
14 Günter Wollstein: Das „Großdeutschland" der Paulskirche. Düsseldorf 1977.
15 Vgl. Brandt (Anm. 5).
16 Vgl. Langewiesche, Liberalismus (1988), 180–187.
17 Vgl. ders.: „Revolution von oben?" Krieg und Nationalstaatsgründung in Deutschland, in: Revolution und Krieg. Hg. ders., Paderborn 1989, 117–133.
18 Deutsche Geschichte (Anm. 3), 792.

8. Reich, Nation und Staat
in der jüngeren deutschen Geschichte

Überarbeitet aus: Historische Zeitschrift 254, 1992, S. 341–381.

1 Rüdiger Bubner: Philosophen und die deutsche Einheit, in: Merkur. Deutsche Zeitschrift für europäisches Denken, 500, 1990, 1018–1025, Zitate 1018, setzt sich vor allem mit Jürgen Habermas (Die nachholende Revolution, Frankfurt/M. 1990) auseinander.

2 Hans-Ulrich Wehler: Wider die falschen Apostel. Der Verfassungs- und Sozialstaat schafft Loyalität und Staatsbürgerstolz, in: DIE ZEIT, 9. 11. 1990, 54–56, 55. Eine scharfsichtige Analyse, die auch nach Ende der DDR besteht: M. R. Lepsius: Die Teilung Deutschlands und die deutsche Nation, in: Politische Parteien auf dem Weg zur parlamentarischen Demokratie in Deutschland. Hg. L. Albertin, W. Link, Düsseldorf 1981, 417–449.

3 Im Unterschied zum Prozeß der gesellschaftlichen Angleichung; s. Hartmut Kaelble: Auf dem Weg zu einer europäischen Gesellschaft, München 1987.

4 Vgl. mit der Fachliteratur Kapitel 1.

5 Weltbürgertum und Nationalstaat. Hg. Hans Herzfeld (Meinecke, Werke, Bd. V), München 1969 (1907), 12 f., 15.

6 Elias, Studien über die Deutschen (1990), Zitate 194–196.

7 Zu ‚Nation‘ und Emanzipation s. Planert (2000);. Mosse (1985); Carola Lipp, Krieg und Revolution. Geschlechterbeziehung und Nationalismus in der Revolution 1848/49, in: Schimpfende Weiber (1986), 353–384.

8 Elisabeth Fehrenbach, Reich, in: Geschichtliche Grundbegriffe. Bd. 5, 1984, 493 (ges. Artikel 423–508: beste Begriffsgeschichte zur Reichsidee.)

9 Vgl. Kapitel 6–7; Weber, Lyrik (1991); Peter Brandt, Das studentische Wartburgfest vom 18./19. Oktober 1817, in: Öffentliche Festkultur. (1988) 89–112; Nipperdey, Nationaldenkmal (1976); Traeger, Walhalla (1987).

10 Das Liederfest zu Eßlingen am Pfingst-Montag den 26. Mai 1828, 3.

11 Elben, Männergesang (Anm. 1, Kap. 6), 134 f.

12 Vgl. u. S. 136.

13 Johann Peter Eckermann: Gespräche mit Goethe in den letzten Jahren seines Lebens, München 1984, 605 f.

14 Vgl. Rainer Schöttle: Politische Freiheit für die deutsche Nation. Carl Theodor Welckers Theorie, Baden-Baden 1985, 74; vgl. Kapitel 3.

15 Den Begriff prägte 1823 Ludwig Harscher von Almendingen; Karl-Georg Faber: „Konservatorischer Liberalismus", „Umstürzender Liberalismus", „Konservatorischer Obskurantismus", in: Nassauische Annalen 78, 1967, 177–207, 201. Almendingen stand in der Tradition des Reichspatriotismus, 193 f.

16 Prof. Hasse (Dresden): Giebt es eine teutsche Geschichte? in: Jahrbücher der Geschichte u. Staatskunst, Leipzig 1828, 1. Bd., 47–60, Zitate 47, 56, 58.

17 Vgl. Langewiesche: Revolution in Deutschland, in: Europa 1848, 167–195.

18 Peter Burg: Die deutsche Trias in Idee und Wirklichkeit, Stuttgart 1989.

19 Hauser, Philhellenismus (1990); Langewiesche, Uhland (1988).

20 Meinecke (wie Anm. 5), 262.

21 Heinz Gollwitzer: Ludwig I. von Bayern, München 1986, 42 f.

22 Zitiert nach Fehrenbach (Anm. 8), 495.

23 Vgl. Erich Schunk: Vom nationalen Konstitutionalismus zum konstitutionellen Nationalismus, in: Zs. f. bayer. Landesgesch. 51, 1988, 447–470.

24 Wolfram Siemann: Krieg und Frieden in historischen Gedenkfeiern des Jahres 1913, in: Öffentliche Festkultur (1988), 298–320.

25 Vgl. Münchow-Pohl (1987), 338 ff., Zitate 338, 397, 427.

26 Vgl. Elisabeth Fehrenbach: Traditionale Gesellschaft und revolutionäres Recht, Göttingen ²1978.

27 Zur Erinnerung an Karl Pfaff (Anm. 6, Kapitel 6). Vorzüglicher Vergleich der Fahnensymbolik: E. Fehrenbach: Über die Bedeutung der politischen Symbole im Nationalstaat, in: Historische Zeitschrift 213, 1971, 296–357.

28 Timm, Turnen Meklenburg, (Anm. 25, Kap. 5), 80. Ausführlich Kapitel 5.

29 Die Griechenbewegung der 1820er Jahre arbeitete ohne antifranzösische Einstellungen über die Grenzen hinweg. Vgl. Hauser (1990).

30 Ein schönes Beispiel: Murhard: Patriotismus, in: Staats-Lexikon oder Encyklopädie der Staatswissenschaften. Hg. Carl von Rotteck u. Carl Welcker, Bd. 12, Altona 1841, 386–419: Patriotismus als „höhere Vaterlandsliebe" zeige sich in der Bereitschaft und Fähigkeit zur Anteilnahme am Gemeinwesen.

31 Vgl. dazu nun: Europa 1848 (1998).

32 Varnhagen von Ense: Kommentare zum Zeitgeschehen. Publizistik, Briefe, Dokumente 1813–1858. Hg. Werner Greiling, Leipzig 1984, 172.

33 Vgl. Anselm Doering-Manteuffel: Der Ordnungszwang des Staatensystems: Zu den Mitteleuropa-Konzepten in der österreichisch-preußischen Rivalität 1849–1851, in: Die Herausforderung europäischen Staatensystems (1989), 119–140.

34 Gollwitzer, Ludwig I. (wie Anm. 21), 27.

35 Vgl. Walter Bußmann, Zwischen Preußen und Deutschland. Friedrich Wilhelm IV, Berlin 1990, 305 ff.

36 Zur Unterscheidung von Kultur- und Staatsnation ist Meineckes Werk „Weltbürgertum und Nationalstaat" (wie Anm. 5) weiterhin grundlegend.

37 Gollwitzer (wie Anm. 21), 26.

38 Wolfgang Schwentker, Konservative Vereine und Revolution in Preussen 1848/49, Düsseldorf 1988; Eckhard Trox: Militärischer Konservativismus., Stuttgart 1990.

39 Hanisch, Nationalisierung (1989), 83.

40 Besonders nachhaltig ist das Klopp, kompromißloser Widersacher aller Kleindeutschen, widerfahren; vgl. Hans Schmidt: Onno Klopp und die „kleindeutschen Geschichtsbaumeister", in: Kirche, Staat und katholische Wissenschaft in der Neuzeit. Hg. Albert Portmann-Tinguely, Paderborn 1988, 381–395. Distanz zur Borussifizierung des Geschichtsbildes hielt die Enzyklopädie des Katholizismus: Staatslexikon. Hg. Julius Bachem, 1, Freiburg ²1901: „Deutsches Reich", 1349–1440, bes. 1377. Zur „Verpreu-

ßung" der Literatur vgl. Peter Uwe Hohendahl: Bürgerliche Literatur-geschichte und nationale Identität, in: Bürgertum im 19. Jahrhundert (Anm. 58), 200–231, 213 f.

41 Wolfgang Hardtwig: Geschichtsreligion – Wissenschaft als Arbeit – Objektivität, in: Historische Zeitschrift 252, 1991, 1–32, Zitat 6.

42 Vgl. Fehrenbach (wie Anm. 8), 501.

43 Vgl. Bernd Schönemann: Nationale Identität als Aufgabe des Geschichts-unterrichts nach der Reichsgründung, in: Internationale Schulbuchfor-schung 11, 1989, 107–128.

44 Bernd Faulenbach: Ideologie des deutschen Weges, München 1980.

45 Vgl. genauer dazu Kapitel 7.

46 Fritz Fellner: Die Historiographie zur österreichisch-deutschen Proble-matik als Spiegel der nationalpolitischen Diskussion, in: Österreich und deutsche Frage (1982), 33–59, Zitat 57.

47 Vgl. etwa Ernst Bruckmüller, Nation Österreich, Wien 1984; ders.: Sozi-algeschichte Österreichs, Wien 1985. Er beginnt die Geschichte Öster-reichs ähnlich unbefangen mit den altsteinzeitlichen Jägern wie ein ande-rer eine Geschichte Baden-Württembergs seit der Römerzeit verfaßt hat. Zum vornationalen ‚Österreichbewußtsein‘, das er ‚nationalisiert‘: Volk, Land und Staat in der Geschichte Österreichs. Hg. Erich Zöllner, Wien 1984. Das nach 1815 „zerfallende Österreichbewußtsein" war ein Zeichen für das erstarkende Nationalbewußtsein habsburgischer Nationalitäten; vgl. Manfred Rauchensteiner: Österreichbewußtsein und österreichische Staatsidee im Zeitalter des aufgeklärten Absolutismus und im Vormärz, in: ebd. 42–53, Zitat 53. Gegen nationale Rückprojektionen: Hans Mommsen: Österreichs Weg vom habsburgischen Nachfolgestaat zur demokratischen Nation, in: Arbeiterbewegung – Faschismus – National-bewußtsein. Hg. H. Konrad, W. Neugebauer, Wien 1983, 381–389. Wie langsam die Konstituierung der Nation Österreich verlief, zeigen Um-frageergebnisse (1956 bekannten sich 49 %, 1980 67 % der Befragten da-zu); vgl. Felix Kreissler: Der Österreicher und seine Nation, Wien 1984, 497. Zum Widerstand als „Nukleus der österreichischen Nationswer-dung": Ernst Hanisch: Widerstand in Österreich 1934–1945, in: Aus Po-litik u. Zeitgeschichte B 28/1988, 35–45, 44.

48 Heinrich Ritter von Srbik: Zur gesamtdeutschen Geschichtsauffassung, in: Historische Zeitschrift 156, 1937, 229–262, 237; vgl. Faulenbach (Anm. 44), Fellner (Anm. 46).

49 Die Spur Österreichs in der deutschen Geschichte. Drei Staaten, zwei Nationen ein Volk? Zürich 1989.

50 Titel in Anm. 5 von Kapitel 7.

51 Sheehan, German History, 909. Das von Sheehan kritisierte Bild zeichnet u. a. Gordon A. Craig: Königgrätz, München 1987.

52 Vgl. insbes. Katzenstein, Disjoined (1976); s. Kapitel 7.

53 Heinrich Best: Die Männer von Bildung und Besitz. Struktur und Han-deln parlamentarischer Führungsgruppen in Deutschland und Frankreich, Düsseldorf 1990; Langewiesche: Die Anfänge der deutschen Parteien, in: Geschichte u. Gesellschaft 4, 1978, 324–361.

54 Ernst Bruckmüller: Ein „deutsches" Bürgertum? Zu Fragen nationaler

Differenzierung der bürgerlichen Schichten in der Habsburgermonarchie vom Vormärz bis um 1860, in: ebd. 16, 1990, 343–354.

55 Vgl. Brandt (Anm. 5 in Kapitel 7).

56 Informative Quellensammlung: Katholizismus und Reichsgründung. Neue Quellen aus dem Nachlaß Karl Friedrich von Savignys, Paderborn 1988.

57 Vgl. Langewiesche, Liberalismus (1988), 180 ff.

58 Vgl. Christoph Weber: Der deutsche Katholizismus und die Herausforderung des protestantischen Bildungsanspruchs, in: Bildungsbürgertum im 19. Jahrhundert, Bd. II, Hg. Reinhart Koselleck, Stuttgart 1990, 139–167.

59 Das betont auch Sheehan (Anm. 51).

60 Hg. Johann C. Bluntschli u. Karl Brater, Bd. 7, Stuttgart 1862: „Nation und Volk, Nationalitätsprincip", 159. An dieser Relativierung hielt das Lexikon des Katholizismus noch um 1900 fest: Staatslexikon (Anm. 40), 4, ²1903: Der Artikel „Nation, Nationalitätsprincip" berief sich auf die Liberalen Bluntschli und Robert von Mohl, kritisierte aber deren „verschwommene Menschenliebe" und „Weltbürgertum". Eine neue „Völkerfamilie" könne nur aus der „Verbrüderung in Christus" (47) erwachsen. In der 3. Auflage des „Staatslexikons" von Rotteck/Welcker (Anm. 30) wurde die „langersehnte Einheit des Vaterlandes" von einer „Umbildung des Bundes" erwartet, die föderativ-bundesstaatlich gedacht war;. Artikel „Nationalpolitische Bewegung in Deutschland seit 1848", 10, 1864, 354–394; „Nation, Nationalität", 316–319.

61 Gemeint sind Funktion und Wirkung der Kriege, nicht ihre Ursachen.

62 Vgl. Hans-Josef Steinberg: Sozialismus, Internationalismus und Reichsgründung, in: Das kaiserliche Deutschland. Hg. Michael Stürmer, Düsseldorf 1970, 319–344.

63 Vgl. etwa Heinrich von Treitschke: Der Sozialismus und seine Gönner (1874), u. a. in: ders.: Zehn Jahre Deutsche Kämpfe, Berlin 1913, 93–170.

64 Mit der neueren Literatur Shulamit Volkov: Jüdisches Leben und Antisemitismus im 19. und 20. Jahrhundert, München 1990; Juden im wilhelminischen Deutschland, Hg. Werner E. Mosse, Arnold Paucker, Tübingen 1976.

65 Vgl. insbes. Ludwig Bamberger: Die Sezession (1881), in: ders.: Schriften, Band V, Berlin 1897, 39–147; dessen Deutung hat ausgezogen Heinrich August Winkler: Vom linken zum rechten Nationalismus. Der deutsche Liberalismus in der Krise von 1878/79, in: Geschichte u. Gesellschaft 4, 1978, 5–28.

66 Deutsche Bildung (1918), erneut in: Ernst Troeltsch: Deutscher Geist und Westeuropa, Tübingen 1925 (1966), 169–210, 170.

67 Wolfgang Hardtwig: Bürgertum, Staatssymbolik und Staatsbewußtsein im Deutschen Kaiserreich, in: Geschichte u. Gesellschaft 16, 1990, 269–295. Vorzüglicher europäischer Vergleich: Fehrenbach, Symbole (Anm. 27).

68 Vgl. z. B. Heinz Lemmermann: Kriegserziehung im Kaiserreich. Studien zur politischen Funktion von Schule und Schulmusik 1890–1918, 2 Bde, Bremen 1984; Karl Hammer: Deutsche Kriegstheologie 1870–1918, Mün-

chen 1971; Bereit zum Krieg. Kriegsmentalität im wilhelminischen Deutschland 1890–1914. Hg. J. Dülffer, K. Holl, Göttingen 1986; Klaus Saul: Der Kampf um die Jugend zwischen Volksschule und Kaserne. Ein Beitrag zur ‚Jugendpflege' im Wilhelminischen Reich 1890–1914, in: Militärgesch. Mitteilungen 1983, 91 ff.

69 Vgl. vor allem Chickering (1984); Rohkrämer (1990).

70 Vgl. Retallack (1988); Eley (1980).

71 Fehrenbach, Wandlungen (1969).

72 Julius Ficker: Das Deutsche Kaiserreich in seinen universalen und nationalen Beziehungen, in: Universalstaat oder Nationalstaat. Macht und Ende des Ersten deutschen Reiches. Die Streitschriften von Heinrich von Sybel und Julius Ficker zur deutschen Kaiserpolitik des Mittelalters. Hg. F. Schneider, Innsbruck 1941, 19–158, 158. In den ‚preußisch-deutschen' Antworten auf Srbik kehrte die Argumentation Sybels wieder; vgl. Faulenbach (Anm. 44), 44 ff. In der 3. Auflage des liberalen „Staatslexikon" (Anm. 30) schloß sich der Artikel „Kaiser und Reich" (8, 1863) für die Gegenwart der Sicht Sybels an, ohne auf Traditionswahrung verzichten zu wollen: In der „glänzenden ersten Phase" war das deutsche Kaisertum „der erste und herrliche Träger der deutschen Nationalität in ihrer höchsten Expansivkraft", doch nur als „Königthum" sei es zur „staatlichen Einheitsform" fähig (770).

73 Fehrenbach, Wandlungen (1969), 224.

74 Zu Bayern Werner K. Blessing: Der monarchische Kult, politische Loyalität und die Arbeiterbewegung, in: Arbeiterkultur. Hg. Gerhard A. Ritter, Königstein 1979, 185 ff.

75 Vgl. vor allem Wolfgang J. Mommsen: Max Weber und die deutsche Politik 1890–1920, Tübingen 1974²; Peter Theiner: Sozialer Liberalismus und deutsche Weltpolitik. Friedrich Naumann im Wilhelminischen Deutschland, Baden-Baden 1983; mit Literatur Langewiesche, Liberalismus (1988), 211 ff.

76 Vgl. Hans Mommsen: Die Auflösung des Bürgertums seit dem späten 19. Jh., in: Bürger und Bürgerlichkeit im 19. Jahrhundert. Hg. J. Kocka, Göttingen 1987, 288–315; Jost Hermand: Der alte Traum vom neuen Reich, Frankfurt/M. 1988, 47ff. Heinz Gollwitzer: Zum politischen Germanismus im 19. Jh., in: Festschrift Hermann Heimpel 1971, Bd. 1, Göttingen 1971, 282–35.

77 Vgl. Klaus Vondung: Deutsche Apokalypse, in: Das wilhelminische Bildungsbürgertum. Hg. ders., Göttingen 1976; Modris Eksteins: Tanz über Gräben. Die Geburt der Moderne und der Erste Weltkrieg, Reinbek 1990.

78 Unüberholt: M. Rainer Lepsius: Extremer Nationalismus. Strukturbedingungen vor der nationalsozialistischen Machtergreifung, Stuttgart 1966. Vgl. Ulrich Heinemann: Die verdrängte Niederlage, Göttingen 1983.

79 Kurt Sontheimer: Antidemokratisches Denken in der Weimarer Republik, München 1968, 222.

80 Überblicke Erich Zöllner: Geschichte Österreichs, Wien ⁷1984; Die Auflösung des Habsburgerreiches: Hg. R. G. Plaschka/K. Mack, Wien 1970; Barbara Jelavich: Modern Austria, Cambridge 1987. Deutsche

Sozialdemokratie u. Anschlußwunsch Deutsch-Österreichs: Heinrich August Winkler: Von der Revolution zur Stabilisierung. Arbeiter und Arbeiterbewegung in der Weimarer Republik 1918 bis 1924, Bonn 1984, 222 f.

81 Hellmut Andics: Der Staat, den keiner wollte. Österreich von der Gründung der Republik bis zur Moskauer Deklaration, Wien ⁴1968, München 1980.

82 Vgl. mit Literatur Anton Staudinger, Die nationale Frage im Österreich der Ersten und Zweiten Republik, in: Volk (Anm. 47), 168–179.

83 Vgl. ebd. sowie Kreissler und Hanisch (Anm. 47).

84 Vgl. Hans-Dietrich Schultz: Deutschlands „natürliche" Grenzen. „Mittellage" und „Mitteleuropa" in der Diskussion der Geographen seit dem Beginn des 19. Jhs, in: Geschichte u. Gesellschaft 15, 1989, 248–281; insbes. Michel Korinmann: Quand l'Allemagne pensait le monde. Grandeur et dédadence d'une géopolitique, Paris 1990.

85 Prof. Dr. Alfred Kirchhoff: Was ist national? Halle a. S. 1902, 38, 39.

86 Schultz (Anm. 84), 271 ff., das zeitgenössische Zitat 277. Zur Großraumpolitik Bernd-Jürgen Wendt: Großdeutschland, München 1987.

87 Faulenbach (Anm. 44), 85.

88 Rüdiger vom Bruch: Weltpolitik als Kulturmission, Paderborn 1982.

89 Nach einer Niederschrift in: Yasmin Doosry: „Wohlauf, laßt uns eine Stadt und einen Turm bauen ..." Studien zum Reichstagsgelände in Nürnberg, Bd. 1, phil. Diss. Hamburg 1991, 20.

90 Zit. n. Hermand (Anm. 76), 329 f. Vgl. Peter Weingart u. a.: Rasse, Blut und Gene, Frankfurt/M. 1988.

91 Theodor-Heuss-Lesebuch. Hg. Hans-H. Welchert, Tübingen 1974, 293.

92 Walter Scheel: Reden und Interviews, Bd. 4, Bonn 1978, 332.

93 Vgl. D. Langewiesche: Geschichte als politisches Argument: Vergangenheitsbilder als Gegenwartskritik und Zukunftsprognose – die Reden der deutschen Bundespräsidenten, in: Saeculum 1992, 36–53.

94 Vgl. dazu nun: Föderative Nation (2000).

95 Weinzierl, Österreichische (1989).

9. Historische Wege nach Europa

Bisher unveröffentlicht.

1 Frankfurter Allgemeine Magazin v. 23. 4. 1999, 58–59 (alle Zitate).

2 Egbert Jahn: Wo befindet sich Osteuropa? In: Osteuropa 40, 1990, 418–440.

3 F. G. Hahn: Zur Geschichte der Grenze zwischen Europa und Asien, in: Mitteilungen des Vereins für Erdkunde zu Leipzig, Leipzig 1882, Zitat 103 f.

4 Robert Bartlett: Die Geburt Europas aus dem Geist der Gewalt. Eroberung, Kolonisierung und kultureller Wandel von 950 bis 1350, München 1996 (engl. London 1993). Die folgenden Zitate 350–352, 375, 369, 360, 358.

5 R. Koselleck: Vergangene Zukunft, Frankfurt/M. 1979 u. ö.

6 Vgl. insbes.: Europa 1848 (1998); D. Langewiesche: Kommunikations-
  raum Europa 1848, in: Demokratiebewegung und Revolution 1847 bis
  1849. Hg. Ders., Karlsruhe 1998, 11–35.

7 Zit. n. René Girault: Das Europa der Historiker, in: Historische Zeitschrift Beiheft 21, 1995, 55–90, 77 f.

8 Zahlen 1877/78 nach Kemal H. Karpat: Ottoman Population 1830–1914,
  Madison, Wisc. 1985, 75; Zahlen für 1912/13 in: Handbuch der europäischen Geschichte. Hg. Theodor Schieder, 6, Stuttgart 1968, 583. Für die
  spätere Zeit Stephen P. Ladas: The Exchange of Minorities – Bulgaria,
  Greece and Turkey, New York 1932; Rolf Wörsdörfer: ‚Ethnizität' und
  Entnationalisierung. Umsiedlung und Vertreibung in Dalmatien, Istrien
  und Julisch-Venetien (1927–1954), in: Österr. Zs. f. Geschichtswiss. 5,
  1994, 201–232.

9 Ger van Roon: Neuordnung im Widerstand, München 1967, 452 f.

10 Die Europäische Gemeinschaft u. die Zukunft des Nationalstaats, in:
   ders.: Demokratie (1993), Zitate 253.

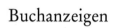

Buchanzeigen

Beck'sche Reihe

Verlag C.H. Beck München

Beck'sche Reihe

Deutsch-Jüdische Geschichte in der Neuzeit

Herausgegeben im Auftrag des Leo Baeck Instituts von Michael A. Meyer
unter Mitwirkung von Michael Brenner
2000. 4 Bände in Kassette. Zusammen etwa 1660 Seiten. Paperback
Beck'sche Reihe Band 1401

Wolfgang Röd
Der Weg der Philosophie

Band 1: Altertum, Mittelalter, Renaissance
2000. Etwa 530 Seiten. Paperback
Beck'sche Reihe Band 1390
Band 2: 17. bis 20. Jahrhundert
2000. Etwa 640 Seiten. Paperback
Beck'sche Reihe Band 1391

Martin Hose
Meisterwerke der antiken Literatur

Von Homer bis Boethius
2000. 192 Seiten. Paperback
Beck'sche Reihe Band 1382

Volker Gerhardt
Individualität

Das Element der Welt
2000. Etwa 240 Seiten. Paperback
Beck'sche Reihe Band 1381

Malte Hossenfelder
Der Wille zum Recht und das Streben nach Glück

Grundlegung einer Ethik des Wollens
2000. Etwa 210 Seiten. Paperback
Beck'sche Reihe Band 1383

Verlag C.H.Beck München